乡村振兴金看点

——金融服务乡村振兴论集与案例（2023 版）

农银报业有限公司　编著

中国金融出版社

责任编辑：肖　炜　董梦雅
责任校对：潘　洁
责任印制：程　颖

图书在版编目（CIP）数据

乡村振兴金看点：金融服务乡村振兴论集与案例.2023版/农银报业有限公司编著.—北京：中国金融出版社，2023.7
ISBN 978-7-5220-2123-2

Ⅰ.①乡… Ⅱ.①农… Ⅲ.①农村金融—中国—2023—文集 Ⅳ.①F832.35-53

中国国家版本馆CIP数据核字（2023）第136203号

乡村振兴金看点：金融服务乡村振兴论集与案例：2023版
XIANGCUN ZHENXING JIN KANDIAN：JINRONG FUWU XIANGCUN ZHENXING LUNJI YU ANLI：2023 BAN

出版
发行　中国金融出版社
社址　北京市丰台区益泽路2号
市场开发部　(010)66024766，63805472，63439533（传真）
网上书店　www.cfph.cn
(010)66024766，63372837（传真）
读者服务部　(010)66070833，62568380
邮编　100071
经销　新华书店
印刷　河北松源印刷有限公司
尺寸　169毫米×239毫米
印张　23
字数　280千
版次　2023年7月第1版
印次　2023年7月第1次印刷
定价　75.00元
ISBN 978-7-5220-2123-2

出版说明

为推动乡村振兴战略实施，特别是金融服务乡村振兴工作的深入开展，2022 年，我们依托行业媒体的优势与积累，编辑出版了《乡村振兴金看点——金融服务乡村振兴论集》，得到了各层面专业人士和广大读者的欢迎。目前已有近万册被订购，输送到各地乡村振兴相关部门、金融机构和基层一线，成为乡村振兴工作者的有益参考。

为把这项工作持续开展好，2023 年，我们围绕党的二十大关于“全面推进乡村振兴”的相关部署，立足新一年的工作成果，编纂了《乡村振兴金看点——金融服务乡村振兴论集与案例 · 2023 版》。一方面，收录了一年来专家、学者及专业人士对乡村振兴工作的真知灼见；另一方面，也在广泛征集基础上，选取、集纳了若干重点领域特别是金融机构服务乡村振兴的有效案例，以供各方借鉴参考。

习近平总书记指出，建设农业强国，当前要抓好乡村振兴。“这件事刚刚破题，更为艰巨繁重的任务还在后面，决不能松劲歇脚，更不能换频道。”作为城乡金融领域新闻宣传战线的“国家队”“主力军”，农银报业也将持续做好此项工作，为乡村振兴大业不断“添砖加瓦”，贡献力量。

囿于水平与经验，不足之处，诚盼各界读者批评指正！

农银报业有限公司

2023 年 6 月

目　　录

上篇　理论思考

第一章　振兴论坛

第二章　政策精解

第四章　工作建言

下篇　案例实践

第五章　数字乡村

第六章　产业园区

第七章　域外参考

第八章　金融实践

上篇

理论思考

第一章

振兴论坛

实施乡村振兴战略，是党的十九大作出的重大决策部署。近年来，来自金融机构、乡村产业、乡村建设、乡村治理领域的知名专家、学者紧紧围绕全面推进乡村振兴、加快建设农业强国重大历史任务，重点在国家粮食安全、特色产业发展、农业科技创新、深化农村改革、加强乡村治理、促进城乡融合等方面下大工夫、大力气加强研究，积极建言献策。本章收录了多篇文章，为促进以乡村振兴为中心的“三农”事业高质量发展提供智力支持。

更好发挥金融力量　奋力推进中国式现代化

■谷　澍

习近平总书记在党的二十大报告中，深刻阐释了新时代坚持和发展中国特色社会主义的一系列重大理论和实践问题，提出了以中国式现代化全面推进中华民族伟大复兴的使命任务，描绘了全面建设社会主义现代化国家、全面推进中华民族伟大复兴的宏伟蓝图。报告同时就深化金融体制改革、全面推进乡村振兴、强化金融风险防控等方面对金融工作作出重要部署。农业银行将全面学习把握落实党的二十大精神，全面贯彻习近平新时代中国特色社会主义思想，持续推动自身改革创新和高质量发展，全方位助力推进中国式现代化。

坚定不移走中国特色金融发展之路

党的十八大以来，以习近平同志为核心的党中央高度重视金融工作，习近平总书记对金融工作作出一系列重要论述，为新时代金融业改革发展提供了根本遵循，为中国特色金融发展之路指明了方向。新时代十年，我国金融业改革发展取得了历史性成就，金融综合实力和服务能力大幅提升，这些成绩的取得根本在于以习近平同志为核心的党中央坚强领导，在于习近平新时代中国特色社会主义思想的科学指引。“两个确立”是党在新时代取得的重大政治成果，是推动党和国家事业取得历史性成就、发生历史性变革的决定性因素，也是过去十年金融业保持正确发展方向、取得历史性成就的根本保证。做好新时代、新征程金融工作，走好中国特色金融发展之路，我们必须深刻领悟“两个确立”的决定性意义，把“两个确立”的政治成果转化为做到“两个维护”的政治自觉，坚持和加强党中央对金融工作的集中统一领导，始终在思想上政治上行动上同以习近平同志为核心的党中央保持高度一致，切实把党中央决策部署落实到金融工作各方面全过程。

主动担当作为，服务构建新发展格局。构建新发展格局是实现高质量发展、推进中国式现代化的必然选择。金融业在构建新发展格局中肩负着重要职责。近年来，我国金融业主动融入新发展格局、积极助力高质量发展，强化金融总量供给和结构调整，有力地支持了脱贫攻坚、小微企业、科技创新、绿色发展、乡村振兴、制造强国等经济社会发展重点领域和薄弱环节。新时代十年，银行业普惠小微企业、涉农贷款年均增速分别达到 25.5%、14.9%，高技术制造业中长期贷款增加近 7 倍，有力地促进了金融与经济的良性循环。党的二十大报告对加快构建新发展格局提出了新的要求，农业银行将更加主动地融入和服务构建新发展格局，优化金融服务体系结构，提高资源配置效率，助力经济循环畅通和高质量发展。

深化改革创新，推动完善现代金融服务体系。改革创新是党和国家事业发展进步的活力源泉，也是金融业破除发展难题、不断发展壮大的不竭动力。党的十八大以来，金融业围绕阻碍金融平稳发展的一系列体制机制问题，聚焦现代金融企业制度、金融市场体系建设、金融要素定价等重点领域，持续深化金融供给侧结构性改革，积极推动金融和科技深度融合，大幅提升了金融服务效能和治理能力现代化水平。党的二十大报告指出，我国发展不平衡不充分问题仍然突出，推进高质量发展还有许多卡点和“瓶颈”，要深入推进改革创新，不断增强社会主义现代化建设的动力和活力。农业银行将持续用改革的办法和创新的手段，破解深层次体制机制障碍，助力打造更具适应性、普惠性和竞争力的现代金融服务体系。

统筹发展安全，守牢金融风险底线。金融安全是国家安全的重要组成部分，防范化解金融风险特别是防止发生系统性金融风险，是金融工作的根本性任务和永恒主题。近十年来，金融业坚定不移统筹发展与安全，认真落实党中央关于打好防范化解重大风险攻坚战决策部署，有效处置了一批突出风险点，金融风险整体收敛、总体可控，为促进国民经济稳健运行提供了有力支撑。当前世纪疫情叠加百年变局，世界进入新的动荡变革期，统筹发展与安全、确保国家安全稳定至关重要。党的二十大报告强调，要把维护国家安全贯穿党和国家工作各方面全过程。农业银行将深入贯彻总体国家安全观，增强忧患意识，坚持底线思维，做到居安思危、未雨绸缪，不断提高防范化解重大风险能力，以稳健发展助力国家安全和社会稳定。

把倾力服务乡村振兴促进共同富裕作为重中之重

党的二十大报告提出，全面建设社会主义现代化国家，最艰巨、最繁重的任务仍然在农村。农业银行将坚守服务“三农”定位，健全“三农”金融服务体系，提升金融服务乡村振兴质效，当好服务乡村振兴领军银行，全面助力农业强国建设，促进共同富裕。

围绕农业强国建设，助力夯实粮食安全根基。习近平总书记反复强调，要确保中国人的饭碗牢牢端在自己手中。农业银行将牢记“国之大者”，把服务国家粮食安全和重要农产品供给摆在突出位置，积极支持国家种业振兴，做好粮食全产业链服务，满足粮食种植、加工、流通等环节的金融需求。创新支持高标准农田建设、农业科技装备发展和农业产业全链条升级，助力农业适度规模经营。树立大食物观，支持设施农业发展，支持构建粮经饲统筹、农牧渔结合、植物动物微生物并举的多元化食物供给体系，以金融力量筑牢粮食安全防线。

图 1　农业银行通过加大信贷投放、创新金融产品等举措，大力支持建三江垦区粮食生产。图为黑龙江农垦建三江管理局秋收景象（袁斌摄影）

聚焦实现共同富裕，加大乡村振兴重点领域金融供给。农业银行在助力打赢脱贫攻坚战、实现第一个百年奋斗目标中作出了应有贡献，在迈向第二个百年奋斗目标新征程上将接力推进巩固拓展脱贫攻坚成果，全面加强乡村振兴金融服务。把支持产业振兴作为重要任务，助力构建现代农业产业体系，重点支持乡村特色产业、富民产业，健全联农带农机制，努力将产业主体留在县域、将增值收益留给农民，拓宽农民增收致富渠道。围绕城乡融合发展，大力支持乡村基础设施和公共服务体系建设，更加注重传承保护乡村特色风貌和优秀乡土文化，助力建设宜居宜业和美乡村。积极支持以县城为重要载体的城镇化建设，助力农业转移人口市民化。完善巩固拓展脱贫攻坚成果长效机制，持续加强 832 个脱贫县和 160 个国家重点帮扶县乡村振兴金融支持，助力守牢不发生规模性返贫的底线。

创新产品和服务，不断拓宽农村金融的广度和深度。适应农业农村发展新特征新需求，着力提升金融服务的覆盖面和适配性。积极推广产业化龙头企业贷款及“惠农 e 贷”“富民贷”等拳头产品，围绕“兴业、强村、富民”创新推出强农产业贷、强村建设贷等产品，聚焦农村系列改革措施加快创新针对性产品，不断丰富完善服务乡村振兴产品体系，满足县域乡村客户多样化的金融需求。强化金融科技赋能，深化数字乡村建设，加快“三资”平台、智慧畜牧等数字场景推广，创新链式金融、“场景 + 信贷”在线融资等服务模式，为“三农”金融服务插上科技翅膀。

完善“三农”金融事业部，发挥服务“三农”制度优势。健全以“县域 + 涉农”为边界、以条块管理为特征、以资源保障为重点的“三农”金融专业服务体系，持续深化农村金融供给侧结构性改革，推动“金融活水”源源不断流向县域农村，为服务乡村振兴、助力共同富裕提供坚实制度机制保障。

把金融服务的着力点放在实体经济上

党的二十大报告强调，高质量发展是全面建设社会主义现代化国家的首要任务。农业银行将围绕高质量发展这一首要任务，完整、准确、全面贯彻新发展理念，主动融入和服务构建新发展格局，以高质量金融服务推动经济实现质的有效提升和量的合理增长。

强化金融供给，助力经济高质量增长和区域协调发展。建设社会主义现代化强国，坚实的物质基础是必要条件。农业银行将认真落实扩大内需战略部署，持续加大基础设施、制造业等国民经济重点领域融资支持，为实体经济“输血”“造血”。着力促进区域协调发展战略、区域重大战略、主体功能区战略、新型城镇化战略实施，完善差异化支持政策，健全区域协同服务机制，强化重点区域、重大项目、重点工程金融保障，助力扩大有效投资。围绕消费增长和升级，增加消费信贷供给，助力增强消费对经济发展的基础性作用。

调优业务结构，创新支持现代化产业体系建设。农业银行将围绕制造强国、质量强国、航天强国、交通强国、网络强国、数字中国建设，紧扣产业基础再造和产业链提升，深化强链补链金融服务，将更多金融资源特别是中长期资金配置到先进制造业、战略性新兴产业等领域，助力制造业高端化智能化绿色化发展，提升产业链供应链韧性和安全水平。完善科创金融体系，用好“先进制造贷”“科创贷”“专精特新小巨人贷”等专属信贷产品，通过投贷联动、贷债结合、知识产权融资等多种方式，以高水平金融服务支持高水平科技自立自强，助力打赢关键核心技术攻坚战。

发展绿色金融，促进绿色低碳转型。绿色发展是高质量发展的内在要求和鲜明底色。农业银行将坚持把发展绿色金融作为全行重大战略，牢固树立和践行“绿水青山就是金山银山”的理念，深入落实“碳达峰碳中和”战略部署，完善金融体系，创新特色产品，打造底色鲜明、特色突出的绿色金融品牌。围绕新型能源体系建设、能源清洁低碳高效利用、污染防治和生态修复等重点领域，加快绿色信贷投放与绿色债券投资；坚持把县域作为重点，大力支持农业绿色发展，积极支持农田土壤固碳、农村可再生能源替代、县域节能环保产业发展，以金融力量守护好绿水青山。

拓展跨境金融服务，助推高水平对外开放。农业银行将围绕推进高水平对外开放部署，深化境内外、本外币一体化经营，做好海南自贸港、自由贸易试验区等跨境金融服务，推动重大外资项目落地，支持重点企业“走出去”。做好稳外贸稳外资服务，提升贸易投资便利化服务水平。用好供应链金融打通生产、分配、流通、消费各环节，支持产业链供应链的稳定性和竞争力提升，畅通国内国际双循环。

把人民立场落实到实实在在的金融服务中

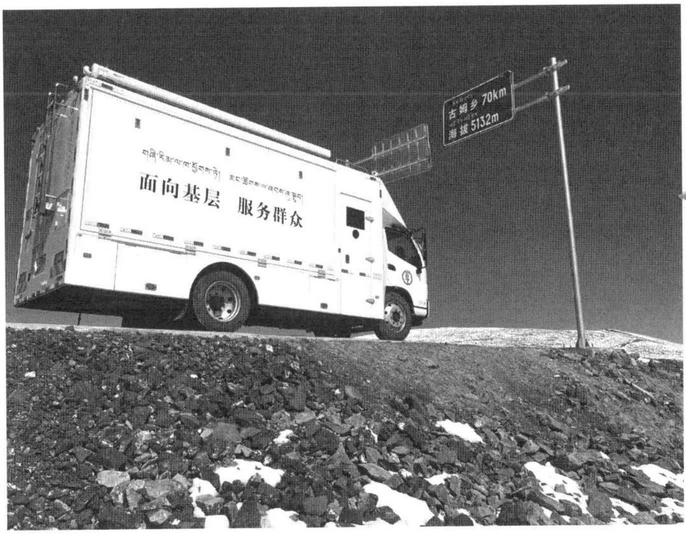

图 2 农业银行西藏阿里分行安排流动金融服务车到海拔 5000 米以上的偏远乡镇开展流动服务，满足农牧民基础金融服务需求（扎西旺堆摄影）

党的二十大报告提出，中国式现代化是全体人民共同富裕的现代化。党领导下的金融事业起于为人民服务，兴于为人民服务，让人民群众享受普惠优质的现代金融服务是金融机构的职责使命。农业银行将坚守金融为民初心，多措并举提升金融服务普惠性、便捷性，满足人民群众对美好生活向往的金融期盼。

健全网络渠道，拓宽基础金融服务覆盖面。发挥农业银行点多面广优势，进一步下沉经营重心，将新增网点更多布局在县域农村和脱贫地区，让基础金融服务惠及广大县域乡村。加强线上线下融合，完善“人工网点 + 自助网点 + 惠农通服务点 + 互联网线上渠道 + 流动金融服务”“五位一体”渠道服务体系，打通基础金融服务“最后一公里”，让边远山区、革命老区和边疆地区居民都能享受到现代金融服务。

聚焦民生保障，强化全生命周期金融服务。始终把满足人民群众日益增长的优质金融服务需求作为出发点和落脚点。围绕生育托幼、教育就业、住房旅游、卫生医疗、健康养老等领域，创新个性化专业化产品，做好全生命周期贴身服务。全力满足新市民金融需求，创新推广创业贷、安家贷等产品，助力新市民安居乐业。积极做好受疫情影响困难群体的纾困工作，通过延期还本付息等政策帮助其渡过难关。

立足便民利民，推动金融服务不断“升温”。围绕人民群众“急难愁盼”问题，采取更多惠民生、暖民心举措。加快推广网点“浓情暖域”专区，为客户以及户外劳动者提供充电、饮水、休息等服务。推进网点、系统适老化改造，完善手机银行乡村版、大字版、少数民族语言版，通过“空中柜台”远程服务、预约上门服务等，为老年客户等特殊群体提供便捷服务，把“为民情怀”落实到金融服务全过程。

注重建章立制，全方位保护消费者权益。保护好金融消费者合法权益，是践行以人民为中心发展思想的具体体现。农业银行将不断完善消费者权益保护制度体系，层层夯实消费者权益保护主体责任，构建“全行管消保、全行对消保负责”的工作格局。坚持客户投诉“零容忍”，畅通投诉渠道，强化溯源治理，提升复杂投诉化解能力。持续做好信息安全保护，维护好客户切身利益，不断增强人民群众的获得感、幸福感和安全感。

把深化改革创新作为推动高质量发展的第一动力

党的二十大报告把坚持深化改革开放作为推进中国式现代化建设的重大原则，同时对深化金融体制改革作出部署。农业银行将按照新部署新要求，更加主动地融入国家全面深化改革大局，以改革驱动创新，以创新驱动发展，不断增强内生动力、市场竞争力和可持续发展能力。

强化数字赋能，提升金融服务便捷度、可得性。积极对接数字中国建设和数字经济发展，打造科技引领、数字赋能的经营新模式，建设数据驱动的数字银行、方便快捷的线上银行、融合共享的开放银行、高效互动的敏捷银行，把高效便捷的金融服务送到客户身边。深入推进数字化转型“十大工程”和精准识别“十大应用”建设，推动转型成果加快向基层赋能、向客户赋能。持续做优线上产品和客户旅程，构建开放生态，打造一体化、无断点、全天候的服务闭环。以数据为主轴，加强数据“采集管用”闭环管理，强化“数据+算法”双轮驱动，为精准服务、精准控险提供有力支撑。加快推进企业级架构、分布式云平台建设，夯实技术底座。

围绕市场导向，增强综合金融服务能力。推进中国式现代化建设进程中势必催生大量新主体、新业态、新需求，农业银行将发挥综合化经营牌照优势，创新“融资+融信+融智”模式，为客户提供包括贷款、债券、证券、基金、保险等在内的“一揽子”综合化金融服务。进一步加强城乡联动、总分联动、公私联动、行司联动、境内外联动，提升集团战略协同效应，为构建全国统一大市场、畅通国内国际双循环提供更加适配高效的金融供给。

坚持效率至上，不断提高客户服务效能。针对服务客户过程中的痛点、堵点、卡点，深入推进信贷体制改革、运营机制改革和柜面流程改造，能精简的尽量精简、能集中的尽量集中、能优化的尽量优化。充分运用数字化手段，进一步优化信贷审批、客户开户等流程，全面提升客户体验。同时，优化网点劳动组合，打造一支专职专业客户经理队伍，提高客户服务覆盖面和精准度。

把维护金融稳定作为金融业发展壮大的底线要求

党的二十大报告强调，我国发展进入战略机遇和风险挑战并存、不确定难预料因素增多的时期。农业银行将更加自觉站在维护国家安全和社会稳定的政治高度，把防范化解金融风险摆在突出位置，树牢底线思维、极限思维，以“时时放心不下”的责任感，不断增强对重大风险的预判、应对和处置能力，全面、前瞻、精准管控风险，维护好高质量发展成果。

立足全局，持续强化全面风险管理。坚持系统思维，按照“横向到边、纵向到底”原则，加强表内外、境内外、本外币、集团一体化风险管理，将管理要求落实到全机构各条线。进一步理顺风险管理机制，加强信用、市场、操作等风险归口管理，实现各类风险全流程管控。增强全球风险管理意识，加快建设集团统一、集约高效的反洗钱及制裁风险防控体系，确保集团全球合规管理稳健高效。

抓早抓小，前瞻防范各类风险隐患。密切跟踪宏观大势和风险形势，加强风险全方位扫描预警，做好压力测试，对潜在风险早识别、早预警、早发现、早处置。持续强化市场类业务资产“穿透式”管理，建立全集团、全产品、全流程风险统一视图，及时捕捉风险苗头，做到防患于未然。落实大安全大应急框架要求，对重大案件、消防事故、自然灾害等突发风险事件，完善应急预案，提升处置能力。

分类施策，精准化解重点领域风险。稳慎做好重点领域信用风险“精准拆弹”，多措并举加大不良处置力度，保持资产质量稳定。积极配合地方政府做好“保交楼、稳民生”金融服务，促进房地产业良性循环和健康发展。引导干部员工深植合规理念、严守合规底线，持续加固案防合规堤坝。坚决维护好网络和数据安全，提升业务连续性保障和金融基础设施自主可控能力，把发展的“命门”牢牢掌握在自己手上。

科技赋能，有效提升风险管控效能。深度运用大数据、人工智能等科技手段，推动风险管理由“人控”向“机控”“智控”转变。加快打造一体化智慧风险管理平台，优化拓展“数据库”“模型库”“参数库”，全面提升风险管理精准性。以《巴塞尔协议Ⅲ》最终方案实施为契机，进一步健全风险管理工具和计量体系，不断增强风险量化决策和科学防控能力。

中国共产党的领导是中国特色社会主义最本质的特征，是中国特色社会主义制度的最大优势。坚持和加强党的领导，是走中国特色金融发展之路的根本要求和金融业高质量发展的根本保障。在服务中国式现代化建设中，农业银行将毫不动摇坚持和加强党中央对金融工作的集中统一领导，深刻领悟“两个确立”的决定性意义，健全党的全面领导的体制机制，推进党的领导与公司治理深度融合，把党的领导这一制度优势转化为金融治理效能。坚持不懈用习近平新时代中国特色社会主义思想凝心铸魂，把握好习近平新时代中国特色社会主义思想的世界观和方法论，坚持好、运用好贯穿其中的立场观点方法，把党的创新理论转化为推动农业银行改革发展的强大动力。坚持党管干部，突出政治标准，打造一支政治过硬、本领高强、数量充足的干部人才队伍，充分发挥好农业银行4.4万个党组织、36万名党员（含离退休党员）的政治优势、组织优势。坚定不移推进全面从严治党，坚持以严的基调强化正风肃纪，锲而不舍落实中央八项规定精神，一体推进不敢腐、不能腐、不想腐，强化全面从严治党“严”的氛围。扎实做好中央巡视整改“后半篇文章”，以有力有效整改成果提升管党治党水平。

实干托起梦想，奋斗创造未来。农业银行将更加紧密地团结在以习近平同志为核心的党中央周围，全面贯彻党的二十大精神，牢记“三个务必”，弘扬伟大建党精神，以更加崭新的精神面貌和昂扬的奋斗姿态，踔厉奋发、勇毅前行，为全面建设社会主义现代化国家、全面推进中华民族伟大复兴贡献应有力量！

（作者系中国农业银行党委书记、董事长。原文刊载于《中国金融》2022 年第 22 期，《中国城乡金融报》A1 版于 2022 年 11 月 21 日予以全文转载）

做强金融科技 助力乡村振兴

■ 徐 瀚

“农业兴，民族兴。”以习近平同志为核心的党中央着眼党和国家事业全局，顺应亿万农民对美好生活的向往，在党的十九大提出实施乡村振兴战略的重大历史任务，将我国“三农”发展推到新的历史高度。

作为服务“三农”的国家队、主力军，农业银行始终秉承初心，把“三农”工作作为全行工作的重中之重，持续探索以科技服务“三农”的有效路径，2021 年，适应金融科技与“三农”发展深度融合新形势，适时启动数字乡村金融服务工程，深入推进“三农”和县域业务数字化转型，全方位服务国家数字乡村建设。

稳中见新，高标准规划数字化蓝图

服务“三农”，先谋于局、后谋于略。农业银行全面贯彻党中央关于“三农”发展的指示精神及“十四五”规划要求，立足新发展阶段，贯彻新发展理念，服务新发展格局，发挥自身优势，整合各类资源，统筹谋划科技服务乡村振兴工作，擘画了全面服务乡村振兴的数字化蓝图。

图3　农业银行四川昭觉县支行为虹谷拉达农业公司打造“智慧畜牧场景”，牛被打上“数字耳标”后，其活体身份识别信息被录入动产融资登记系统并完成抵押登记，缓解客户融资难题（李彦赤摄影）

加强顶层设计。制订农业银行“十四五”发展规划，明确提出全面实施“三农”县域战略、数字经营战略，打造服务乡村振兴的领军银行，并将数字乡村工程作为数字化转型十大工程之首，锚定“三农”重点领域，强化场景、产品、渠道、数据等科技支撑。

汇聚全行力量。建立上下贯通、总分联动、全员参与、全面覆盖的“三农”服务机制，强化数字乡村工程场景建设和营销推广，并聚焦金融科技赋能乡村振兴示范工程，指导各分行以农业现代化示范区及乡村振兴示范县（乡镇/村）为重点，与地方政府共同制定服务方案，打造金融科技服务乡村振兴示范样板。

培育市场化力量。建立金融科技子公司，以承建数字乡村工程重点项目为抓手，加快推进农业数字化、农村数字化和农民数字化，以灵活的市场化体制机制，贴近市场释放金融科技活力，助力集团服务乡村振兴战略提速。

广中见深，着力服务农业产业数字化

“乡村振兴，关键是产业要振兴。”产业兴旺，既是解决农村一切问题的前提，也是乡村振兴发展的基石。农业银行围绕农业全产业链建设，聚焦农业特色产业，服务农业典型主体，全力促进金融科技与产业链各环节深度融合，创新赋能农业产业数字化，着力助推农业产业发展和兴旺。

面向农业生产。开展基于物联网的“三农”场景创新试点，深入各农业子行业，打造智慧畜牧平台，创新推出全国首个运用“物联网＋”技术实现牲畜活体抵押的信贷产品，已投放“活畜贷”1.12亿元，肉牛活体抵押贷1.76亿元，2021年年内推广目标100亿元。

聚焦农业企业。打造乡村振兴“农银智慧招投”服务平台，发布乡村振兴产业项目招商、投资等需求信息，利用数据挖掘技术主动推送，帮助政府和企业快速精准对接；融合“链捷贷”、聚合支付、银企直联等行内现有线上金融产品，依托大数据、区块链等新技术，制定龙头企业在线供应链融资服务方案，为新希望、河南牧原、北京华都峪口禽业等龙头企业提供供应链融资服务，全行涉农线上供应链贷款投放超100亿元。

服务农业市场。推出线上线下经营一体化、商品生产销售链条全覆盖、金融服务赋能产业的智慧市场综合服务整体解决方案，成功打造江西赣州农贸市场、山东黄河口滩羊产业集群、湖南红星大市场等智慧市场样板，截至2021年年末，共建成农业产业、智慧市场、智慧园区三类场景744个。

微中见实，全面助力农民生活数字化

习近平总书记强调“始终要把人民放在心中最高的位置”。农业银行始终坚持以人民为中心的发展思想，顺应农民群众对美好生活的向往，聚焦农民群众实际需求，着力推出好用、实用的“三农”产品，打造智慧、实用的乡村场景，用金融科技实现金融服务普惠化、农民生活便捷化。

推进“惠农 e 贷”线上化。针对农户融资难、融资慢等痛点和难点，通过微信公众号等方式，打造全线上化服务流程，实现农户贷款线上申请、自动授信、自动审批，截至 2021 年年末，全行“惠农 e 贷”余额 5477 亿元，较年初增加 1913 亿元，增速达 54.1%。

发布手机银行乡村版。聚焦乡村居民的使用需求，通过功能简洁的界面、操作流畅的体验、精准有效的推荐，解决金融 App 准入门槛高、操作复杂、产品选择难等问题，同时依托强大的反欺诈和手机盾等手段，为农民资产保驾护航，手机银行乡村版月活跃客户数量超 340 万户。

打造“三农”特色生活服务场景。围绕农民生活的方方面面，推出智慧医疗、智慧教育、智慧食堂、智慧党建、智慧旅游等系列化生活场景，为县域农村居民提供更加便捷的全方位综合服务，促进农民生活消费场景金融服务提质升级。截至 2021 年年末，建成县域特色金融场景 1.2 万个，其中县域“智慧医疗”服务医疗卫生机构近万家，就诊人数达 7300 多万人。

开展线上消费帮扶。进一步落实巩固脱贫攻坚战略，打造兴农商城，与 300 余家中央国家机关、央企、高校等合作单位开展消费帮扶合作。目前，商城入驻商户 3255 家，商品覆盖全国 22 个省的 832 个国家级贫困县，累计交易笔数 678.78 万笔。由农银金融科技公司平稳承接商城运营，后续将通过更为市场化的手段，为商户和客户提供更加精准有效的消费帮扶服务和产品。

快中见准，加快推进农村治理数字化

“基层强则国家强，基层安则天下安。”基层治理是数字政务的重要一环，全面强化基层治理，核心就是要站稳数字政府的人民立场，更好地为农民服务。农业银行积极响应国家建设基层治理体系要求，在县乡村三级同时发力，倾力打造亮眼产品，力争在助推基层治理数字化发展方面取得成效。

在县域层面，围绕“智治、智办、智联、智融、智享”的服务理念，创新研发“智县”平台，并针对工业类、农业类、商贸类、文创旅游类四类县域，打造 4 个特色县域模板，着力提升县域数字化治理水平，目前已在河北涿州、山东临清等 11 个县试点入驻，为县域各委办局、基层工作人员提供了开展基层治理和服务的有力抓手。

在乡镇层面，立足提升乡镇政府基层治理能力，着力解决乡镇治理“最后一公里”难题，推出乡镇治理政务平台，覆盖任务管理、综合办公、智慧党建、积分管理等真实丰富的基层工作场景，已试点推广至河北省 252 个乡镇，服务逾 5.8 万名工作人员、超 86 万户村民用户。

在村级层面，适应农村集体产权改革需求，创新推出集账户监管、资金归集、资金调拨、代发工资、村务公开等功能于一体的“三资”（资金、资产、资源）管理平台，助力村“两委”高效开展集体资产管理和乡村治理，已与全国 1275 个县签署合作建设“三资”平台协议，在 908 个县上线，服务覆盖 12.3 万个行政村。

数中见云，夯实乡村振兴数字化根基

“科技是第一生产力。”当前，新一代信息技术已全面融入社会发展的方方面面，成为推动社会生产方式变革的重要力量。数字乡村建设离不开先进科技的支撑，农业银行着力推进新一代信息技术与“三农”业务数字化转型的深度融合，用金融科技激发乡村数字化建设的内生动力。

图 4　农业银行推出少数民族视频客服服务，提供藏语、彝语、维吾尔语、蒙古语等少数民族语言支持，方便少数民族同胞办理银行业务（刘昱摄影）

夯实“三农”数据赋能。按照“边建边用、精准识别”的原则，打造业界规模最大的“三农”可信大数据资产，并同步推进农业银行“三库一平台”建设，加强对县域和“三农”客群的数字化洞察，推出“智迎客”“智挽客”等拳头数据产品，“智迎客”累计助力掌银新增注册1484 万户，促活 1160 万户。

打造“三农”统一云平台。依托行内生产云、集团云和生态云，加快智慧乡村综合服务云平台建设，形成全行统一的数字乡村金融服务和产品货架，实现场景应上尽上、产品应加尽加，稳步推进业务平台化、场景生态化、营销联动化和运营持续化，构建共融互通的有机整体。

深化“三农”新技术应用和渠道体系建设。利用全媒体远程银行中心，推动外呼、远程视频“云专家”等技术在智能面客、流动服务等方面的应用，并提供藏语、彝语、蒙语等少数民族语言支持，2021 年受理业务咨询 1042 万人次，惠农卡客户业务咨询 22 万人次。

正中见奇，咬定数字化转型不放松

巩固脱贫攻坚成果，农业银行义不容辞，服务乡村振兴战略，农业银行责无旁贷。农业银行将继续全力围绕国家乡村振兴战略和打造县域领军银行的定位，秉承“连接、开放、共享”的原则，以“行百里者半九十”的清醒和“咬定青山不放松”的执着，奋力推进“三农”和县域业务数字化转型。

对接国家战略，积极参与国家数字乡村建设项目。以金融科技赋能乡村振兴示范工程、数字乡村试点县（市、区）、“互联网 +”农产品出村进城试点县等示范试点地区为重点，围绕乡村治理、智慧农业、农村电商、农村公共服务体系、惠农信息服务等数字乡村重点领域，从场景平台搭建、线上产品创新、一体化渠道建设等方面提供科技赋能支持。

扎根“三农”场景，持续完善乡村场景金融建设版图。按照“分层分级、战略导向、急用先行、聚焦核心”的原则，以“统一平台、从小到大、快速迭代”的建设方式，实现智慧农业、“三资”管理、乡村治理等场景的统筹开发、共享复用、全面推广，打造农业银行服务乡村振兴的三大核心利器，并尽快推出一系列具有突破性的高频场景，全面强化数字乡村产品供给。

释放基层活力，加快分行创新实验室建设。以分行为创新主体，按照“业务有基础、基层有诉求、创新能推广”的原则，针对各基层行数字乡村建设的重点、难点问题，设立创新试点项目，并建立创新实验室穿透式管理机制、典型案例复制推广机制，快速形成示范带动效应，加快推动产品、营销和服务模式等全方位创新。

依托市场化机制，打造产研运一体化综合服务能力。以金融科技子公司为主体，以打造“三农”SaaS综合服务商为目标，加快建成总分联动、行司联动、内外联合的立体运营服务体系，为“三农”客户提供快速、安全、简约、可定制的SaaS服务和打造“交钥匙”工程，持续激发场景活力，不断提升客户体验和黏性。

踔厉奋发开新篇，笃行不怠续征程。服务乡村振兴是一项光荣、艰巨而紧迫的任务，不能搞噱头、玩概念、做盆景，农业银行将继续秉承初心，以金融科技推动服务乡村振兴战略持续走深走实，聚焦农业、农村、农民面临的痛点，扎实推进问题导向型和体验驱动型创新，用金融科技为乡村振兴插上数字化翅膀。

（作者系中国农业银行党委委员、副行长。原文刊载于《金融文化》2022年第3期）

增信配合金融赋能乡村振兴

■ 杨再平

我国取得脱贫攻坚战伟大胜利、全面建成小康社会之后，乘势而上实施2017年提出乡村振兴战略。乡村振兴是实现共同富裕的必经之路，是实现中华民族伟大复兴的重要抓手。

金融业特别是银行业金融机构，近年来按照国家总体战略部署和监管部门的统一要求，因地制宜、“一行一策”，创新推出了各种各样的制度、机制和政策，为助力乡村振兴发挥了重要作用。

尽管未来相当一段时期，银行业金融机构或仍将是金融支持乡村振兴的主力军，但不能单打独斗，必须与其他机构和政策协同配合。金融支持乡村振兴应遵循金融规律，即信贷投放数量与质量应对立统一、相辅相成、相得益彰。

如果只顾投放数量而不顾质量，后者就会反过来制约前者，使信贷量的增加不可持续。当前就面临金融支持乡村振兴信贷投放的质量问题，信贷投放存在更高风险是必须正视的客观现实。监管部门明确可适度提高涉农贷款风险容忍度，即银行业金融机构涉农贷款不良率高出自身各项贷款不良率年度目标3个百分点（含）以内的，可不作为监管部门监管评价和银行业金融机构内部考核评价的扣分因素。

目前，不少机构涉农贷款的不良率较高。如2021年农商银行不良率虽经清收努力下降至3.59%，但仍比全国商业银行1.73%的平均不良率高出1.86个百分点。如果将农商行20%非涉农贷款剥离，其纯涉农信贷不良率会更高。

因此，需要针对金融支持乡村振兴的信贷投放风险高这一客观现实，从金融工具箱挖掘或创新相应的增信工具与解决方案，对其进行系列增信配套，以提质增效。具体表现在“十大增信”上。

一是抵质押增信。按人民银行、银保监会2021年联合发布的《金融机构服务乡村振兴考核评估办法》，土地承包经营权、农民住房财产权、农业订单、农业设施设备、圈舍、活体畜禽、集体经营性建设用地使用权、集体林权、林地经营收益权、公益林补偿收益权等，都被鼓励抵质押创新。

二是保险增信。保险是支持乡村振兴的重要工具，它的撬动作用不可忽视，必须用足用活用全。现在很多保险业金融机构在赋能乡村振兴上进行了许多探索，未来在这方面必须加大力度，充分发挥保险应有效力，回归应有功能，把弱势产业变成强势产业。具体包括：一般保险与信用保险、贷款保证保险这种直接配套银行信贷的保险等。

三是金融衍生品增信。目前，金融衍生品在“三农”、乡村振兴领域运用得还较少，其作用没有充分发挥，未来应加大力度。如信用违约互换等金融衍生品在金融支持乡村振兴信贷投放增信方面就有一定用武之地。

四是期货增信。期货在乡村振兴领域大有作为。包括生猪在内的诸多农产品的价格都具有蛛网周期波动特征，因而都有套期保值的需求，期货套期保值也可以为银行信贷增信。

五是担保增信。这是常规性的领域，需继续跟进。包括政府性融资担保和商业性融资担保，都是金融支持乡村振兴信贷投放必备的增信配套，需更好发挥作用。

六是小组社区联保增信。在我国农村已操作了多年，也积累了很多经验，可继续扬长避短、优化改进，不断总结提升。如世界银行积极推荐的一些发展中国家的“小组借贷计划”，我国一些大小社区联保借贷计划等，都在增信方面发挥了较好的作用。

七是征信增信。人民银行《关于做好 2022 年金融支持全面推进乡村振兴重点工作的意见》就明确：完善各级涉农信用信息系统，因地制宜建设地方征信平台，精准识别各类农村经济主体信用状况，以信用建设促进信用贷款投放。积极推进新型农业经营主体信用评价，加快建设新型农业经营主体信用体系。探索开展信用救助，创新信用评价结果运用。

八是数字化增信。大数据、云计算、区块链的智能化、跨时空、低成本等已显现的数字化优势，在金融支持乡村振兴信贷增信方面或有更大作为，成为金融支持乡村振兴信贷投放必备的先进配套利器。很多金融机构都在这方面进行了有益探索，未来乡村振兴的科技含量会越来越高。

九是中国特色社会基层组织资源增信。我国具有特有的制度优势，必须充分利用好。如发挥地方基层党工青妇组织以及其他社会团体的作用，创建“信用户”“信用村”“信用乡（镇）”，这对金融支持乡村振兴信贷投放的增信效果非常明显。

十是激励相容增信。鼓励守信用、重信用的行为，制约制裁不守信用、逃废债务的行为，树立正确的价值观，形成良好的社会风尚和信用风尚。如让守信用而按时还本付息的借款人再借更便利、利率更优惠，从而形成借贷与信用激励相容的机制，其增信作用或事半功倍。

上述系列增信配套工具与解决方案，有些可由银行业金融机构自带，更多则由非银行金融机构或非金融机构带入。这就要求其他非银行业金融机构及非金融机构积极跟进，形成金融支持乡村振兴的多样性金融体系。

（作者系亚洲金融合作协会创始秘书长、中国银行业协会原专职副会长。原文刊载于《金融文化》2022 年第 3 期）

乡村振兴孕育多彩文化

■ 雷焕贵　刘汉嶂　雷　卓

习近平总书记指出，中华民族具有五千多年连绵不断的文明历史，创造了博大精深的中华文化，为人类文明进步作出了不可磨灭的贡献。农村作为我国传统文化的发祥地，在长期的生产生活实践中创造出富有乡土气息的传统文化，孕育出丰富多彩的文化形态，在发展过程中凝练成后人传承的文化根脉，最终汇聚成一种文化力量。

弘扬优秀农村文化

农村通常是指一个自然村落，是社会生产力发展到一定阶段上产生的，相对独立的，具有特定的经济、社会和自然景观的区域综合体，是人与人、人与社会、人与自然共生的一个社会子系统。农村在不断演化的过程中，经过历史的积淀，逐渐形成了自身特有的文化脉络。

从耕读传家、父慈子孝的祖传家训，到邻里守望、诚信重礼的乡风民俗等，都是中华文化的鲜明标签，都承载着华夏文明生生不息的基因密码，彰显着中华民族的思想智慧和精神追求。

耕读传家是农村文化价值观的集中体现。把勤劳与读书集于一身，融入了农民勤劳朴实、以农为本的本色，深刻揭示了其读诗书、知礼义、懂修身、立高德的哲理性和普适性。耕读传家的观念，在我国乡土社会中是一种普遍的存在，由于农村浓厚的农耕情节，深深影响着农民的思想轨迹，也成为其为之奋斗的内在精神动力。因此，耕读传家的价值观在农村有着非常深厚的人文基础，潜移默化地影响着农民的思想，教化着农民的行为，直到今天还深深影响着中华儿女。

家风家训是中华优秀传统文化的一部分。农耕文化、农耕文明是中华民族对人类文明的重要贡献，是乡风文明的根和魂。良好的家风家训是社会文明进步的基石，凝结着博大精深的传统文化理念，是社会主义核心价值观和精神文明建设的重要内容。在农村传统文化培育进程中，大力弘扬农村优秀传统文化，释放传统文化“正能量”，深入挖掘传统文化价值，以家庭文化为背景，营造家风正、民风朴的良好农村氛围，用传统文化价值理念推动淳民风、正村风、美家风建设。

勤俭是中华民族的传家宝，什么时候都不能丢掉。节俭是一种生活态度，节俭是夯实执政根基的基石。勤俭持家的传统美德是推动社会文明进步的阶梯，勤俭节约乡风的形成是传统文化内涵的主要内容。

时至今日，倡导建设节约型社会已成为时代的主旋律，若每个人都能勤俭持家、以俭传家，就能促进整个社会形成以俭为荣、浪费可耻的文明新风。崇尚勤俭不但是优秀传统文化的精髓、传承的榜样，也是当代人任何时候都不能丢掉的优良传统。

用传统文化推进农村文化复兴

中华优秀传统文化是中华民族最深厚的文化软实力，也是中国特色社会主义植根的文化沃土。五千年的中华文明孕育出博大精深、积淀丰厚的农村传统文化，铸就了世界文明史上的连续性文明。传承和弘扬优秀传统文化，是中华儿女的历史使命和责任担当，是助推乡村振兴的重要动能。

图5　香云纱是纺织品中唯一用纯植物染料染色的丝绸面料，被纺织界誉为“软黄金”。2008 年，香云纱染整套技艺被列入国家级非物质文化遗产名录（吴楚琪　马永生摄影）

中华传统美德是中华文化精髓，蕴含着丰富的思想道德资源，不忘本来才能开辟未来，善于继承才能更好创新。传统文化的根在乡土，是农民赖以生存的精神家园。大力弘扬农村传统文化，传承遵规守约、尊老爱幼、邻里互助、诚实守信等传统习俗，努力实现农村传统文化与现代文明的融合，实现传统文化与时俱进，是实施乡村振兴战略的重要条件。

农村优秀传统文化凝聚着农民自强不息的精神追求和与时俱进的精神力量，既是振兴农村文化的不竭动力，也是建设农村共有精神家园的关键因素。当前，要重视优秀传统文化在意识形态领域的重要作用，加强传统文化教育，培育传统文化人才，强化青少年社会主义核心价值观实践，抵制社会歪风习气，用传统文化的价值观教化群众、影响群众。正视优秀传统文化的价值，发掘它们蕴含在现代社会的重要力量，争做传统文化的践行者。

民俗非遗文化是农村社会重要的文化形式，是村民生产生活文化的重要组成部分，是维系华夏儿女身份认同与文化认同的纽带。在民俗非遗文化的熏染下村民改变了对历史观、伦理观、人生观的认知，推动社会主义核心价值观在农村内化于心、外化于形、默化于制、教化于行的实现。通过民俗非遗传统文化的展示等活动促使公序良俗、伦理风尚在农村落地生根。凝聚传统民俗非遗文化品牌，营造新农村浓厚传统文化氛围，助推农村文化振兴实施。

大力发展传统文化经济

文化经济是以文化的生产、文化的流通、文化的消费为产业链的生产经济部门，包括文化产业、文化事业和文化消费三个方面。农村在发展文化经济过程中，以传统文化发展为契机，融合文化产业、文化事业和文化消费模式，大力发展传统文化经济，激发主体内生动力。

传统文化是推动文化经济发展的关键动力。中国传统文化中的和合思想、大同理念、自强精神等优秀基因，为社会主义市场经济发展提供了文化资源、文化动能、文化力量。农村传统文化不能为保护而保护，为传承而传承，要在传承保护的基础上产生经济效益，实现旅游效益反哺非遗保护，带动农民致富。

在新的历史条件下创新农村传统文化，为创建当代文化经济体系提供文化资本。一方面，传统文化具有提高素质、凝聚人心、振奋精神、统一思想的文化属性，进而产生经济带动作用，助推文化产业、文化事业和文化消费的发展。因此，传统文化能够推动文化经济发展。另一方面，传统文化本身具有经济特质，文化产品就是经济产品，文化品牌就是经济品牌，文化生产就是经济生产。因此，传统文化的发展本身就是经济发展，进而推动传统文化向文化经济转化。

让文化经济走向文化富裕

中国要强，农业必须强；中国要美，农村必须美；中国要富，农民必须富。传统文化是乡村振兴战略的重要组成部分，是乡村振兴的核心。用农村传统文化的发展，丰富、完善、带动文化经济的发展，进而推动农村农民走向文化富裕。

我国几十年经济的高速发展，实现了农村千百年来企盼生活小康的愿望，我们应建设与之匹配的精神文化家园，满足农民精神文化需求，升级农村文化设施，改善农村文化生态，提高农民文化素养，提升文化消费水平，实现由文化经济向文化富裕的转型发展。

文化富裕必须坚持社会主义核心价值观，大力弘扬农村传统文化发展观，秉持客观、科学、礼敬的态度，使传统文化基因与现代文化元素相适应，与当代社会相协调。立足农村实际，结合当今社会发展新格局，推动文化经济创造性转化、创新性发展，让优秀传统文化与社会主义先进文化在广大农村融会贯通，焕发出勃勃生机。

（作者雷焕贵系山西农业大学乡村文化研究所所长。原文刊载于《金融文化》2022 年第 1 期）

提升专业化金融服务能力

■ 刘世安

农业银行印发的《“十四五”时期服务乡村振兴工作规划》是全面做好乡村振兴金融服务、推动“三农”和县域业务高质量发展、打造服务乡村振兴领军银行的行动纲领。为推进新时代吉林省全面振兴、全方位振兴，结合本地实际，农业银行吉林省分行全面做好乡村振兴综合金融服务应从以下几方面推进。

大力支持粮食生产和重要农产品供给。支持粮食安全产业带建设和黑土地保护利用。毫不放松抓好粮食生产，支持吉林省启动实施“千亿斤粮食”生产工程，加强与政府、社会资本合作，推动各地成立市场化承贷主体，加大高标准农田信贷支持。支持实施黑土地保护工程，大力推广“黑土粮仓贷”等金融产品，助力“黑土粮仓”科技会战。积极支持粮食全产业链发展。服务种子、农药、化肥和农膜等农业资料生产企业，增加市场供应，保障春耕需要，优先保障企业增加原料储备、扩大生产规模、加强产品销售能力的融资需求。创新“吉粮 e 贷”支持粮食安全领域特色产品，积极支持粮食贸易流通、精深加工等全产业链发展，确保全年粮食产业和粮食主产区信贷投放明显增长。发展设施农业稳产保供。支持生猪、蔬菜、水果、畜禽、水产品等重要农产品供给，加快设施农业发展，重点支持冬季“菜篮子”生产保障基地、北方优质夏季南运基地和长白山山野菜基地。围绕全省“百万亩棚膜建设工程”，创新“设施农业贷”专属产品，推动设施农业发展。

着力提升乡村产业金融服务能力。支持农村一二三产业融合发展。聚焦吉林省农产品加工业和食品产业“十大产业集群”（玉米水稻、杂粮杂豆、生猪、肉牛肉羊、禽蛋、乳品、人参、梅花鹿、果蔬、林特产品），加大金融支持力度，建设一批带动能力强的重点项目，培育一批具有竞争力的龙头企业，打造一批特色鲜明的产业园区，做好“粮头食尾、农头工尾”大文章。支持县域旅游和冰雪产业发展。对中国美丽休闲乡村和全国休闲农业重点县以及全国乡村旅游重点村，实施差异化政策。围绕支持全省冰雪经济发展壮大，以冰雪旅游、冰雪文化、冰雪装备等产业为重点，积极支持通化梅河口“梅小野”、长白山万达、长白山鲁能漫江生态文化旅游综合开发、万科松花湖度假区扩建等省内重点项目。推动肉牛产业高质量发展。围绕吉林省实施“秸秆变肉”和千万头肉牛两大标志性工程，推动“东黄、西红、中改良”三个肉牛产业集群建设。加强对肉牛养殖企业的融资支持，加大对具有示范引领作用的肉牛产业化龙头企业的支持力度。落实好中小规模养殖户信贷支持政策。充分利用“吉牧e贷”“农担畜牧贷”“吉农牧贷”“吉牧阳光贷”“惠农e贷”五大畜牧业信贷产品，在风险可控的基础上扩面上量。

精准应用数字乡村发展新模式。加快智慧乡村综合服务平台推广。紧扣农村集体产权改革，继续做好农村集体“三资”管理平台推广，扩大农村集体“三资”管理平台新上线数量。积极参与国家数字乡村试点和数字乡村标准化建设，大力推广应用智慧乡村综合服务平台，进一步深化数字乡村工程建设。打造智慧畜牧场景。吉林省分行已创新“活体抵押贷”并陆续应用于牛、猪、鹿等活体牲畜，打造具有地方特色的智慧畜牧场景。搭建农村基层智慧党建场景。制定农村基层智慧党建场景建设方案，并有效组织落地实施。根据各乡镇党组织特点，通过开展党建结对、帮扶、共建等方式拉近与当地政府关系，增加“共建”模块，探索“书记领办合作社”业务发展的路径。提供智慧医疗场景服务。围绕紧密型县域医疗卫生共同体建设，加强县乡村医疗机构信息化服务。打造吉林省基层诊疗服务场景、医保电子支付场景。通过外部合作、集中采购、场景积累等，构建覆盖涉农各类产行业的“三农”数据库，加强适合农民特点的线上产品创新，提高“三农”大数据在金融服务中的应用水平。

（作者系中国农业银行吉林省分行党委书记、行长。原文刊载于《中国城乡金融报》2022 年 10 月 14 日 A6 版）

以高质量金融服务助力打好种业翻身仗

■ 陶伟梁

种子是农业的“芯片”，是保障国家粮食安全的源头。助力种业振兴，壮大现代种业企业，离不了金融支持。以商业银行为代表的金融机构应持续拓展融资渠道，增强服务现代种业意识，创新种业金融服务产品，推动种业与金融深度融合，保障国家粮食安全。

创新金融服务模式，助力现代种业发展。现代种业企业覆盖上游育种、中游种子生产、下游种业应用环节，可有针对性地创新金融服务模式。加强种源等农业关键核心技术攻关金融支持，提升种业育繁推产业链融资便利度。聚焦种质资源保护、现代种业企业培育、种业科技创新攻关和种业基地建设等重点领域，对农作物种子、畜牧良种、水产鱼苗和林木种苗实现金融服务全覆盖，立足行业和市场主体特征全方位配套优惠政策，加大信贷支持力度。积极探索高标准农田建设、土地增减挂钩和耕地占补平衡融资模式，积极创新如“农机贴息贷”“农村集体经济组织贷”“农民专业合作社贷”等种业行业信贷产品，打造“农业部门推荐＋财政贴息＋农担担保＋银行贷款”合作模式。围绕国家农业科技园、国家创新型县市、涉农高新技术企业等重点领域，在贷款期限、贷款定价等方面给予优惠政策，重点实施“企业＋担保公司＋银行”“企业（基地）＋产业链上下游＋担保公司＋银行”等模式。

搭建合作发展平台，多措并举协同发力。强化种业金融服务，要进一步强化组织、体制机制、资源、人才队伍等支持保障。建立政银协作平台，定期与政府“三农”业务主管部门召开联席会，针对种业发展建立协调督办机制。建立银企交流平台，搭建与辖内乡村干部、涉农企业、新型农业经营主体、行业协会之间的沟通交流平台，不定期开展现场交流、参观，帮助涉农经营主体拓宽视野、把握商机。建立信息共享平台，通过与种业企业建立良好的沟通与交流机制，及时发布政府有关产业政策、市场信息等，为种业行业市场价值提升提供支持。

拓宽渠道网络范围，服务乡村全面振兴。围绕各地区粮食生产万亩综合示范片等重点区域，以国家级农业产业化龙头企业、省级粮食产业联合体和省级以上农业园区为重点，加大粮食企业及其全产业链金融服务，把服务粮食安全和种业振兴摆在更加突出的位置，全力支持央企开展种业创新、种质资源保护和种业基地体系建设。要加大合作企业及项目覆盖区域电子设备的投放和电子渠道的建设，提供包括存款、支付结算、理财融资、资信证明、投资银行、现金管理、电子银行、代收代付、银行卡等一体化、全方位、高质量的金融服务。借助村级服务中心打通线上线下渠道，探索在村级服务中心建设金融服务渠道，打造“金融知识宣讲平台、金融服务供应平台、农业技术推广平台、农户金融服务平台”等，更好地服务乡村振兴。

（作者系中国农业银行湖南分行党委书记、行长。原文刊载于《中国城乡金融报》2022 年 5 月 20 日 A5 版）

助推农业科技发展　全力保障粮食安全

■ 冯旭东

保障国家粮食安全是实现经济发展、社会稳定、国家安全的重要基础。解决粮食问题，根本出路在科技。金融机构要围绕“藏粮于地、藏粮于技”战略实施，强化责任担当，充分发挥综合优势，提升金融服务，助推农业科技发展，助力实现粮食增产、农业增效和农民增收，以金融之力助推科技进步，保障粮食安全。

引入金融活水，助力打好种业翻身仗。粮食是社稷之本，种业是粮食之基。习近平总书记强调：种源安全关系到国家安全，必须下决心把我国种业搞上去，实现种业科技自立自强、种源自主可控。金融机构要聚焦种业振兴、生物育种等关键技术领域，结合种业企业轻资产、重知识产权等特点，除提供传统的固定资产贷款、中期流动资金贷款等中长期贷款，满足种业企业在种子研发、制种基地建设等方面的资金需求外，还应积极探索种子品种权、商标权等无形资产质押贷款，拓宽担保方式，破解企业担保“瓶颈”，全力服务种业企业科技创新，助力打好种业翻身仗，推动“中国粮”源自“中国种”。

聚焦关键领域，促进粮食绿色生产。农机、农药、化肥等是重要的粮食生产资料，对粮食生产“保数量、保多样、保质量”起着至关重要的作用。《“十四五”推进农业农村现代化规划》提出，要推进粮食作物和战略性经济作物育、耕、种、管、收、运、贮等薄弱环节先进农机装备研制，积极稳妥推进高毒性高风险农药淘汰，加快推广低毒性低残留农药和高效大中型植保机械。金融机构要加强银政互动，与各级科技部门建立合作机制，围绕农机、农药、化肥等重点农资生产企业，明确支持重点，加大金融供给，支持粮食安全绿色防控技术的提升，助力企业探索高效安全、资源节约、环境友好的现代粮食产业发展之路。

围绕加工环节，助推优质粮食工程实施。针对我国粮食加工环节实际情况，应加快推进加工、仓储企业设备转型升级，提高粮食利用率及贮藏技术。金融机构要与政府机关、粮食企业加强合作，及时跟踪对接金融需求，挖掘合作机遇，加大信贷支持，助力加工、仓储企业转型升级，切实降低粮食加工环节损耗。同时，要进一步完善审批绿色通道、减费让利等机制体制建设，积极探索传统信贷、融资租赁、绿色债券等多渠道融资产品的组合服务，全力满足粮食加工企业及粮食仓储企业设备转型升级资金需求，促进粮食加工、仓储技术提升，全力保障粮食安全。

科技是第一生产力，实现粮食安全和现代高效农业相统一，必须运用科技手段助力农业发展。广大金融机构要进一步发挥自身优势，主动展开金融创新，多维度、广覆盖推动农业科技发展，为粮食安全夯实基础、保驾护航。

（作者时任中国农业银行陕西分行党委书记、行长。原文刊载于《中国城乡金融报》2022 年 6 月 10 日 A5 版）

拓宽综合型金融服务路径

■ 姜海洋

全面推进乡村振兴，是“三农”工作重心的历史性转移。乡村建设既是实施乡村振兴战略的重要任务，也是国家现代化建设的重要内容。乡村建设离不开金融支持，甘肃省作为西部欠发达省份，金融业更应有所作为。近年来，农业银行甘肃分行始终保持服务“三农”初心不变、助力乡村振兴力度不减，力争服务乡村振兴实现“贷得多、存得稳、结算快、价格优”，县域市场领军银行地位进一步巩固提升，促进了全省乡村宜居宜业、农民农村共同富裕。

紧盯建设规划，满足多元化金融服务需求。甘肃省各地区经济发展基础差异较大、资源禀赋不同，呈现出不同的发展模式，各个发展模式决定了金融需求具有多层次、多元化的特点。甘肃分行主动对接各级政府乡村建设规划，聚焦乡村公共基础设施建设、农村人居环境整治提升五年行动等重点领域，分别制定专项综合金融服务方案，充分运用涵盖26款信贷产品的农业银行“乡村建设金融服务产品箱”，在充分防范风险的前提下，增加有效信贷规模，加大分支行投放力度，助力提升农村基础设施与公共服务供给水平。同时，探索建立乡村建设重大项目库，在不新增地方政府隐性债务的前提下，对符合条件的农村供水保障、污水垃圾处理、农村清洁能源、农产品仓储保鲜冷链物流设施建设、农村人居环境改造等项目，给予中长期信贷资金支持。尤其是向23个国家乡村振兴重点帮扶县、16个省级乡村振兴重点帮扶县、革命老区、民族地区、欠发达地区乡村建设加大金融资源倾斜力度，持续改善重点地区基础设施和农村人居环境。

围绕科技赋能，满足均衡性金融服务需求。乡村建设的重要目的就是让农村具备基本现代生活条件，需要金融机构设计针对“三农”领域及农村金融市场的相关技术规划和数字蓝图，为惠农数字金融服务在农村地区落地提供基础技术和平台支撑，进一步提升惠农金融服务的可得性和覆盖面，助力构建普惠、便捷、高效的农村金融服务体系。甘肃分行近年来加速推进数字乡村工程，以农业银行总行研发推出的智慧乡村综合服务平台为突破口，积极对接各地方乡村建设规划，对相关“三资”管理、乡镇治理等系统平台进行针对性技术改造，开展自上而下的专项推广活动，进一步扩大县乡两级政府的覆盖面，提高行政村账户和用户活跃度；积极研发推广智慧农业、智慧畜牧、智慧市场、智慧景区等涉农场景，助力农业农村信息化水平整体提升；积极推广以县域医疗卫生机构为重点的“智慧医疗”场景、以幼儿园、中小学、职业技术学校等为重点的“智慧校园”场景向县域农村延伸，促进县城公共服务向乡村延伸覆盖。积极整合政府、企业、村民数字服务需求，着力提供智慧场景金融解决方案，将基础金融服务辐射延伸到农民身边。

聚焦产品创新，满足差异化金融服务需求。乡村建设规划不一，升级换代决定了金融需求的差异化，需要金融机构量身打造特色服务方案，创新适应性金融产品，提供差异化金融服务。甘肃分行结合地域特点，根据各地产业结构、客群特点和业务需求，聚焦种业、高标准农田、水利、旅游等产行业和制造业等领域进行深入研究，开展政策和产品的适应性改造，制定本土化特色产品或服务模式。一方面，积极推广农业银行总行创新的农村集体经济组织贷款产品，加大对具有产业支撑、信誉良好、风险可控的集体经济组织的融资支持力度，加强农村集体资产股权质押贷款在全行的推广力度，提高农村集体经济组织带动中小农户参与乡村建设的主动性；另一方面，在符合法律法规、监管规定的前提下，鼓励各二级分行进行区域性产品创新，推出差异化的活畜抵押贷款、农村土地整治贷款等创新产品，择优做好全行的复制推广工作。

（作者系中国农业银行甘肃分行党委书记、行长。原文刊载于《中国城乡金融报》2022 年 10 月 14 日 A6 版）

以金融创新助力耕地质量提升

■ 耿曙明

民为国基，谷为民命。粮食安全是“国之大者”，事关国家发展大计。我国粮食产量已连续多年保持在1.3万亿斤以上，有力地保障了14亿人口大国的粮食需求。但也要看到，由于人多地少，我国粮食供求中长期仍呈紧平衡态势，粮食安全这根弦任何时候都不能松。

面对人多地少的基本国情，守牢耕地红线、提升耕地质量，进而促进稳产增产，是保障粮食安全的重要选择。作为服务“三农”的重要力量，涉农金融机构应主动担当使命，积极发挥职能作用，以支持耕地质量提升为抓手，全力做好粮食安全的金融保障。

创新产品模式，支持高标准农田建设。我国优质耕地紧缺，中低产田占三分之二以上，建设高标准农田是解决耕地质量问题的重要途径。从高标准农田建设过程来看，地方配套财政资金紧张、财政拨款滞后、承建主体具有“小、散、差”等问题。金融机构应聚焦破解高标准农田建设融资难题，不断提升信贷产品的针对性、适用性，通过创新以未来财政拨付的配套建设资金作为还款来源的信贷产品，给予承建主体融资支持，满足财政资金拨付前的建设资金需求。同时，全力支持地方政府整合资源，成立专业高标准农田建设公司，统一规划高标准农田建设，深化“政府+金融+担保机构”等多方合作模式。通过提高融资主体信用水平、实施专业化和市场化运作、拓宽第一还款来源、落实有效担保等措施，提供金融支持。

拓宽路径方式，支持耕地生态修复保护。长期高强度开发利用与用养失衡，导致耕地“变薄、变瘦、变硬”，制约粮食增产增收，亟须探索支持耕地生态修复保护的新路径。在城乡建设用地不可跨省交易，以及耕地占补平衡交易市场需求不旺的省份，金融机构应采取更加灵活多样的方式，创新金融支持方式助力土地整治修复。通过“土地集中流转+农田集中整治+订单农业”方式，解决土地项目规模不大、还款资金不足等问题；通过“迁村腾地+城乡置换+土地整治+扶贫帮困”方式，解决乡村振兴帮扶县土地整治项目融资难问题；通过中登网动产质押、公证抵押、协议抵押等实现农村土地经营权担保价值，解决土地修复贷款缺乏有效担保问题。同时，积极支持绿色低碳循环农业产业体系建设，大力扶持有机水果、蔬菜等绿色现代农业种植项目，以及“畜禽自养—粪污还田—基地种植—饲料自给—畜禽自供—屠宰加工”等全产业生态循环种养加一体化项目，推动提升农业生态涵养功能。

服务供需两端，支持农业机械化全程全面发展。农业机械化是提高种植效率、降低生产成本的重要措施。我国农业机械化发展迅猛，仍有较大提升空间。金融机构应围绕供给和需求两端进一步加大信贷投放力度。积极支持农机生产企业创新制造实用高效的农机装备，对生产大型复合智能农机的企业，可考虑行司联动、融资与融资租赁相结合的方式，助其发展壮大。加强与农业农村部门合作，精准获取农业合作社、种植大户等新型农业经营主体名单，有效满足老旧农机淘汰升级等资金需求。探索推进政府农机购置补贴权利质押及农机抵押组合担保方式放款，发挥好普惠金融作用。

（作者时任中国农业银行辽宁省分行党委书记。原文刊载于《中国城乡金融报》2022年5月13日A5版）

以高质量金融服务赋能乡村发展

■ 孙立刚

2022年政府工作报告对“大力抓好农业生产，促进乡村全面振兴”进行了部署安排。银行业金融机构作为服务乡村振兴的重要力量，要切实履行服务“三农”职责使命，加快改革创新，以高质量的金融服务助力乡村全面振兴。

聚焦重点领域，为乡村振兴输送金融“活水”。保障粮食安全、发展乡村产业、加快乡村建设、深化农村改革等是乡村振兴的重要任务。金融机构要瞄准重点领域，加大信贷投放，让金融活水充分浇灌乡村沃土。把粮食安全作为“国之大者”，发挥自身在客户覆盖、服务手段、产业链介入等方面的经验优势，全力服务粮食等重要农产品供给。围绕农村基础设施建设、人居环境整治、基本公共服务等建设重点，加大中长期信贷支持。积极探索农地金融、农村集体经济组织金融服务模式，推动释放农村资源资产金融权能。

保持政策连续，全力服务巩固拓展脱贫攻坚成果。巩固拓展脱贫攻坚成果是乡村全面振兴的前提。金融机构要坚决落实“四个不摘”要求，持续加大对脱贫地区特别是国家乡村振兴重点帮扶县信贷投放力度。围绕脱贫地区产业发展，推动延伸涉农产业链价值链，建立健全产业带动脱贫人口增收致富利益联结机制，持续增强脱贫地区乡村振兴内生动力。围绕脱贫人口增收致富，推广运用脱贫人口小额信贷等线上、线下产品，支持发展生产、增收致富。

坚持创新驱动，加快科技赋能乡村振兴金融服务。创新是开展乡村振兴金融服务的第一驱动力。要顺应农业农村新主体新业态的金融需求，通过创新驱动、科技赋能，进一步提升金融服务乡村振兴的能力水平。创新开展线上融资服务，推动农户贷款线上化运作，“让数据多跑路、让农民少跑腿”。大力建设推广数字乡村治理、智慧农业、智慧生活、智慧政务等涉农场景金融服务，构建县域农村场景生态圈。完善渠道建设，着力提升5G智慧网点、手机银行等线下、线上渠道功能，打造各类服务集成输出智能化渠道。

发挥综合服务优势，助力乡村全面振兴。乡村振兴是包括产业振兴、人才振兴、生态振兴、文化振兴和组织振兴的全面振兴。积极运用金融力量助推乡村“五大振兴”，选派优秀金融干部到县乡村挂职，组织实施乡村振兴专业人才培训，助力农村人才振兴。深入开展“信用村、信用户”创建活动，积极参与乡村治理体系建设试点示范和文明村镇创建，助力农村组织振兴和文化振兴。围绕“十四五”全国农业绿色发展规划，突出支持国家重点农业绿色工程和生态保护项目，助力农村生态振兴。充分发挥集团联动协同优势，通过债券投资、设立产业基金等方式为乡村振兴提供多元资金支持。

完善体制机制，为乡村振兴金融服务提供持久有力保障。金融机构要落实农业农村优先发展方针，强化专门机构、专门人员队伍、专门资源政策服务乡村振兴的制度安排。适应农村经济社会发展变化和农村客户金融服务需求特点，进一步向县域农村下沉渠道，加快建设更加高效便捷的县域农村线上、线下渠道体系。进一步加强服务“三农”人才队伍建设，选优配强县域支行领导班子，做好县域队伍补充培养，为服务乡村振兴提供高质量人才队伍保障。进一步增加“三农”政策资源供给，完善差异化“三农”产品和信贷政策制度体系。

（作者系中国农业银行乡村振兴金融部副总经理。原文刊载于《中国城乡金融报》2022年4月15日A5版）

践行责任担当　强化支持保障

■ 罗　涛

习近平总书记考察贵州时作出了“在乡村振兴上开新局”的重要指示。农业银行贵州分行牢记总书记殷殷嘱托，助推贵州乡村振兴。2021年，乡村振兴领域贷款增速达11.4%。2022年以来，金融服务乡村振兴保持良好态势，全面完成县域贷款“两高于、两提升、一确保”等要求，以实际行动彰显服务乡村振兴领军银行的责任担当。

提高政治站位，完善服务体系。贵州分行把金融服务乡村振兴作为践行金融工作政治性、人民性最直接、最生动的体现，坚定扛起责任。成立以省分行主要负责人为组长的金融服务乡村振兴推进小组，统筹推进各项工作。实施省分行党委成员挂点帮扶机制，定期到国家乡村振兴重点帮扶县支行开展调研，帮助解决实际问题。细化落实各项支持政策，制定金融服务乡村振兴和县域业务发展28条支持政策，以及支持国家乡村振兴重点帮扶县工作意见等差异化措施。强化银政协作，与贵州省农业农村厅、乡村振兴局签订三方金融服务乡村振兴战略合作协议，共同探索服务新模式。2021年以来，贵州分行相继派出17名干部到县级及以上政府挂职，以贯彻落实贵州省政府与农业银行战略合作协议为契机，围绕乡村振兴领域信贷合作，持续完善工作机制和制度体系。

聚焦“底线”任务，强化支持保障。2022年中央一号文件明确了保障国家粮食安全、不发生规模性返贫两项底线任务，贵州分行精准对接两大领域金融服务。在保障国家粮食安全方面，针对该领域原材料收购融资难、担保难问题，作为唯一金融机构与贵州省农业农村厅合作推出“原料贷”，目前已投放贷款 2400 万元，惠及 12 户龙头企业。聚焦制种大县，制定专属金融服务方案。在防止规模性返贫方面，做好对巩固拓展脱贫攻坚成果与乡村振兴有效衔接和国家乡村振兴重点帮扶县的金融服务，国家乡村振兴重点帮扶县贷款余额 543.63 亿元，居农业银行系统第二位。围绕重点监测人群，做好农户金融服务，防止脱贫不稳定户、边缘易致贫户返贫。截至目前，累计向乡村振兴重点帮扶县和革命老区 5163 户农户投放“富民贷”逾 7 亿元，户数及余额均居农业银行系统第一位。

围绕重点领域，助力产业兴旺。发展乡村产业是乡村振兴的首要任务，也是推动农业农村经济发展的源动力。贵州分行瞄准中药材、食用菌等贵州 12 大农业优势产业，以及“一县一业”地方特色产业资源，加大信贷投放力度。2022 年第二季度，乡村产业贷款余额 308.9 亿元，较年初增加 61.55 亿元。营销现代种植养殖、农产品加工、乡村休闲旅游等产业领域企业 1496 户，已累计投放贷款 101 亿元。突出龙头企业强化服务，国家级农业产业化龙头企业金融服务覆盖率达 86%。新增 1.5 万户“惠农 e 贷”农户，有力支持安顺关岭牛、遵义辣椒等特色产业以及乡村旅游发展。用足用好总行“三农”产品创新基地政策，围绕乡村振兴中涌现出的新业态、新主体、新需求，不断向特色产业提供差异化产品和服务。

坚持拓展渠道，延伸服务半径。贵州分行主动适应农村经济社会发展变化，围绕县域农村客户金融服务需求特点，加快建设更加高效、便捷的渠道体系。优化县域网点布局，新建和迁址的人工网点优先配置在县域新区，网点建设资源优先向县域倾斜。2022 年已实现 4 个续建县域网点对外营业、8 个县域迁建网点立项。面向县乡各级政府部门、村“两委”等用户，全力推广农业银行总行农村“三资”管理平台，着力满足数字化乡村治理、农村“三务”管理、村籍人员信息管理等领域需求。目前，已实现与90个县（区）签约，处于同业领先地位。推进掌上银行乡村版普及，依托“惠农通”服务点等渠道，不断加大宣传推广力度，针对县域掌银注册用户开展各类营销活动，还通过建设掌银乡村版“惠享贵州”专区等形式，打造分行掌上银行“三农”特色品牌。截至目前，掌银乡村版月活客户较年初增加8.23万户，增幅明显。

（作者系中国农业银行贵州分行党委书记、行长。原文刊载于《中国城乡金融报》2022年8月29日A4版）

优化农村金融产品及服务供给　推动巩固脱贫攻坚成果上台阶

■ 杨梦颖

2021 年是巩固拓展脱贫攻坚成果同乡村振兴有效衔接的第一年。经过社会各方面努力，我国牢牢守住了不发生规模性返贫的底线，脱贫攻坚成果得到进一步巩固拓展。

防止返贫监测和帮扶机制全面建立。针对存在返贫致贫风险的人口，因地制宜落实帮扶措施，实现了事前预防与事后帮扶相结合。截至 2021 年 10 月底，全国共识别纳入防止返贫监测对象 526 万人，75% 已消除返贫致贫风险。

帮扶政策在组合运用和动态调整中持续发力。抓住产业扶贫这一关键，着手在 832 个脱贫县集中打造 2 ~ 3 个特色主导产业；加强脱贫劳动力就业帮扶，持续为脱贫地区和脱贫户发展提供创业就业信贷；强化易地搬迁后续扶持，全面完成安置住房不动产登记，实现 438 万搬迁群众“一户一人”以上就业；允许结合实际调整资金使用结构，优先安排实施防止因灾返贫急需项目，有效防范和化解因灾返贫致贫风险。有序培育巩固拓展脱贫攻坚成果同乡村振兴有效衔接工作体系。中央农村工作领导小组研究确定的 33 项衔接政策全部落实，305 家中央单位定点帮扶 592 个脱贫县工作总体保持稳定，包括第一书记在内的 56 万多名驻村干部全部完成轮换。

图 6 2018—2022 年，农业银行总行派驻秀山县平马社区第一书记依托农业银行 440 万元帮扶资金，建立 500 亩茶叶基地，发展茶叶产业基地 2700 亩，确立茶叶为支柱产业，有效打造“一村一品”（董秀义摄影）

金融是继续巩固拓展脱贫攻坚成果，做好乡村振兴这篇大文章的“源头活水”。金融机构应按照中央农村工作会议部署，进一步优化农村金融产品及服务供给。具体建议如下。

健全农村金融组织体系，提升金融机构服务能力。下沉经营网点，补齐贫困地区金融服务“最后一公里”短板，加强优势特色产业金融支持力度和精准度，进一步扩大扶贫小额信贷支持力度和支持范围，全面落实好扶贫信贷展期等工作。

量身设计针对不同贫困地区和贫困群体的金融产品和服务。创新推出“涉农信贷 + 农业保险 + 再保险”等模式的农村综合金融产品，完善风险分担机制，创新农业保险产品，有序扩大特色农产品保险品类，探索建立环境污染责任险等保险产品，充分发挥保险机构的重要作用。

以科技赋能金融服务。依托5G、智能终端等技术，强化线上、线下服务体系，破解偏远贫困地区金融机构网点布局难题，发挥云计算、卫星遥感、物联网等技术在农户授信、数字信贷等方面的作用，助推加快农村信用体系建设。

密切银政合作、银企合作。金融机构既要充分利用扶贫部门建立的贫困村、贫困户档案资料和扶贫再贷款政策，又要主动与贫困地区的政府、企业等对接，形成资金融通和风险规避的合力，提升金融巩固拓展脱贫攻坚成果和助力乡村振兴的效能。

（作者单位：农业农村部农村经济研究中心。原文刊载于《中国城乡金融报》2022年1月5日B2版）

开展人居环境整治 推动美丽乡村建设

■ 牛坤玉

党的二十大报告提出，提升环境基础设施建设水平，推进城乡人居环境整治。深入开展人居环境整治，推行生态基础设施城乡均等化，防治农村生活污染是贯彻落实习近平新时代生态文明思想、推进乡村生态振兴、建设宜居宜业和美乡村的重要内容。

我国从2018年实施农村人居环境整治三年行动以来，农村人居环境得到明显改善。全国农村卫生厕所普及率逾65%，生活垃圾收运处置体系覆盖90%以上行政村，近30%的农户生活污水得到有效管控，95%以上村庄开展了清洁行动。但仍存在以下问题：一是资金投入有缺口。现阶段农村人居环境整治资金的投入主要依靠政府，金融机构和社会资本参与度低，近几年地方财政增收渠道少，人居环境整治存在较大资金缺口。二是农民主体作用发挥不充分。当前有的地方一定程度上存在“政府大包大揽”“干部干、群众看”等现象，出现了农民在排污中“不合作”、在整治中“搭便车”等现象。三是技术适用性较差以及人才支撑不足。农村人居环境整治技术的规范化和标准化相对不高，一些技术的区域适应性较差。农村人居环境整治领域的规划、施工、管理等专业技术力量缺乏，队伍体系不健全，人员素质能力还不能完全满足需求。四是整治机制不健全。缺乏有效农村人居环境整治设施的运营与管护机制，评估与监督机制还不健全。五是农村人居环境整治缺失科学合理的中长期规划。缺乏根据村庄不同区位、不同类型、不同人居环境现状制定的详细规划及实施方案，不同村庄人居环境整治的重点内容及其实施的优先序不明确、不细化。

刚刚结束的中央农村工作会议明确提出，提高人居环境舒适度，让农民就地过上现代文明生活。面对存在的问题及新的工作要求，农村人居环境整治应重点从以下几方面努力。

因地制宜，创新多元投入模式。考虑到我国农村区域发展不平衡的问题，我国东部发达地区可以借鉴美国经验，通过中央财政和地方财政拨款建立水污染控制基金，以低息贷款而非直接补助的方式提供建设资金，低息贷款需要经济发达地区的农民在日后承担本息，保证污水处理资金的回笼，这也有利于维持污水处理资金的持续运转；西部地区由于经济发展较为滞后，可以参考日本经验，由国家和地方政府直接给予一部分无偿补助，农民个人只承担部分设施建筑费用。

明确农民主体责任，激励农民全方位参与。加强农村人居环境整治的责任制度建设，做到农民主体责任有据可依、有据可查；通过村规民约、宣传教育、积分等方式激发农民积极性、主动性、创造性，引导农民做人居环境的规划者、建设者、维护者和监督者。

因地制宜推广整治技术，培育专业人才队伍。增加对适用于农村地区的污水处理技术的研发支持力度，如提供信贷支持。提升农村人居环境技术和产品的针对性和适用性，尤其是要推出适宜干旱、寒冷等特殊条件的技术产品。加快培育农村人居环境整治领域规划、施工、管理等专业人才队伍，形成健全的人才队伍体系。

健全长效运营机制，构建现代整治体系。建立一套可操作性强的长效运维监督管理机制，构建党委领导、政府主导、农民主体、自治组织及企业、合作社等共同参与的共治体系，推进农村人居环境整治体系现代化。

突出乡村特色，规划引领村庄建设。村庄规划要充分体现乡村特色、乡村风格以及兼顾生态环境保护，坚持政府引导、因地制宜、科学规划，并广泛听取农民的意见、意愿，制定能落地的村庄规划及发展规划。

做好农村人居环境整治数字化工程，推进乡村发展数字化、智能化。建立农村人居环境数据收集及处理体系，重点在农村生活垃圾处理以及农村生活污水处理方面引入数字化技术，推行智能化运营模式。建立农村人居环境的智能监测和监管平台，通过信息化手段全程监管农村人居环境整治各项工作。

（作者单位：中国农业科学院。原文刊载于《中国城乡金融报》2022年12月28日B3版）

弘扬大别山精神　全面推进乡村振兴

■张　润

金寨县坚持以习近平新时代中国特色社会主义思想为指导，大力弘扬大别山精神，学习贯彻党的二十大精神和中央各项决策部署，强化“四个不摘”要求，推进乡村振兴各项工作落实落地，加快农业农村现代化，实现乡村振兴战略在金寨向纵深推进。

抓好政策衔接。党的二十大报告强调“全面推进乡村振兴”，要求“扎实推动乡村产业、人才、文化、生态、组织振兴”。金寨县成立由县委书记、县长任负责人的乡村振兴工作领导小组，下设产业、人才、文化、生态和组织五个振兴专项工作组。研究出台意见，提出实施巩固拓展脱贫攻坚成果同乡村振兴有效衔接的“5115”工程。

支持农业特色产业链式发展。培育新型农业经营主体，新增专业合作社26家、家庭农场336家。加大农业产业招商引资力度，引进农产品加工业项目69个。统筹整合资金3.21亿元，用于现代农业示范区、优势主导产业基地、绿色食品加工产业园和龙头企业项目等建设。强化涉农产品市场建设，30种农产品通过有机认证，3种农产品通过绿色认证，4种农产品入选全国名特优新农产品名录。

巩固旅游业发展优势。发展全域游、乡村游、体验游，推行旅游业经营主体“1+N”结对农户制度，1766名脱贫农民参与其中，实现增收。

鼓励电商微商发展。投入奖补资金150万元，鼓励电商微商优先收购脱贫户农特产品，目前已支持68家电商微商和电商企业收购3075户农户产品，产值达4270多万元。

提升乡村基础设施建设水平。投入资金1.65亿元，开展农村公路新建改建、危桥改造。通过新建改造线路，农村电网供电可靠率达99.899%。

实施农村生态保护提升行动。完成长防林项目人工造林、封山育林、退化林修复、中央财政森林抚育等计划。

加大乡风文明基层治理力度，以此促进金融支持乡村振兴。目前，金寨县已完成14.64万户农户、1711家新型农业经营主体、221个村级集体经济组织的信息采集和乡风评议工作。全县金融机构据此已向1.58万户农户授信14.53亿元，其中向4196户农户发放信用贷款3.13亿元，向1068家新型农业经营主体发放信用贷款1.21亿元，有力地支持了全县农业经济发展。

（作者系安徽省金寨县委副书记、县长。原文刊载于《中国城乡金融报》2022年12月14日A1版）

巩固脱贫攻坚成果　推动墨脱乡村振兴

■ 李继承

2021 年，习近平总书记在西藏考察调研时指出，要落实好党中央支持西藏发展政策，全面推进乡村振兴。总书记的重要讲话，为推动西藏巩固拓展脱贫攻坚成果同全面推进乡村振兴衔接指明了方向。

在党中央的坚强领导和部署下，在全国人民的大力支援下，在全县干部群众的不懈奋斗下，墨脱县于 2019 年 3 月正式脱贫“摘帽”，城乡面貌、基础设施、群众生活都发生了天翻地覆的改变。2021 年以来，墨脱县建立健全巩固拓展脱贫攻坚成果长效机制，对全县脱贫不稳定户、边缘易致贫户以及因病因灾因意外事故等刚性支出较大或收入大幅缩减导致基本生活出现困难户开展动态监测，加强数据共享和比对，运用数据筛查监测，保证“两不愁、三保障”质量进一步提升，为深入实施乡村振兴战略夯实基础。

巩固项目建设成果。2021 年，墨脱县统筹整合资金 1.25 亿元，实施了 31 个项目，通过项目建设带动农牧民增收 400 余万元。认真开展扶贫项目资产后续管理工作，持续抓好易地扶贫搬迁基础设施建设，以及公共服务、产业发展等工作，确保搬得进、稳得住、能融入、可致富。

巩固壮大优势产业。不断完善茶产业发展模式，2015 年以来，累计采摘茶青 107 万斤，群众增收近 3000 万元。开拓旅游服务、果蔬、土特产、手工品等产业市场，经济效益凸显。

做好“一村一方案”规划实施。结合各乡（镇）、村区位特征和资源优势，从基础设施建设、人居环境整治、村容村貌提升、产业发展壮大等方面，打造各具特色的村居，重点开展乡村振兴示范村和重点帮扶村建设。

为做好乡村振兴工作，墨脱县将用好政策衔接优势、全国支援优势、当地资源优势，尤其是用好金融服务优势。在墨脱县脱贫攻坚过程中，农业银行作为县内唯一设有营业机构的银行，发挥了重要的促进作用，发放小额精准扶贫贷款1540.5万元。在推进乡村振兴过程中，墨脱县将进一步加强与农业银行的紧密联系，搭建平台、深化合作，共促民生改善、共谋墨脱发展。

（作者系西藏自治区墨脱县委副书记、县长。原文刊载于《中国城乡金融报》2022年1月14日A1版）

为建设农业强国提供澎湃金融动能

■ 赵云鹏

强国必先强农，农强方能国强。近日召开的中央农村工作会议，系统阐释了建设农业强国、加快推进农业农村现代化、全面推进乡村振兴的一系列重大理论和实践问题，明确了当前和今后一个时期“三农”工作的目标任务、战略重点和主攻方向，向全社会释放了重农强农的强烈信号。

深刻理解建设农业强国的战略地位。会议强调，全面推进乡村振兴、加快建设农业强国，是党中央着眼全面建成社会主义现代化强国作出的战略部署。农业强国是社会主义现代化强国的根基，要制定加快建设农业强国规划，不照搬国外现代化农业强国模式，走具有中国特色的农业强国之路。

精准把握建设农业强国是头等大事。保障粮食和重要农产品稳定安全供给始终是建设农业强国的头等大事。要实施新一轮千亿斤粮食产能提升行动，抓住耕地和种子两个要害，积极构建种粮农民收益保障和主产区利益补偿两项机制，在增产和减损两端发力，切实把头等大事做得实而又实。

扎实做好建设农业强国重要任务。全面推进乡村振兴是新时代建设农业强国的重要任务。要把产业振兴作为乡村振兴的重中之重，把巩固拓展脱贫攻坚成果作为全面推进乡村振兴的底线任务，把增加农民收入作为“三农”工作的中心任务，全面推进产业、人才、文化、生态、组织“五个振兴”。

始终坚持建设农业强国的双轮驱动。会议强调，要依靠科技和改革双轮驱动加快建设农业强国。要着力提升创新体系整体效能，构建梯次分明、分工协作、适度竞争的农业科技创新体系，加快实现高水平农业科技自立自强。紧盯农民和土地关系这条主线深化农村改革，做好承包期再延长、规模经营、农村宅基地制度改革、农村集体经营性建设用地入市等试点探索。

深入领会建设农业强国的内在要求。会议强调，农村现代化是建设农业强国的内在要求和必要条件，建设宜居宜业和美乡村是农业强国的应有之义。要组织实施好乡村建设行动，完善乡村治理体系，加强农村精神文明建设，让农民就地过上现代文明生活，一体推进农业现代化和农村现代化。

将党的二十大和中央农村工作会议提出的“建设农业强国”战略擘画变为现实，需要金融业的大力支持。涉农金融机构既要担负起支持建设农业强国的政治责任，也要抓住做好建设农业强国金融服务的重大机遇，卯足干劲，持续优化金融供给，为建设农业强国提供澎湃的金融动能。

要坚持系统观念，做实金融规划。涉农金融机构要跟踪国家加快建设农业强国规划制定情况，及时研究金融服务农业强国建设专项规划。要统筹建设农业强国、全面推进乡村振兴、推动农业现代化的关系，进行系统谋划，提升金融服务的全面性、针对性。

要坚持问题导向，突出服务重点。涉农金融机构要系统梳理金融服务粮食安全、“五大振兴”、巩固脱贫成果、助农增收、农业科技、农村改革、乡村建设、乡村治理、人才培育等方面的优势和短板，金融服务向重点领域再倾斜、再聚焦，持续提升建设农业强国重点领域的金融服务能力。

要坚持守正创新，提升服务质效。涉农金融机构要紧紧围绕党的二十大提出的“健全农村金融服务体系”部署，结合加快建设农业强国的目标任务，着力在金融产品、资源保障、风险管控、服务模式等方面加强创新，努力实现金融组织更有力、金融产品更可得、金融服务更便捷、金融风险更可控。

（原文刊载于《中国城乡金融报》2022 年 12 月 28 日 A1 版）

第二章

政策精解

中国要强，农业先强。党的二十大报告进一步提出“加快建设农业强国”的战略要求。近年来，中央和各部门发布了若干政策性文件，为积极落实乡村振兴战略作出了重要指导。农银报业充分发挥专业媒体平台作用，持续做好政策宣传解读工作，发出权威声音、强化正面引导。本章集纳中央文件、各部门相关文件、乡村振兴区域政策及措施等相关政策解读，供读者参考。

为新时期农业农村国际合作指明方向

■ 包月红

农业农村国际合作是我国对外开放和农业农村发展的重要组成部分。农业农村部近日印发《“十四五”农业农村国际合作规划》（以下简称《规划》），系统总结“十三五”发展成就经验，充分研判当前和未来一段时期农业农村国际合作面临的国内外环境，提出了“十四五”农业农村国际合作需要遵循的五项原则、六项目标和六项任务，并结合区域提出合作重点，为新时期农业农村国际合作指明了路径和方向，为加快培育农业国际合作和竞争新优势，全面推进乡村振兴、加快农业农村现代化提供了有力支撑。

《规划》具有承上启下的作用，在中国农业农村国际合作历史上具有里程碑意义。回顾中国农业对外合作的历程和经验，从改革开放前的利用农产品出口支持社会主义建设，到改革开放后引进国际先进科学技术支持国内产业发展，再到加入世界贸易组织后全方位参与国际竞争，加快农业“走出去”步伐，农业对外合作为服务国家战略和农业农村发展作出了重要贡献。党的十八大以来，农业进入全方位对外开放新阶段，农业贸易和投资合作迈出新步伐，深度融入全球农业资源配置，积极参与全球粮农治理，农业日益成为政治外交的优质资源。农业对外合作在服务国家政治外交大局和“三农”工作全局中不断开创新局面，取得新成效。

面向“十四五”，立足“保供固安全、振兴畅循环”的工作定位，

《规划》提出了“六大发展目标”，即农业农村国际合作机制取得新突破、农业国际贸易形成竞争新优势、农业对外投资经营呈现新局面、农业科技合作交流取得新成效、全球粮农治理参与能力实现新提升、农业对外援助综合效益更加明显。其中强调全球粮农治理参与能力和农业对外援助综合效益，体现了近年来我国在国际农业合作中的地位提升和责任担当，也是未来我国农业对外合作重点和新亮点。

围绕目标要求，《规划》提出了做深做实农业农村交流合作、加快农业“走出去”、推进农业国际贸易高质量发展、深化农业科技合作、主动参与全球粮农治理、提升农业援外综合效益六大任务。其中，部分内容是初次提出，如“拓展农村领域合作空间，围绕乡村振兴，加强农村减贫、农村人居环境整治、乡村治理等方面国际交流合作”，这是随着我国全面推进乡村振兴战略，农业农村部门职能发生变化之后，农业农村对外合作内容出现的调整，体现了当前国内农业改革发展的新要求。如在推动农业国际贸易高质量发展上提出“农业国际贸易高质量发展基地建设”，示范引领农业贸易转型升级。《规划》特别提出要“推进农业服务贸易、数字农业、跨境电商等新业态发展”，当前全球服务贸易高速发展，数字农业、跨境电商等新业态方兴未艾，数字经济已上升为国家战略，未来将成为农业农村对外合作的重要增长点。《规划》还根据五大洲重点国家提出了具体的合作方案，体现了任务的可行性和可操作性。

蓝图已经绘就，奋斗正当其时。下一步要从以下几个方面推进规划落实落地。一是要切实加强党的领导。发挥党总揽全局、协调各方的领导核心作用，强化政治引领、把稳前进方向，把党的领导落实到农业对外合作的各领域、各方面、各环节。二是要强化政策创设和落地。围绕规划部署重点任务，制定相应的工作方案，落实配套政策措施，进一步优化营商环境，提升服务水平，破解制约企业“走出去”的体制机制障碍。三是要健全工作机制。密切部门协调、强化部省联动、加强内外协同，构建起上下一条线、全国“一盘棋”的工作格局。四是强化服务保障。进一步加大国际化人才培养力度，健全境外信息采集网络，推动部门间信息共享，促进智库、协会等机构发挥作用。

（作者单位：农业农村部农村经济研究中心。原文刊载于《中国城乡金融报》2022 年 3 月 2 日 B3 版）

以金融之笔绘就生态农场美丽画卷

■ 董秀义

日前，由农业农村部农业生态与资源保护总站、中国农业生态环境保护协会严格遴选，公布全国首批132家“生态农场”名单，为各地推进现代农业绿色发展树立了样板。“生态农场”不同于常规农场，它是依据生态学原理，遵循整体、协调、循环、再生、多样原则，将生态农业技术、现代先进装备、绿色低碳理念等引入农业发展的实践主体，涵盖但并不等同有机农场。

推进生态农场建设、发展生态农业是贯彻落实习近平生态文明思想的具体体现，是推进农村生态文明建设的重要举措，是全面推进乡村振兴、实现农业现代化的重要路径。因此，加快推进以生态农场为代表的生态农业发展意义重大。生态农业的创新发展离不开金融的催化和支撑。

金融支持生态农场建设是倡导绿色金融和拥抱ESG（环境、社会和公司治理）的应有之义。绿色是农业的底色、是碳达峰碳中和的追求目标，良好生态环境是普惠善本的民生福祉、“三农”发展的比较优势和先进社会的宝贵财富。拥抱ESG理念和责任，日趋成为大型金融机构的发展共识。越来越多的商业银行开始重视通过绿色信贷、绿色债券等绿色融资产品，发展绿色低碳投资，注重绿色金融业务所带来的环境效益。基于国家顶层设计和金融行业的自律发展，结合自上而下的政策推动和自下而上的实践创新，推动生态农场为代表的绿色农业、生态农业发展，将成为金融服务“三农”事业、服务乡村振兴的重点方向。

图7 近年来，贵州省黔西市锦星镇大力调整农业产业结构，
因地制宜推广葡萄、草莓、李子等特色水果和农产品种植，
同时配套推出农家乐园、田园采摘、农场观光等系列旅游项目。
图为游客在锦星镇白泥社区家庭农场体验采摘乐趣（周训超摄影）

金融支持生态农场建设重在发挥金融政策和金融产品的孵化功能。金融机构可以制定差异化扶持政策，创新信贷融资、专项债券、涉农保险等金融供给服务，重点支持生态农业核心技术攻关、重要设施装备研发和生态农业新成果推广等领域，推动生态农业发展模式形成、生态农场落地和生态农业产业链体系构建。近日，浙江省湖州市推出以“湖羊智慧循环产业园”和“水木蔬菜智慧工厂”为代表的生态农场示范项目，聚力产业生态化、管理智能化、要素集约化、生产标准化，聚焦建设水准高、科技含量高、智能程度高、生产效率高、质量效益高、共富成色高。通过孵化这样的示范项目，金融机构可以实现良好的溢出效应。伴随生态农场建设的迭代升级，金融机构也要持续完善优化，形成一批适合不同区域、不同领域、全链条的金融综合解决方案。

金融支持生态农场建设可以充分发挥金融科技的赋能作用。打造生态农场项目，驱动生态农业发展，离不开各方面体制机制的制度赋能和金融赋能，更离不开科技赋能。以商业银行为代表的金融机构，可以有效发挥自身金融科技优势，因地制宜创新“金融科技 +”赋能模式，为生态农业发展提供融合生产要素、资金和金融科技于一体的全场景综合服务体系。通过金融科技赋能，构建生态农业的产业链生态，助力输出农业现代化管理能力，促进相关涉农企业规范化、规模化、标准化、信息化发展。同时，通过金融科技与农业大数据的感知匹配，为生态农业产业链上各经营主体提供量身定做的金融产品，从全周期到全链条，提供智能化、可视化和一体化的高质量金融服务。

（原文刊载于《中国城乡金融报》2022 年 1 月 12 日 B4 版）

推进生态农场建设　促进农业绿色转型

■ 冯　凡

农业农村部日前印发《推进生态农场建设的指导意见》（以下简称《意见》），提出到2025年，通过科学评价、跟踪监测和指导服务，在全国建设1000家国家级生态农场，带动各省建设10000家地方生态农场，持续增加优质农产品供给，让生态农场建设成为推动农业生产“三品一标”的重要平台和有力抓手。

《“十四五”推进农业农村现代化规划》也对生态农场建设提出了明确要求。生态农场作为一种遵循生态平衡规律下的农业生产模式，通过将“环境—生物”系统有机结合，进而达到最大生物产量和维护生态平衡双重效益，对促进我国农业农村高质量发展、全面推进乡村振兴、实现农业农村现代化具有重大意义。

生态农场以绿色低碳发展理念为核心，通过引进生态农业技术和现代高新设备，降低生产成本、减少资源投入、减轻环境污染，在增加产量收益的同时实现减肥减药、绿色生产，是保障粮食安全和保障农产品供应的长久之计。如广西平南县富西大米有限公司建设的200亩梁天银香米生态核心示范基地，通过严格按照生态种植标准，采用稻鸭共育的生态种植模式，共带动周边农户发展1100亩生态水稻，保证粮食供应，并且满足消费者对大米健康、安全、营养、好吃的需求，实现了粮食安全、农民增收与缓解生态压力多层效益。

生态农场建设是推进农业绿色发展的有力抓手。《意见》提出，要引导入选主体发挥自身优势，全程推广应用标准化生态农业技术，提高产地环境质量，推行绿色低碳循环生产，打造绿色生态品牌。生态农场作为市场主体，是农业生产经营活动的具体实施者，在产地环境治理、生产过程控制、产品质量提升、市场营销服务等环节具有直接的参与性和决策性，是推行体现绿色低碳理念、推广应用农业绿色技术、带动多元主体落实绿色行为的核心主体。如作为第一批入围全国生态农场之一的山东莱西市怡禾家庭农场，秉承农牧结合的发展理念，通过全株玉米青贮，解决了农场奶牛青贮饲料问题，降低了饲养成本，提高了牛奶的产量和质量。同时，场内建立了蓄粪池，通过“过腹还田”，大大缓解了畜禽粪污染，而且土壤有机质含量明显提高，小麦平均亩产达到了530多千克。通过示范秸秆综合利用、保护性耕作等新技术，带动了周边种植户开展绿色农业生产，创造了良好的经济、社会、生态效益。

生态农场建设是社会公众与绿色低碳农业相连接的有效“桥梁”。低碳减排不仅是政府工作的重要内容，也是全民参与社会绿色生活方式的转型。生态农场以一种休闲、体验、多元的角色连接市场和消费群体，向大众形象地展现绿色低碳农业的“来龙去脉”，促进对全民绿色意识的规范和引导。同时，围绕生态农场建设，进一步推进科研合作平台、生态产品成果推广活动、生态项目社会实践以及互动共享服务平台等的打造，形成各具特色的生态农业建设品牌，促进形成政府、社会、市场协同推进的良好发展机制。

下一步，各地要以生态农场建设为载体，着力推行绿色低碳循环生产，打造绿色生态品牌，加快树立一批农业发展绿色转型的典型样板。要加强技术推广、科研服务、金融支持、用地保障等扶持政策向生态农场建设的倾斜，建立政府引导、市场主导、社会参与的协同推进机制，促进政策落实落地。同时，要构建完整的生态农业监测机制，建立农业生态环境监测指标体系，通过大数据、遥感等技术植入，加强生态农场动态跟踪评价，及时反馈评价信息，建立激励约束机制。

（原文刊载于《中国城乡金融报》2022 年 2 月 23 日 B3 版）

撬动金融资本　打好农业农村污染治理攻坚战

■ 冯丹萌

加强农业农村污染治理对于推动农业农村绿色低碳发展、履行生物多样性公约、加强农村生态文明建设具有重要意义。近日，生态环境部、农业农村部、住房和城乡建设部、水利部、国家乡村振兴局联合印发《农业农村污染治理攻坚战行动方案（2021—2025 年）》（以下简称《行动方案》），对持续打好农业农村污染治理攻坚战作出部署。

“十三五”时期，虽然我国农业农村污染治理得到较大改善，但是必须认识到，在全面实施乡村振兴新阶段，我国在农业面源污染、农村环境整治等方面仍存在一些薄弱领域，面临较大挑战。据了解，全国尚有三分之二的行政村没有达到环境整治要求，农村生活污水治理率仅为 25.5%，农村黑臭水体治理才刚刚起步。

《行动方案》的提出，对于加快解决农村生活污水垃圾、黑臭水体、化肥农药、废弃农膜、养殖业污染等方面的突出环境问题，提升治理成效，具有重要意义。

金融作为现代经济的核心，对农业农村生态环境保护起着至关重要的作用，在推进农业农村污染防治工作过程中，应充分借助金融力量，用活金融资源，发挥金融作用。

加强金融资源向农业农村污染防治重点领域倾斜投入。应进一步加强政策引导，加大对农业农村生态环保领域的信贷投入，确保深入打好污染防治攻坚战的资金支持力度同任务相匹配。同时，围绕农业农村污染防治重点领域，可以对商业银行、农村中小金融机构的相关信贷业务加大政策倾斜，适当提高其风险承受能力；积极发展政策性贷款担保，有效降低信贷风险，促进涉农信贷交易便利化，完善多层次、广覆盖的融资担保体系。

突出涉农金融在农业农村污染防治的多环节参与度。在农业生产投入环节，涉农金融机构应瞄准能有效减少投入品使用量的绿色产业，通过增加信贷投放，撬动社会资本扩大生产规模，实现果菜茶病虫全程绿色防控。在农业生产过程中，金融机构应充分考虑节水、健康养殖等创新型企业的融资需求给予支持，可以通过存货资产抵押和政策资金引导，向绿色企业发放低利率资金，解决其绿色技改资金需求。在农业废弃物资源化利用环节，应发挥金融机构的引导作用，围绕清洁生产中出现的新业态、新产品提供信贷服务，通过绿色信贷投放，引导更多企业扩大清洁生产投资。

多元驱动，撬动金融的带动效应。针对农业农村突出环境问题，围绕化肥农药减量增效、农膜回收、养殖业等方面，创新绿色金融产品，如可通过发行绿色金融债券等方式，筹集资金用于支持污染防治、清洁能源、节水、生态保护、绿色农业等领域。加快建立多元化投入机制，以突出政策综合效应为目的，创新农村生态污染治理相关项目的投融资模式。规范推广政府和社会资本合作（PPP）模式，通过特许经营等方式吸引社会资本参与农村垃圾污水处理、化肥农药减量增效、农膜回收等项目。

（作者单位：农业农村部农村经济研究中心。原文刊载于《中国城乡金融报》2022 年 2 月 23 日 B2 版）

发展乡村振兴基金　推进农业农村现代化

■ 黄鸿星

近日，国务院印发《“十四五”推进农业农村现代化规划》（以下简称《规划》），对“十四五”时期推进农业农村现代化的战略导向、主要目标、重点任务和政策措施等作出全面安排，明确到2025年，我国农业基础更加稳固，乡村振兴战略全面推进，农业农村现代化取得重要进展。

《规划》提出要积极引导社会资本投向农业农村，支持以市场化方式设立乡村振兴基金，在不新增地方政府隐性债务前提下，拓展乡村建设资金来源渠道，加大对农村基础设施建设的信贷支持力度。反映出“十四五”时期深化农业农村改革的重要出发点之一，在于着力推进城乡融合发展，更好促进金融等各类要素向乡村流动和集聚，有效提升资金支持水平，不断增强农业农村改革发展活力。

从资金支持层面，乡村振兴发展基金作为统筹整合涉农资金的重要机制，能够有效发挥财政金融协同支农体系的合力和集聚效应，是促进乡村振兴战略纵深发展的关键性举措，在乡村振兴发展过程中具有全局性意义。根据人民银行的《金融机构贷款投向统计报告》，我国金融机构涉农贷款和农村贷款余额分别从2010年的11.8万亿元和9.8万亿元，提升到2021年的43.2万亿元和36.2万亿元。但在总量增长背后，涉农贷款和农村贷款占金融机构贷款余额的比重呈下降趋势。乡村振兴和农业农村现代化依然存在资金支持不足的问题，加大金融机构涉农资金支持力度，引导金融资源向农村倾斜，仍然需要持续深入推进。

为此，要加快发展乡村振兴基金。政府层面须加大涉农资金整合力度，充实扩大基金基数。在重点支持具有良好发展潜力和经济带动能力的优质农业项目的同时，增强基金对农村基础设施建设项目的投资和支持。进一步扩大基金的社会来源，政府牵头对天使投资人、优质民营企业、银行等进行筛选，加大鼓励支持力度，针对社会资本参与者出台适当的“风险补偿”“收益分成”政策，更好发挥财政资金的引导和杠杆作用。强化基金绩效管理，政府层面可通过推进基金公开上市，以及股权收购、转让、回购等方式，加强基金绩效管理和良性运作，提高财政资金使用绩效。

要有效拓展乡村建设资金来源渠道。倾斜金融资源，引导银行业金融机构将农村基础设施建设作为投资重点，加大信贷支持力度。加大对金融机构涉农资金投放的政策引导和考核，引导金融机构明确金融资源配置重点领域和方向，提升对农业农村项目支持强度。加大农村普惠金融推进力度，聚焦不同地域融资难、融资贵具体成因，加快成功经验推广和创新做法试验试点。完善拓展“信贷 + 信用”的低门槛、低成本普惠授信模式，优化推广银、政、保、担等“多位一体”的灵活风险分担机制。创新金融科技产品，打通农村金融服务“最后一公里”，在降低金融机构服务成本的同时，确保涉农资金精准到位和精准使用。

（原文刊载于《中国城乡金融报》2022 年 2 月 16 日 B1 版）

规范社会资本　满足乡村振兴资金需求

■ 黄时雨

近日，农业农村部办公厅、国家乡村振兴局综合司联合印发《社会资本投资农业农村指引（2022 年）》（以下简称《指引》）。《指引》旨在规范社会资本投资行为，引导好、保护好、发挥好社会资本投资农业农村的积极性、主动性。其中更新了鼓励社会资本投资投入的重点产业和领域，有助于推动社会资本更好发挥在服务全面推进乡村振兴和加快农业农村现代化中的重要作用。

资金是影响乡村振兴战略实施的重要因素，社会资本是支撑乡村振兴发展的重要力量。早在 2020 年 4 月，为应对疫情影响，遏制农业投资下滑态势，引导社会资本投入农业农村，农业农村部制定并印发了首个全国性的社会资本投资农业农村指导性文件，即《社会资本投资农业农村指引》。2021 年 4 月，国家乡村振兴局综合司对该指引进行修订，形成了《社会资本投资农业农村指引（2021 年）》。

此次《指引》是对 2021 年度指引的再次修订，延续了引导社会资本注入乡村振兴战略、支持乡村加速现代化发展的导向，明确提出社会资本是全面推进乡村振兴的重要支撑力量。

引导社会资本投向农业农村有助于稳住农业农村增长势头，稳定宏观经济大盘。2021 年，中央衔接推进乡村振兴补助资金投入 1561 亿元，比上年增加 100 亿元，财政资金的引导撬动作用进一步增强。2022 年一季度，国内固定资产投资同比增长 9.3%，增速较前两个月回落

2.9 个百分点，其中仅基建投资增速上行，反映出当前“稳增长”亟须多点发力。

为此，《指引》要求把引导社会资本投资农业农村作为重要任务，强调充分发挥财政政策和产业政策的引导撬动作用，加快构建乡村振兴多元投入格局，进一步扩大农业农村领域有效投资，发挥好乡村振兴作为财政扩张“主战场”之一在“稳经济”中的定力作用。

《指引》提出的 13 个社会资本重点投资产业和领域，有 11 个与上年提法相同，2 个则有所变化，主要是以“农业农村绿色发展”“数字乡村和智慧农业建设”替代了上年的“生态循环农业”“智慧农业建设”。从表述调整来看，新的《指引》更加注重农业农村绿色转型和数字经济发展，与 2022 年中央一号文件、《数字乡村发展战略纲要》《2022 年数字乡村发展工作要点》等文件精神均有衔接。“现代种养业”“现代种业”“农产品加工流通业”等是此次继续鼓励社会投资深化投入的产业和领域，这既是当前我国农业农村现代化建设的重点领域和关键环节，又是切实抓好粮食安全这个“国之大者”、稳妥应对当前和今后各种风险挑战的基础性工作。

《指引》提出农业农村投资的资金来源主要依靠政府、金融机构和产业资本，金融机构一方面是直接的资金提供者；另一方面又是创新投融资模式、促进三方更好合作对接的重要主体。为此，金融机构要进一步加大对农业农村的信贷资金支持力度，发放更多的首贷和信用贷，积极为申请人续贷，合理通过延期、展期等安排帮助暂时遇到困难主体渡过难关。

同时，金融机构要积极加大产品和服务创新力度，加强投贷联动、乡村振兴投资基金等投融资模式探索创新，大力支持 PPP 项目建设，积极参与设立产业投资基金。从政策层面，相关部门要通过多种方式，引导包括金融机构等在内的各方主体加快建立健全商业性、合作性和政策性、开发性金融，以及信贷担保等为重要内容的多层次农村金融服务体系，大力发展供应链金融，确保社会资本在投资农业农村上不断加大力度、加快进度和拓展深度。

（原文刊载于《中国城乡金融报》2022 年 4 月 27 日 B1 版）

多措并举托稳脱贫人口就业“饭碗”

■黄　雨

日前，农业农村部、国家乡村振兴局等五部门联合印发的《关于做好2022年脱贫人口稳岗就业工作的通知》要求，按照稳存量、扩增量、提质量的要求，推动全国脱贫人口（含防止返贫监测对象）务工规模不低于3000万人，将160个国家乡村振兴重点帮扶县和易地搬迁集中安置区作为重点地区，牢牢守住不发生规模性失业返贫的底线。

就业，一头牵着千万家庭，另一头连着经济大势，是最大的民生工程，是社会稳定的重要保障。巩固拓展脱贫攻坚成果，就要坚定不移地解决好脱贫人口的就业问题。

做好脱贫务工人员的监测工作。开展信息核查，做好脱贫务工人员的动态监测，及时了解其务工信息。根据相关监测信息进行分类汇总，精准掌握脱贫务工人员务工信息，做到心中有数。由于疫情等多重因素，部分脱贫务工人员就业存在一定困难，要加强对部分易失业人员的常态化监测，重点监测其收入水平变化，及时了解就业存在的困难，做到早发现、早干预、早解决，便于精准施策。同时，通过监测可以了解更多脱贫务工人员的就业薪资、保险、培训需求等问题，便于日后提供有针对性的举措，防止发生大规模失业。

继续做大做强脱贫产业。随着我国扶贫产业不断深入，产业扶贫开发项目投资额不断增加，规模效益日益显现。因此，应继续做大做强产业脱贫项目，适时整合生产要素，丰富产品种类，延伸产业链，提高产业价值水平，进行产品及服务的综合开发，做好长远规划，如乡村旅游、电商平台、网络直销、物流冷链等辐射性强的产业网，进而拉动脱贫人员就业。同时，各地要依托高标准农田建设、农村人居环境整治、现代农业产业园、农业产业强镇、特色产业集群等农业重大项目实施，加强基础设施建设，提供更多的就业岗位，吸纳脱贫人员就近就地就业。

聚焦重点群体做好金融服务。聚焦重点区域和人员，解决好乡村振兴重点帮扶县、易地扶贫搬迁人口和脱贫家庭大学毕业生、“雨露计划”毕业生及返乡回流人员等群体就业帮扶工作。做好以上各群体的服务工作，加大相关金融知识的普及力度，降低脱贫人员获得资金帮扶的难度，鼓励和引导金融部门上门服务，简化服务过程。通过加强对重点群体信用体系建设，逐渐放宽贷款额度，由金融机构和地方政府共同操作对重点群体进行信用评定与动态管理，对信用好的再次贷款可相应提高额度，更大地满足重点群体对资金的需求。

拓展新的就业空间，优化就业环境。近几年，高校毕业生数量增加，疫情反反复复，脱贫务工人员就业压力也随之提升。面对复杂局势，应降低中小企业成本压力，抓紧推动复工复产，鼓励劳动密集型行业、服务业、新型业态的线上线下服务，多方面拓展就业渠道。同时，积极拓展新的就业空间，认真做好脱贫人员就业创业工作，劳务输入省份要尽可能把失业人员留在当地，防止出现大规模返乡潮；劳务输出省份要多渠道帮助返乡人员在县城和乡村创业，带动更多脱贫劳动力在家门口就业。

做好就业技能培训，提升就业能力。因人制宜，发挥技能培训的帮扶作用。对脱贫人员进行有针对性的职业技术培训。培训内容以社会急需技能为重点，对脱贫人员进行“订单式”培训，注重对实际操作和方法的培训，条件允许时将课堂设在田间地头进行现场指导和职业技术操作的手把手培训，化解就业难和结构性招工难的情况。对目前收入不高的人员实行登记造册制度，将其接受职业技能与科技知识培训内容与效果予以详细记录，对培训效果由专人定时监控。实际操作中应及时了解脱贫人员通过培训后的就业动向和收入水平，提升其脱贫人口稳岗就业能力。

（作者单位：农业农村部农村经济研究中心。原文刊载于《中国城乡金融报》2022 年 6 月 22 日 B3 版）

为乡村文化振兴提供金融保障

■ 李庆海

党的二十大报告提出，扎实推动乡村产业、人才、文化、生态、组织振兴。这五个方面内容环环相扣、紧密相连，其中，乡村文化是乡村的“根”与“魂”，乡村文化振兴是乡村全面振兴的重要内容。

金融业在支持乡村文化振兴方面具有重要作用。近年来，各金融机构持续加大资源投入，助力乡村文化产业繁荣发展。新时期，金融机构应进一步加大信贷投放，创新金融产品和服务，提供全方位、多角度支持，促进乡村文化产业振兴发展。

建立乡土文化人才扶持机制。乡村传统艺术表演和传统技能手艺是文化振兴的有机组成，但随着大量农村青年外出务工，从事相关工作的人越来越少，长此以往，大量的传统艺术和技艺将濒临消亡。在风险可控的前提下，金融机构应对传统技艺传承者提供金融支持，助其发展与文化相关的产行业，保证他们能够全身心地投入乡村传统文化建设之中。

加大乡村文化产业的资金支持力度。乡村文化产业包括但不限于民宿综合体投资与运营、古建商业综合体、产业园建设、古村古镇开发与运营等。政府部门一方面要因地制宜制定相应的优惠支持政策，比如社会捐助、社会赞助、投资、税收减免等；另一方面，加大在人才、技术、资金等方面的综合扶持力度，合理引导社会资本投资到乡村文化产业中，以文化产业带动百姓增收。

建立支持乡村文化产业发展的金融担保体系。鼓励发展乡村文化产业信用担保企业，建立完善担保机制，构建形成一个通用的担保系统。深层次发掘乡村文化产业抵押品，如文化产业知识产权、民间文化制作技术和特色文化产品商标等无形资产。为乡村文化量身打造一套完备的无形资产登记、抵押及交易制度，拓展资金来源，实现多元、灵活的资金保障。

建立健全农村信用体系。搭建信用信息服务平台，健全信息收集、农村信用相关制度。联合政府部门、金融机构及征信机构，开展信用培育和信用评价。建立信贷风险补偿、奖励基金和考核奖励机制，加大对失信行为的惩戒力度，对守信企业和农户加大贷款投放并降低利率。各级村干部应起到带头作用，召集乡贤、先进个人、道德模范等，渲染良好乡风，共同推动农村信用体系建设。

党的二十大报告为我国乡村振兴描绘了发展蓝图。金融机构要坚持以党的二十大精神为指引，引导“金融活水”流向乡村振兴文化领域，助力农村精神文明建设，发展乡村文化事业，壮大乡村文化产业，培育乡村文化工作者队伍，全面加快乡村文化建设，进而推动乡村全面振兴。

（作者单位：农业农村部农村经济研究中心。原文刊载于《中国城乡金融报》2022 年 12 月 7 日 A5 版）

推进小农户与现代农业经营体系有序衔接

■ 林述之

近日，国务院关于加快构建新型农业经营体系推动小农户和现代农业发展有机衔接情况的报告提请十三届全国人大常委会第三十二次会议审议。报告提出，在坚持农村基本经营制度和家庭经营基础性地位的前提下，我国初步形成了以家庭农场为基础、农民合作社为中坚、农业产业化龙头企业为骨干、农业社会化服务组织为支撑，引领带动小农户发展的立体式复合型现代农业经营体系。

在市场机制作用和宏观调控引导下，家庭农场、农民合作社以及各类农业产业化组织、社会化服务组织，连接市场与主体，连接供给与需求，在现代农业经营体系建设中发挥着“中间组织”的作用。数据显示，截至2021年9月底，全国家庭农场逾380万个，平均经营规模134.3亩；全国依法登记的农民合作社223万家，带动全国近一半农户；全国市级以上农业产业化龙头企业共吸纳近1400万农民稳定就业；农业专业服务公司等各类农业社会化服务组织已超过95万个，服务小农户7800万户。具体而言，部分地区逐步探索出以农民合作社为桥梁的“公司+合作社+农户”的农业经营体系运行模式。如河南省商水县巴村镇于庄村，以村集体经济、农户共同参股的方式成立环亚惠民农民种植专业合作社，通过与市场对接，逐步探索形成“产前有技术、产中有管理、产后有销路、全程有效率”的农业产业化、规模化、集约化发展“四有”新路子。从长远来看，通过实施主体联农、服务带农、政策强农等举措，调动农村新型经营主体参与农业生产的积极性、主动性、创造性，推进小农户与现代农业经营体系有序衔接，逐步将小农户引入现代农业发展轨道，有利于提升农业生产组织化、社会化、市场化、规模化、集约化水平，有利于推进新型职业农民灵活就业创业，有利于统筹农村市场繁荣与农产品供给。

当前，面对“大国小农”基本国情农情以及城乡融合发展趋势，让农村新型经营主体参与进来、融入进去、发挥作用，促进小农户与现代农业经营体系有机衔接，关键是要稳步推进农村新型经营主体与市场机制的深度融合，稳步推进农村新型经营主体与家庭联产承包责任制的有机融合。

一方面，稳步推进农村新型经营主体与市场机制的深度融合，要进一步强化市场在资源配置中的决定作用。在市场机制作用下，供求、价格、竞争、风险等机制推动要素在城乡间、产业间、区域间流动，劳动力、技术、资本等参与现代农业体系建设的动力强劲。乡村要素禀赋及结构的差异化组合，构成了不同阶段、不同地域乡村经济发展和现代农业经营体系建设的主导模式、多元主体和差异路径。现阶段，进一步发挥农村新型经济组织在吸纳就业、服务生产、保障供给等方面的作用，要破除不协调、不匹配、不对等的因素制约，打通生产、分配、交换、消费等环节的“瓶颈”，明确农村新型经济组织的市场经营主体定位，自觉运用市场规律促进新型经营主体围绕农村要素禀赋以经济结构相协调的导向参与农业生产，形成新型经营主体与市场机制的同频共振，才能更好地运用市场机制探索支撑现代农业体系发展的新模式。

另一方面，稳步推进农村新型经营主体与家庭联产承包责任制的有机融合，要进一步巩固家庭联产承包责任制的基础地位。家庭联产承包责任制作为我国农村的一项基本经济制度，对于解放生产力、发展生产力、释放农业生产活力，发挥着重要作用。作为市场经营主体，家庭农场、农民合作社等参与现代农业经营体系建设的基础是家庭联产承包责任制；家庭农场、农民合作社等新型经营主体带动农民群众拓展经济来源、增加财产性收入的制度保障也是家庭联产承包责任制。鉴于此，要在巩固家庭联产承包责任制的基础上，通过完善农村土地所有权、承包权、经营权“三权”分置以及配套的相关政策工具，打破农村新型经营主体与现代农业经营体系相融合的“瓶颈”，逐步完善保障农民群众利益的体制机制，让农民群众得实惠、享红利，才能更好地“消除疑虑同参与、凝心聚力创效益”。

（原文刊载于《中国城乡金融报》2022 年 1 月 5 日 B3 版）

提高水利保障能力　助推乡村振兴战略

■林　煜

国家发展和改革委员会、水利部近日印发《"十四五"水安全保障规划》（以下简称《规划》），提出到2025年，水旱灾害防御能力、水资源节约集约安全利用能力、水资源优化配置能力、河湖生态保护治理能力进一步加强，国家水安全保障能力明显提升。《规划》是国家"十四五"规划体系的重要组成部分，是国家层面首次编制实施的水安全保障五年规划，是"十四五"时期水安全保障工作的重要依据。

水安全是涉及国家长治久安的大事。党的十八大以来，党中央、国务院高度重视水安全工作，不仅把水安全上升为国家战略，而且作出一系列重大决策部署，为系统解决我国新老水问题、保障国家水安全提供了根本遵循和行动指南。

农村水利是保障国家粮食安全、促进农业现代化的重要基础。水利强则农业强，水利兴则农村兴。要使农业强、农村美、农民富，水利必不可少。《规划》提出，"十四五"期间要抓好八个方面的重点任务，"加强农业农村水利建设，提高乡村振兴水利保障能力"是其中一项。要按照"保底线、提效能、促振兴"的思路，加大农业农村水利基础设施建设力度，重点向国家乡村振兴重点帮扶县、革命老区、民族地区等特殊类型地区倾斜，实现巩固拓展脱贫攻坚成果同乡村振兴有效衔接，提高乡村振兴水利保障水平。

图8　安徽省芜湖市弋江区抢抓农时兴修农田水利基础设施，提升农业防灾减灾抗灾能力，助力春耕备耕生产，为农业增产、农民增收提供水利保障（王玉实摄影）

实施乡村振兴战略是一项长期任务，水利服务支撑乡村振兴工作也是长期任务，需要统筹谋划、强化落实，久久为功。

要推进农村供水工程建设。聚焦民生改善，优化农村供水工程布局，推动农村供水规模化发展，稳步推进农村饮水安全向农村供水保障转变，提升供水标准和保障水平。具备条件的地区，要推动城镇管网向农村地区延伸，逐步实现城乡供水一体化；暂不具备条件的，要以人口集聚的乡镇或行政村为中心，通过建设改造万人工程、延伸供水管网，扩大规模化供水覆盖范围。巩固维护好已建农村供水工程成果，因地制宜建设、更新改造一批水源工程、老旧供水工程和管网设施，在牧区、山区、偏远地区等不具备规模化供水条件的地区，推进实施一批小型供水工程标准化建设和改造。

加强灌区现代化建设与改造。深刻认识“粮食生产命脉在水利”，围绕农业高质高效，以粮食主产区为重点，推进一批现代化大型灌区建设，实施灌区续建配套与现代化改造，完善灌区骨干工程体系，开展灌区信息化建设，推进高标准农田建设，提高水土资源利用效率，夯实国家粮食安全基础。具体包括推进现代化灌区建设和实施既有灌区建设。

实施水系连通及水美乡村建设。围绕乡村宜居宜业，立足乡村河流特点和保护治理需要，以县域为单元、河流为脉络、村庄为节点，结合村庄建设，在第一批55个试点县基础上，继续开展水系连通及水美乡村建设试点工作。结合清淤疏浚、岸坡整治、水系连通、水源涵养、水土保持等举措，强化集中连片推进、水域岸线并治，维护河湖自然形态，提高农村水系防洪排涝、灌溉供水等功能。聚焦提升农村人居环境质量，提供优质生态产品，不断增强农村群众的获得感、幸福感、安全感。推进完善灌区末级渠系、田间配套工程和小微型水源工程，打通农村地区水资源调配、防洪除涝、农田灌溉和河湖生态治理保护“最后一公里”。

推进绿色小水电改造。以河流或区域为单元，推进小水电绿色改造和现代化提升。优化区域内农村水能资源开发布局，全面落实生态流量，创建200座以上绿色小水电示范电站，新增3000个以上生态泄流设施，改善河流生态，提升集约化、标准化、智慧化水平，推动实现小水电绿色可持续发展。

（作者单位：农业农村部农村经济研究中心。原文刊载于《中国城乡金融报》2022年1月26日B3版）

金融添力培育造就更多高素质农民

■ 倪坤晓

近期，《2021 年全国高素质农民发展报告》正式发布，这是 2016 年首次发布以来的第六份年度报告。报告全面总结了 2021 年全国农民教育培训情况，分析了高素质农民发展特点，提出推进高素质农民队伍建设要重点关注“政策环境、供给能力、成才通道、共同发展”四个方面。

千秋基业，人才为本。党的十八大以来，我国高度重视农村人才培养工作，就如何识才、爱才、敬才、用才作出了一系列重要部署，为新时代农村人才工作指明了前进航向、注入了强劲动力。2021 年 2 月，《关于加快推进乡村人才振兴的意见》出台，明确提出要“培养高素质农民队伍。深入实施现代农民培育计划，重点面向从事适度规模经营的农民”“实施农村实用人才培养计划，加强培训基地建设，培养造就一批能够引领一方、带动一片的农村实用人才带头人”。2022 年 4 月，农业农村部办公厅发布《关于做好 2022 年高素质农民培育工作的通知》，提出“统筹推进新型农业经营和服务主体能力提升、种养加能手技能培训、农村创新创业者培养、乡村治理及社会事业发展带头人培育等行动，大力培养高素质农民队伍”。

在政策的有效推动下，我国高素质农民培育的制度框架和政策体系基本形成。“高素质农民培育计划”已覆盖全国农业县（市、区），高素质农民发展形势持续向好、队伍结构逐步改善、产业水平不断提升、收入水平持续增加、示范引领作用不断增强，初步满足了实施乡村振兴战略的基本需要。但是，还存在一些薄弱环节亟待加强和改善：农民教育培训的体系尚不完善、培育对象来源不足、师资建设水平不够高、管理和服务仍不健全。

乡村振兴，关键在人。金融机构应抓重点、抓要害、抓落实，树立系统观念，注重统筹协调，以“需求导向、产业主线、分层实施、全程培育”为指引，尊重乡村发展规律和人才成长规律，助力乡村全方位培养各类人才，扩大总量、提高质量、优化结构。

强化金融支撑，提升供给能力。金融机构应坚持多元主体、共同参与，配合政府、培训机构、企业等，切实发挥资金优势，解决制约高素质农民培育的问题，形成工作合力。积极将金融知识培训与高素质农民培训精准结合，围绕“金融惠农信贷政策及金融法律法规知识”“存款保险制度知识”“金融消费者维权及新型电子支付工具使用”等开展金融素养公共必修课，充分发挥金融服务助力乡村振兴的作用。推动完善高素质农民培育体系建设，充分发挥农业广播电视学校（农民科技教育培训中心）农民教育培训主体力量作用，支持市场化教育培训机构有序规范参与高素质农民培育工作。

创新金融产品，完善成才通道。金融机构应坚持问题导向和目标导向，推动证券、保险、担保、基金等金融工具服务乡村振兴，通过搭平台、建机制、优服务，打好“组合拳”，引导工商资本投资乡村，带动人才回流乡村。不断开发服务于农村创业创新的金融产品和服务方式，积极参加高素质农民培育行动、百万乡村振兴带头人学历提升计划、农村创业创新带头人培育行动等，支持更多高素质农民提升学历层次。常态化开展信贷直通车，完善“经营主体直报需求、农担公司提供担保、银行信贷支持”模式，为新型农业经营主体发展生产引入金融活水，为高素质农民提供更加便捷、有效的金融服务。

（原文刊载于《中国城乡金融报》2022 年 5 月 25 日 B1 版）

扛牢粮食安全金融服务责任

■ 彭 云

近日召开的中央农村工作会议分析当前“三农”工作面临的形势任务，研究部署2022年“三农”工作。会议强调，“要全力抓好粮食生产和重要农产品供给”，这对于应对各种风险挑战、稳住农业基本盘、做好“三农”工作具有重要意义。

民为国基，谷为民命。数据显示，2021年全国粮食总产量13657亿斤，增长2.0%，连续7年保持在1.3万亿斤以上，实现“十八连丰”，粮食安全的“压舱石”作用发挥得更加明显。但是，也应看到，全国稻谷、豆类播种面积有所下降，豆类、玉米单产有所下滑，自然灾害对粮食增产增收形成新的威胁，保障粮食安全和重要农产品供给并非高枕无忧。

图9 湖北省枣阳市是我国重要的产粮基地。农业银行湖北枣阳支行近5年累放涉农贷款68.86亿元，有力助推乡村振兴（余胜亲 曹成刚摄影）

保障好初级产品供给是一个重大战略性问题。为确保粮食安全，会议提出，要稳定粮食面积，大力扩大大豆和油料生产，确保2022年粮食产量稳定在1.3万亿斤以上；强化“菜篮子”市长负责制，稳定生猪生产，确保畜禽水产和蔬菜有效供给；落实好耕地保护建设硬措施，严格耕地保护责任，加强耕地用途管制，建设1亿亩高标准农田。

保障粮食安全，金融机构要有更大作为。要认真落实中央农村工作会议“全力抓好粮食生产和重要农产品供给”等战略部署，牢记“国之大者”，深化农村金融供给侧结构性改革，持续优化金融服务，坚决扛牢金融服务责任。

认识要再提升。粮食安全是国家安全的重要基础，确保粮食安全始终是治国理政的头等大事，粮食安全年年要抓紧。金融机构要持续提升对做好粮食安全金融支持重要性的认识，将其作为乡村振兴金融服务的优先领域，研究全国粮食生产新形势，谋划金融服务新规划，为粮食安全工作提供持续的高质量的金融服务。

投入要再增强。金融机构要创新支持高标准农田建设，稳定粮食面积。要加强对小麦、大豆、油料生产等重要农产品供给的金融服务，做好生产、仓储、加工、运输、消费等全链条支持，探索农业供应链金融服务模式，确保有效供给。要创新做好农业科技发展金融配套服务，探索种源等农业关键核心技术攻关、农机装备研发应用水平提升、设施农业发展等领域的金融支持新路径。要加强对粮食主产区、主销区、产销平衡区分门别类的支持，强化银政战略合作，通过清单化模式、批量化营销、团队化服务等方式提升金融服务质量和水平。要扎实做好种粮农户、龙头企业、农民合作社、社会化服务机构等经营主体金融支持。

保障要再加力。金融机构要积极围绕粮食生产和重要农产品供给进行产品创新，不断优化粮食安全领域金融信贷政策，对不同区域、不同类型客户赋予差异化政策，把握好金融产品和信贷政策统一性和差异性的平衡，根据实际下沉产品创新授权。要强化资源保障，确保粮食安全和重要农产品供给领域的信贷规模。要突出考核激励，对粮食安全领域的信贷投放要明确目标，强化日常引导、督导、指导。要管控信贷风险，掌控好信贷可得性和风险可控性之间的平衡。

仓廪实，天下安。金融机构要突出年度性任务、针对性举措、实效性导向，切实做到粮食安全金融支持措施硬、执行力强、投入实实在在、创新更有针对性，真正把金融服务粮食安全的政治责任扛得更牢，为应对各种风险挑战赢得主动，为保持经济健康发展、社会大局稳定奠定基础。

（原文刊载于《中国城乡金融报》2022 年 1 月 5 日 B1 版）

发挥金融力量 保障粮农合理收益

■ 王 帅 解昌明

粮食生产事关国计民生。不久前召开的中央经济工作会议提出，要保障种粮农民合理收益，中国人的饭碗任何时候都要牢牢端在自己手里。

近年来，国家高度关注粮食安全，实施稻谷小麦最低收购价、发放种粮补贴、开展完全成本保险等一系列高含金量的强农惠农政策措施。我国粮食持续高位增产，连续7年保持在1.3万亿斤以上，人均占有粮食达到474公斤，超过国际公认的人均400公斤的粮食安全线标准。但客观来看，我国粮食安全仍然面临人多、地少、水缺的资源困境、尖端农业技术薄弱的科技困境、种粮盈利偏弱的市场困境等现实问题。特别是在疫情影响之下，部分国家粮食供需失衡，我国粮贸进口受到一定影响。

大国小农是我国基本国情农情，种粮农民是保障粮食安全的重要力量。稳住粮食安全这一“压舱石”的前提是要合理增加粮农收益，激发调动他们的生产积极性。这要求市场机制和政府引导深度融合：一方面要建立对粮食主产区利益补偿机制，强化对种粮大县的财政奖补力度和资金监管，坚持完善最低收购价政策，全面推行粮食安全生产和收入保险；另一方面要加快构建现代化粮食产业体系，培育壮大新型农业经营主体，建立健全农业社会化服务组织，完善联农带农利益联结机制，使农民种粮能获利、多得利。

金融是实体经济的血脉。服务国家粮食安全重大战略，支持保障种粮农民合理收益，需要发挥金融应有的功能和作用。

加大信贷支持力度。积极对接农业农村部门，从源头明确种粮农户信息，整村推进建立信用档案。抓住春耕备耕、秋收秋种等关键时间节点，加大信贷资金投入，满足粮农购买农资等信贷需求。对与粮农签订收购合作协议的龙头企业、农民专业合作社，在客户准入、贷款利率、业务流程等方面出台差异化政策，通过支持规模化涉农主体带动种粮农户增收。

加强产品模式创新。聚焦粮农多样化融资需求，不断丰富金融产品和服务模式。优化传统信贷产品，围绕粮食生产销售资金流转规律，创新还款时限与生产经营相匹配的信贷产品。支持种粮农户以农机购置补贴、农机报废更新补贴和农机作业补贴等作为还款来源，提升土地耕作机械化水平。深入推进农村承包土地经营权、集体经营性建设用地使用权、林权、自然资源产权等抵押融资，探索利用卫星遥感监测、生物资产追踪等新技术，提升抵质押物管理能力。推广银政分险增信模式，发挥财政、担保资金撬动作用，提升金融支农渗透率。

丰富数字金融服务。顺应数字技术加速向农业农村领域渗透的发展趋势，加强科技赋能，推动金融科技和数字化技术有效融合。在依法合规、风险可控的前提下，对种粮农户实施批量服务、精准画像、自动审批，提高融资服务效率。构建智慧农业场景，建立覆盖粮食生产、仓储、运输、销售的智能数字产业链，提高生产管理和资金结算智能化水平。

健全综合服务渠道。围绕农村金融消费习惯，建立集物理网点、金融服务站、流动服务车、远程银行等在内的多层次渠道服务体系，为粮农提供便捷存取款、支付结算、缴费等综合金融服务。研发农民专属版本的手机银行，加载信贷、缴费、理财等惠农金融产品。强化种粮奖补资金规范代理发放，科学设计兼顾安全性、流动性和收益性的金融产品，助力提高粮农财产性收入水平。

（原文刊载于《中国城乡金融报》2022 年 1 月 26 日 B1 版）

多方发力 推动农村能源建设高质量发展

■文 璐

日前，国家能源局等三部门联合发布《加快农村能源转型发展助力乡村振兴的实施意见》（以下简称《意见》）。《意见》对未来几年我国农村能源的转型发展指明了方向并提出了具体要求。

乡村振兴，能源先行。实施乡村振兴战略，必须加快推进农村能源转型发展，全面提升乡村用能质量，更好地满足人民群众美好生活用能需求。农村能源是农业发展、美丽乡村建设和农民生产生活的重要保障，对实现节能减排、保护生态环境、调整农业结构、改善农村生产生活条件和促进经济社会可持续发展具有重大意义。

我国正在加快构建清洁低碳、安全高效的能源体系，2021 年发布的《关于全面推进乡村振兴加快农业农村现代化的意见》提及农村能源工作时，“实施乡村清洁能源建设工程”被摆在了第一条。农业农村部 2021 年一号文件、《关于加快建立健全绿色低碳循环发展经济体系的指导意见》紧随其后，分别提出“加强乡村清洁能源”“增加农村清洁能源供应”等要求。

在国家一系列政策支持下，近年来我国农村能源基础设施逐步完善。但随着农村生产生活环境的变化和天然气、电力在农村的普及，传统的农村能源建设已经进入发展“瓶颈”期，迫切需要转型发展。

此次《意见》的发布，对未来一段时间农村能源绿色转型发展具有重要意义，同时目标的实现也需要多方共同努力。

从政府角度来看，应把支持农村能源转型发展作为促进可再生能源产业发展、服务乡村振兴的重要举措，为各要素在农村地区集聚创造良好的条件。同时要加大宣传力度，提升农村居民低碳、节能、减排的意识，让绿色低碳理念潜移默化地深入百姓心中。

从能源企业角度来看，应以可持续提供清洁安全、低廉便捷的能源为目标，结合地区资源禀赋加强农村能源总体规划。重点考虑加强分布式能源的开发利用，并通过科学管理优化全环节成本，通过专业化分工实现比较效益。

从金融机构角度来看，应创新融资方式和服务模式，将支持乡村能源产业发展和能源基础设施建设作为金融服务重点，对优质农村能源项目在贷款准入、期限、利率等方面给予差异化支持。加强与相关投资公司、担保公司等合作，建立多元化融资机制，拓宽融资渠道，破解项目融资难题，推动农村能源建设高质量发展。

（原文刊载于《中国城乡金融报》2022 年 1 月 12 日 B1 版）

加强农业标准制定 促进乡村全面振兴

■ 吴天龙 焦伟华

近日，国家标准化管理委员会等十部门联合印发《“十四五”推动高质量发展的国家标准体系建设规划》（以下简称《规划》），提出“到2025年，推动高质量发展的国家标准体系基本建成，国家标准供给和保障能力明显提升”，并对重点领域国家标准体系建设提出了具体要求。其中，“农业农村领域”被列在重点领域的第一条，包括农业全产业链标准、农业农村绿色发展标准、乡村治理标准三个方面，每个方面都指出了应关注的重点和预期建成的效果，对推动我国农业标准化发展和乡村标准化建设意义重大。

标准化既是一种手段，也是人类在长期实践中不断总结和探索出的发展经验，标准化和规范化是农业农村发展的大势所趋。对于农业生产来说，标准化是生产过程规范、产品品质稳定、产品效率提高、品牌信誉可靠、绿色发展可持续的重要保障，是推动中国农业结构调整、促进传统农业走向现代农业的重要动力。对于乡村建设来说，规范化是公共服务规范、资产管理合规、乡村治理有效的重要前提，是体现民主公平的重要抓手。

如今，中国特色社会主义进入新时代，我国社会主要矛盾已经转化为人民日益增长的美好生活需要和不平衡不充分的发展之间的矛盾。随着社会经济水平的不断发展，人民群众对优质物质文化生活的需求越来越迫切，其中对稳定获得安全、优质农产品的需要体现得尤为明显。

近年来，国家对农业标准化发展越来越重视，先后采取了一系列强有力的措施确保农业标准化发展，农产品质量管理和农业标准体系的建设不断迈上新台阶。即使在概念相对较新的数字乡村领域，都已经先后发布了农业生产资料连锁经营网络规范、农村产权流转交易信息平台建设与维护、农业社会化服务农业科技信息服务供给规范、农产品市场信息分类与计算机编码等多项国家和行业标准。这些标准的建立，为我国农业农村发展提供了量化的依据，对乡村振兴意义重大。

但也要清醒地认识到，我国农业现代化发展起步较晚，农业农村标准体系建设的系统性还具有一定提升空间，模块间的协调性还可以继续加强，已经发布实施的标准并未完全与国际接轨，部分指标检测的范围和标准低于欧美等发达国家。而且，农业标准化贯彻难度也比较大。我国的农业生产比较分散，农户与农户之间、企业与企业之间在生产技术、环境、资源等方面都存在一定差异，农业生产的一致性难以完全保证。因此，“小而乱”的现象在部分地区的农业生产中仍然存在。而这次《规划》的发布是一个很好的契机，应以此为指导，适度扩大范围，不断完善标准体系建设的顶层设计，提高标准制定的系统性、全面性和协调性。

当前，我国正处在“两个一百年”奋斗目标的历史交汇期，也处于实现农业农村现代化的关键时期。标准化既是建设农业农村现代化的重要基础，也是实施乡村振兴战略的重要突破口，在世界经济加速转型的背景下，标准化发展是未来农业农村发展的必然趋势。

为此，我们要高度重视、提高认识、抢抓机遇，加快农业农村领域相关标准的研究制定和发布。在制定过程中，需要把握好以下四个方面问题。一是做好顶层设计。谋好篇、布好局，既重视标准的系统性和协调性，也要重视标准的开放性和适用性，既要考虑国内建设实际，也要注重与国际接轨和标准的国际化。二是做好基础研究。设置相关研究课题，鼓励支持高校、科研院所，以及标准制修订经验丰富的相关单位广泛开展标准的前期研究与制定，确保标准的科学性。三是以需求为导向开展工作。以能用好用实用为目标，因地制宜、因时制宜分阶段制定标准，由政府制定强制性标准，鼓励社会各主体参与制定推荐性标准。四是要完善标准制修订机制，并依据需要进行及时更替。

（作者单位：农业农村部农村经济研究中心副研究员/山东财经大学经济学院讲师。原文刊载于《中国城乡金融报》2022 年 1 月 19 日 B3 版）

全面推行田长制　永葆耕地生命力

■ 杨梦颖

耕地保护事关国家粮食安全大局，是“国之大者”。2022 年 8 月 30 日，湖南省委、省政府正式印发《关于全面推行田长制严格耕地保护的意见》，明确了推行田长制的总体要求、组织体系、主要任务、保障措施等内容，标志着湖南省正式全面推行田长制。9 月 14 日，湖南省人民政府新闻办公室召开全面推行田长制新闻发布会，预计在 9 月底前实现田长制全省全覆盖，建立起网格化管理的耕地保护机制。

所谓田长，通俗来讲，就是一田之长。“长”的底层逻辑是责任，故田长制的核心在于以责任制守护一方良田沃土。近年来，为深入贯彻党中央、国务院关于耕地保护工作的决策部署，许多地区都将田长制作为压实耕地保护责任的重大制度创新，并因地制宜明确了田长制的主责部门、组织形式、实施措施等抓实落细问题。湖南省田长制立足本地实际，实行党政同责的“5 + 1”组织体系。党政同责即强调党委主要负责人与政府主要负责人同样承担耕地保护职责；“5”即设立省、市、县、乡、村五级田长，把保护任务逐级分解下达，层层抓落实；“1”即由村“两委”成员、小组长担任网格田长，旨在进一步压实村级管护，畅通耕地保护“最后一公里”。由此，构建起纵向到底、横向到边、没有空白、不留盲区的耕地保护责任体系。

湖南省推行“田长制”，是守牢耕地保护红线、筑牢粮食安全底线的创新举措和制度安排。党中央多次强调，耕地是粮食生产的命根子，要像保护大熊猫一样保护耕地。然而，近年来，受耕地保护制度约束不严、执行效率不高等因素影响，各地耕地撂荒、违规建设等现象依然时有发生，严重冲击耕地保护红线和粮食安全底线。湖南省田长制“属地管理、技术赋能、全民参与”的制度运行特征，能够针对性解决耕地保护政策执行中存在的信息传递“断层”、保护监管“迟滞”、政策宣传“悬浮”等倾向性问题，推进耕地数量、质量、生态“三位一体”保护。

属地管理，即通过末端延伸、条块结合，对耕地实行“精抓细管”的特殊保护。田长制将耕地保护的网格划分和田长设置细分到农田地块这一最小单元，确保每一块农田都有“网格”归宿、每一寸耕地都有“监护人”负责，一竿子插到底。同时，主管部门齐抓共管，数十个责任单位协同推进落实，有利于解决耕地保护监管中合力不足、信息传递存在“断层”的问题。

技术赋能，即利用信息化技术支撑构建精准、实时、高效的田长制管理体系。通过建立全省统一的耕地保护田长制信息管理平台、田长制App和耕地保护“一张图”，并构建卫星遥感、铁塔视频、动态巡查“空天地网”一体化综合监测体系，田长制能够建立起早发现、早监管、早负责的耕地保护快速反应机制，实现全程监测监管与信息共享，从而有利于处理耕地保护过程中发现问题不够及时、监管“迟滞”的现象。

全民参与，即运用社会公众力量共同参与耕地保护与监管。为强化基层耕地保护监管责任，田长制对耕地和永久基本农田设立统一规范的公示牌和保护标志，公开田长责任，各方力量在对田长履职尽责进行监管的同时，能够快速熟悉耕地保护政策方针，了解自身经济行为界限，从而有利于解决政策宣传过程中存在的“悬浮”倾向。

作为一种新型治理体制，田长制还有待进一步优化长效工作机制和完善配套制度来落细落小。如在明确各级田长，特别是村级田长责任归属的同时明晰其权力清单，防止“田长”履职时自身权益无法保障；探索建立多种“田长+”工作机制，避免部门协同流于表面；细化奖励机制，提高各方积极性和政策执行力；厘清田长制与现有省级政府耕地保护责任目标考核制度的政策界限等，从而进一步构建集约高效、监管严格、保护有力的耕地保护新格局。

（作者单位：农业农村部农村经济研究中心。原文刊载于《中国城乡金融报》2022年10月12日B3版）

持续推动退耕还林还草高质量发展

■ 张 斌

退耕还林还草工程是我国高度重视生态建设、积极履行国际公约的标志性工程，是“绿水青山就是金山银山”理念的生动实践。为进一步巩固退耕还林还草成果，近期自然资源部、国家林草局等五部门联合印发了《关于进一步完善政策措施 巩固退耕还林还草成果的通知》，明确了今后一个时期退耕还林还草相关政策和工作重点，强调要准确把握新的发展形势，暂缓安排新增退耕还林还草任务，将工作重心转到巩固已有建设成果上来。

20 世纪末，着眼于中华民族长远发展和国家生态安全，我国作出了实施退耕还林还草工程的重大战略决策。1999 年陕西省、甘肃省、四川省三省率先启动退耕还林工程试点工作，2002 年全面启动第一轮退耕还林还草工程，2014 年又全面启动第二轮退耕还林还草工程。经过 20 多年的努力，累计完成 25 个省（自治区、直辖市）和新疆生产建设兵团退耕还林还草任务 5.22 亿亩，取得了巨大的生态效益和社会效益。

生态效益方面，工程区生态修复明显加快，森林覆盖率平均提高 4 个多百分点，一些地区提高十几个甚至几十个百分点，林草植被的水源涵养、固土固碳、防沙固沙以及治尘减霾等生态功能不断增强，每年所产生的生态效益总价值量达 1.42 万亿元。在全球森林面积和森林蓄积不断减少的情况下，退耕还林还草工程为我国连续多年保持森林面积和森林蓄积“双增长”作出重要贡献，推动我国提前实现了《联合国 2030 年可持续发展议程》确立的“到 2030 年实现全球土地退化零增长”目标。

社会效益方面，从直补到户的政策性收入，到多渠道拓展多元化增收，退耕还林还草工程惠及亿万农民，真正实现了生态惠民、生态利民、生态为民。截至 2021 年底，中央累计投入 5515 亿元，惠及 4100 万农户，1.58 亿农牧民。从 2017 年起，退耕还林还草政策重点向扶贫开发任务重、贫困人口较多的地区倾斜，充分发挥退耕还林还草政策的扶贫作用。其中，全国 812 个脱贫县实施了退耕还林还草工程，占脱贫县总数的 97.6%。特别是第二轮退耕还林还草对建档立卡贫困户的覆盖率达 31.2%，促进 200 多万建档立卡贫困户、近千万贫困人口脱贫增收。退耕还林还草工程，可以说是世界上投资最大、涉及面最广、群众参与程度最高的生态保护和建设工程，对全球 21 世纪以来增绿贡献率超 4%，创造了世界生态建设史上的奇迹。

随着我国退耕还林还草工程的深入推进，近年来全国可退耕空间已经较为有限，成果巩固难度也持续加大。新时期面对新的发展形势，要将退耕还林还草工作的重心转到巩固拓展已有建设成果上来，进一步续写生态文明建设新的辉煌。一方面要实施精准化管理，加快推进退耕还林还草地块上图入库，并纳入国土空间规划“一张图”，尽快实现动态监管和信息共享。对确有必要的已退耕地块，持续开展补植补造补播、森林抚育、灌木平茬、低质低效林改造、品种改良和退化人工草地更新复壮等项目建设。继续实行省级负总责、市县抓落实的工作机制，强化责任落实，将巩固退耕还林还草成果纳入林长制督导考核范围。另一方面要加快生态价值转化，在充分尊重群众意愿、兼顾生态效益的基础上，根据退耕地资源禀赋，强化科学经营，积极发展绿色富民产业。全面落实补助期满退耕还林支持政策，维护退耕农户切身利益，将符合条件的退耕还林还草地块纳入森林生态效益补偿、草原生态保护补助奖励范围。

依法依规将退耕还林还草已有成果统一纳入林草资源管理，严格管护，合理利用，有条件地推动退耕还林还草地规范流转和适度规模经营，让建设成果更好发挥生态功能价值。

林草兴则生态兴，生态兴则文明兴。巩固好退耕还林还草成果责任重大，唯有各方共同努力、久久为功，才能厚植生态底色，筑牢生态屏障，真正让“绿水青山变成金山银山”，促进生态文明建设迈向更高水平，为全球可持续发展作出更大贡献。

（作者单位：农业农村部农村经济研究中心。原文刊载于《中国城乡金融报》2022 年 11 月 23 日 B3 版）

为农村供水工程持续注入金融“活水”

■ 张崇尚

近日，水利部、财政部、国家乡村振兴局联合印发《关于支持巩固拓展农村供水脱贫攻坚成果的通知》（以下简称《通知》），旨在通过建立长效投入机制，强化农村供水工程建设和管理，提升农村供水保障水平，巩固拓展农村供水脱贫攻坚成果。

饮水安全事关民生福祉，也是实现“两不愁、三保障”的重要组成部分。“十三五”期间，党中央、国务院就水利扶贫作出一系列决策部署。全国性水利扶贫工作部署推进会召开20多次，全国农村供水工程建设资金累计达到296亿元。同时，加强对贫困地区的技术支持与政策支持，选派200多名水利干部和专家到一线挂职，建立7个流域管理机构对832个贫困县的分片包干联系机制。

经过中央和各地艰苦努力，我国农村饮水安全取得突出成效。截至2021年底，全国共建成农村供水工程827万处，农村自来水普及率达到84%，解决了1710万贫困人口饮水安全问题。按照现行标准，贫困人口饮水安全问题得到全面解决，八成以上农村人口喝上了自来水，水质明显得到改善，告别了为饮水发愁、缺水找水的历史。

取得显著成绩的同时，我们也要清醒地认识到，由于区域发展不平衡不充分，我国农村供水整体水平还处于初级阶段。部分地区受制于自然地理条件和水资源禀赋，水源不稳定、供水保障程度不高。一些小型水利工程运行成本高、后期运行维护不足等问题也较为突出。

金融机构要坚持创新，不断探索新的金融产品和融资模式，为农村供水工程建设注入金融“活水”，加快补齐农村供水基础设施建设短板，推进农村供水高质量发展，切实提升农村供水保障水平。

因地制宜，优化金融产品。基于区域农村供水实际情况，分类施策，做到“一省一策”“一市一策”“一项目一策”，不断优化金融产品，在贷款期限、宽限期、还款计划安排等方面给予差异化政策，保障项目建设资金需求和后期良性运转。加大对国家乡村振兴重点帮扶县等脱贫地区供水工程建设的金融资源倾斜，设计符合需求的贷款条件，进一步巩固拓展农村供水脱贫攻坚成果。

积极探索，创新融资模式。根据区域发展、项目建设以及资信状况，创新融资模式，加大对供水工程建设和管理的信贷支持力度，积极投放中长期贷款。对于水价可覆盖成本的地区，可采取水费收入还款的直接融资模式；对于水价暂时难以覆盖成本的地区，可采用“水费收入＋水价补贴”等融资模式，同时结合水价改革和水费收缴工作进展，控制项目风险，积极推进农村供水工程建设，提升农村地区供水保障水平。

（原文刊载于《中国城乡金融报》2022 年 4 月 27 日 B1 版）

把握县域城镇化金融需求

■ 张正平

近期，中共中央办公厅、国务院办公厅印发了《关于推进以县城为重要载体的城镇化建设的意见》（以下简称《意见》），明确了新型城镇化建设的目标和任务。《意见》为县域发展的未来绘制了美好的蓝图，金融支持将为新型城镇化建设提供发展的动力。

推进共同富裕的有力抓手

郡县治，天下安。2021年底，我国城镇常住人口达9.1亿人。其中，1472个县的县城常住人口为1.6亿人左右，394个县级市的城区常住人口为0.9亿人左右，县城及县级市城区人口占全国城镇常住人口近30%，县及县级市数量占县级行政区划数量约65%。可见，我国县城人口数量众多，推进以县城为重要载体的城镇化建设，不仅有利于引导农业转移人口就近城镇化，还进一步提升我国城镇化水平。更重要的是，县域城镇化建设将成为助力乡村振兴战略落地、推动共同富裕的重要力量。

《意见》提出，到2025年，以县城为重要载体的城镇化建设取得重要进展，县城短板弱项进一步补齐补强，一批具有良好区位优势和产业基础、资源环境承载能力较强、集聚人口经济条件较好的县城建设取得明显成效。可以预见，在《意见》的指引下，我国县城将获得更多的发展机会，一些县城将“发展成为与邻近大城市通勤便捷、功能互补、产业配套的卫星县城”，一些县城将“发展成为先进制造、商贸流通、文化旅游等专业功能县城”，一些县城将“大力发展农村第二、第三产业，做优做强农产品加工业和农业生产性服务业”，县域产业结构得到大幅优化，经济发展水平将大幅提升，从而直接推动乡村振兴。

《意见》强调：“坚持以人为核心推进新型城镇化，尊重县城发展规律，统筹县城生产、生活、生态、安全需要，因地制宜补齐县城短板弱项，促进县城产业配套设施提质增效、市政公用设施提档升级、公共服务设施提标扩面、环境基础设施提级扩能，增强县城综合承载能力，提升县城发展质量，更好满足农民到县城就业安家需求和县城居民生产生活需要。”可以预见，《意见》的实施将极大地改善县域百姓的生活质量，缩小城乡差距，助推共同富裕。

建立可持续的投融资机制

毫无疑问，推进县域城镇化是一项涉及面广的重大社会系统工作，需要大量资金支持。按照《意见》的部署，县域城镇化需要完成六项建设任务：分类引导县城发展、培育发展特色优势产业、完善市政设施体系、强化公共服务供给、加强历史文化和生态保护、提高县城辐射带动乡村能力。

全国 1472 个县的县域城镇化建设是一项浩大工程，会产生巨大的资金需求。当前，我国大多数县城都面临较为严峻的财政压力和资金困境，要想完成六项建设任务，需要相应的体制机制保障和充足的资金投入，这也为金融机构带来了机遇和挑战。为此，《意见》提出从“健全农业转移人口市民化机制”“建立集约高效的建设用地利用机制”等方面予以政策保障；明确提出“建立多元可持续的投融资机制”。

作为县域城镇化建设中重要的资金来源，金融机构必须清楚如何支持。不同类型的县城有不同的发展定位，其资金需求规模和特点大有不同，金融机构需要提供差异化的产品和服务。在支持县域培养特色优势产业的过程中，金融机构可依托已有的网点和业务优势，结合所在县域产业发展方向，有针对性地提供金融服务。在完善市政设施体系方面，各类金融机构可结合自身的市场定位和业务特点挖掘金融需求，补齐县城公共服务供给不足的短板。在加强城乡历史文化和生态保护的过程中，金融机构须从“加强历史文化保护传承”“打造蓝绿生态空间”等角度入手发展文化金融、绿色金融。为提高县城辐射带动乡村能力，金融机构需要在协助建设县城的同时，利用资金优势帮助改善乡村在基础设施、教育、卫生等方面的条件。

探索金融支持的有效路径

需要指出的是，金融支持县域城镇化建设是一项充满挑战的任务。县域城镇化建设更需要中长期资金，与金融机构过去在县域多以短期流动性贷款为主的资金供给有较大差异，加之县域财政能力有限、产业发展参差不齐、人口素质不高等因素的叠加，使金融支持县域城镇化建设面临较大挑战。

为有效支持县域城镇化，金融机构需进行金融创新。结合《意见》提出的“建立多元可持续的投融资机制”要求，金融机构在创新的过程中有两方面值得关注。

一方面，应根据项目属性和收益，合理设计金融支持方案。县域城镇化建设中既有海量的金融需求，也蕴藏着风险。县城建设对基础设施投入较大，需要合理设计金融支持方案；可综合运用乡村振兴领域的优惠信贷政策、专项金融债券、新型城镇化建设专项企业债券等金融工具提供信贷支持；对于（准）公益性项目，金融机构可与政府财政投入、社会资本参与共同投入，形成多元化的投资机制和有效的风险分摊机制。

另一方面，应根据城镇化建设的特点，着力强化金融风险控制。县域城镇化建设任务艰巨、项目繁多、差异较大，不同的项目有不同的需求。比如，事关民生的重要基础设施建设，资金需求量大、建设周期长，往往有较多的财政投入或社会资本参与；有助于提升县城产业支撑能力的项目，市场属性较强，资金需求较为分散、规模相对较小、频率相对较高，且往往没有财政配套投入。对于不同项目的金融需求，必须提供有针对性的金融支持。更重要的是，需要认真研究不同建设项目的风险特征，从源头抓起，建立健全全流程的风险控制体系，提升风控能力。

目前，党中央为县域的未来发展指明了城镇化建设方向。在此基础上，金融机构需要勇担责任、勇闯难关，以相关政策为遵循，加大金融支持力度，为乡村振兴和共同富裕贡献金融力量。

（作者系北京工商大学经济学院教授、数字金融研究中心主任。原文刊载于《金融文化》2022 年第 4 期）

“科技小院”助力乡村人才振兴

■庞　洁　高　鸣

“人才兴，则乡村各项事业兴；人才废，则乡村各项事业缓。”推动乡村振兴战略实施，我们既需要科技人才、管理人才的培养，也需要能工巧匠、乡土艺术家的挖掘；既需要有号召力的带头人、有行动力的追梦人，也需要善经营的“农创客”、懂技术的“田秀才”。近日，教育部、农业农村部、中国科协印发《关于支持建设一批科技小院的通知》（以下简称《通知》），确定对68家单位的780座科技小院予以支持建设。科技小院的有序建设，是助力乡村人才振兴，加强农业科技社会化服务体系，推进新发展阶段科学素质高质量提升的重要遵循。

深耕产学研，创新研究生培养模式。科技小院将农业科技社会化服务、农民科学素养提升、乡村人才振兴、专业学位研究生培养改革等诸多热点议题融为一体，逐渐成为多项涉农工作的聚合点和推进抓手。科技小院将产学研深度融合，推动研究生教育与生产实践紧密结合，把农业专业学位研究生长期派驻农业生产一线，“白天搞生产，晚上搞科研”，真正做到了将科研论文写在大地上。科技小院将解决农业农村生产实践中的实际问题作为重要抓手，与社会需求紧密结合，充分释放涉农高校和科研院所的社会服务功能，“及之而后知，履之而后艰”，让研究生学于产、研于学、产于学研，在长期的实践中发现问题、解决问题。科技小院以培养知农、爱农、兴农的农业高层次应用型人才为目标，与农业农村发展紧密结合，引导广大研究生在乡村振兴中建功立业，绽放青春风采。

科技赋能，助推乡村振兴建设。农业农村现代化是实施乡村振兴的总目标，而农业农村高质量发展的关键，是要有强有力的科技支撑。自2009年全国第一个科技小院在河北邯郸曲周县成立以来，参与科技小院建设的高校数量、覆盖省份、科技小院的规模等，达到了新的发展高度。《通知》指出，三部门将持续加大对科技小院建设的支持力度，目前已确定对780个科技小院予以支持建设，覆盖广西省、四川省、云南省、内蒙古自治区等31个省（自治区、直辖市），涵盖了粮食作物、经济作物、药用作物、牧草作物、养殖业、林业、食品加工、种养一体化等9类产业的135个农产品类型。同时，科技小院在巩固脱贫攻坚成果，有效衔接乡村振兴方面发挥了重要的作用。2009—2020年，科技小院累计服务贫困村近600个，贫困人口17余万人。一大批科技小院发展势头良好，探索了有益经验。10多年来，先后有800余名校内外导师和1500多名研究生参与到科技小院的建设和运行中，制定技术规程113套，创新单项技术284项，制作农民培训材料276套，宣传展板600余幅，田间观摩辐射8万余人，累计线下培训农民20余万人。

强化认识，扎实推进科技小院高质量建设。《通知》指出，各研究生培养单位要把农业农村领域高层次应用型人才培养摆在学校工作的重要位置，加强组织协调和条件建设，巩固政府、社会组织、企业、大学、科研机构协同合作的政产学研一体化人才培养模式，确保科技小院人才培养方案高质量实施。《通知》明确，有关省级教育行政部门要引导相关研究生培养单位，通过增量倾斜和存量调整，优先满足科技小院农业专业学位人才培养的招生计划需求。有关科技小院所在区县农业农村部门要将科技小院纳入当地农业技术服务和农民培训体系。各级科协要鼓励发挥基层农技协的作用，支持基层农技协参与科技小院建设。《通知》要求，充分发挥全国农业专业学位研究生教育指导委员会、中国农村专业技术协会等组织作用，适时组织专家就科技小院建设情况进行跟踪指导，对科技小院人才培养成效突出的研究生培养单位，在学科建设和研究生教育教学改革方面给予相应支持。科技小院人才培养质量将作为农业专业学位授权点及涉农学位授权点学科建设质量评价的重要指标。

（作者单位：农业农村部农村经济研究中心。原文刊载于《中国城乡金融报》2022 年 9 月 14 日 B3 版）

第三章

调研真知

调查研究是我党的“传家宝”，是做好各项工作的基本功。近年来，金融机构大兴调查研究之风，深入基层一线，走访了解客户、产业、行业的发展难点和痛点问题，有针对性地提出金融服务建议。本书精选了一批金融机构的调研文章，着重展现其实践举措和有益探索，为金融更好地服务乡村振兴提供参考和借鉴。

精准对接行业　打造助农引擎

——对农业银行广东惠州分行“惠农 e 贷”业务的调研

■ 林晓茹

近年来，农业银行广东惠州分行坚定面向“三农”，加快推进数字化转型，以“惠农 e 贷”为重点拳头产品，持续为特色农业产业输送“金融活水”，“惠农 e 贷”实现了扩面提质。截至 2021 年 12 月末，该行“惠农 e 贷”余额 25 亿元，较年初净增 10 亿元，受惠农户 1.82 万户，覆盖全市 1231 个行政村。

做法与成效

建立精准对接机制，畅通金融服务渠道。该行认真贯彻落实乡村振兴金融服务工作部署，主动加强与当地“三农”服务机构的沟通，积极对接农业产业化龙头企业，从源头获取产业发展信息。如惠阳支行与惠阳区乡村振兴局签订战略合作协议，共同创新涉农金融服务，拓宽涉农融资渠道。2021 年 11 月，该行成功与惠阳区供销社正式签订“粤供易贷”战略合作协议，加快构建当地公共型农业社会化服务体系，通过涉农金融、信用担保等政策支持，为入社种养大户、家庭农场、农民专业合作社、涉农企业、合作商户等农业经营主体提供金融服务，努力解决农民生产经营资金少、贷款难等问题，打通了农村金融服务的“最后一公里”。

图 10　农业银行广东惠州分行员工到荔枝园走访调研，
了解荔枝产业发展和经营情况，有效破解融资难题（林晓茹摄影）

创新模式全面覆盖，满足特色行业需求。惠阳镇隆荔枝是当地特色农业产业，该行通过惠州东坡荔枝文化节、镇隆荔枝行业协会、村镇合作社深挖行业客户需求，将镇隆荔枝种植农户作为“惠农 e 贷”整村推进的重点目标，成立了专门服务团队，在镇隆全辖范围内开展深耕乡村活动，并与镇隆山顶村、塘角村等多个行政村建立深层次合作交流机制，开展多场农户信息建档活动。该行员工实地进村入户走访，并经过村委会集中评议、入户调查等流程后，将原本分散、零散的荔枝种植农户信息集中采集入库，以纯信用方式发放，全程线上操作，同时给予优惠利率，实实在在解决了合作社众多果户的融资难题。截至目前，该行已对镇隆荔枝农户授信 1.94 亿元。

服务农业龙头客户，提升综合营销质效。该行加大对新型农业经营主体的营销，成功为广东六谷裕兴农业有限公司发放 500 万元贷款，用于支持春耕生产。该公司拥有集现代农业、都市农业和生态农业为一体的综合型生态园区，也是保障当地食品供应的主力军。为保障春耕生产顺利开展，该行主动对接客户，及时了解金融需求，灵活推介“惠农e贷”融资方案，畅通绿色通道，高效审批，仅用一周就完成了贷款调查、审查、审批、放款全流程，解决了客户资金短缺问题。同时，该行推广“乡村振兴+数字化转型”服务新模式，开展“信贷+”聚合码、结算通等产品营销，提升客户结算效率和财务管理水平。

问题及建议

从惠州分行前期业务开展情况来看，“三农”领域大有可为，“惠农e贷”产品具备较强的市场竞争力，已成为该行新的业务增长点及支撑点，但是在业务高速发展的同时，尚存在不足之处。一是目前开展整村推进工作主要依靠员工持续性、常态化深入乡村开展信息采集，受部分经营性劳动组合限制，难以长期支持活动的有效开展；二是贷前调查、贷中资金监控、贷后管理等环节的风险管理还存在薄弱领域。对此，建议从以下几方面进一步提升。

推动“惠农e贷”批量开展。积极对接当地镇政府、村委会，建立深层次合作交流机制，充分发挥其号召力及协同作战职能，大力开展整村推进；强化与当地政府合作，加大金融助力乡村振兴的力度。搭建大数据平台，便于批量获取农户信息、批量授信，提升授信工作效能。进一步夯实资产业务下沉网点工作基础，优化专业人才队伍以及完善营业网点硬件设备的配套，提高金融服务乡村发展质效。

因地制宜打造品牌效应。结合当地特色产业，制定“一村一策”服务方案，紧盯行业开展精准营销，以“惠农e贷”产品优势，打造惠农品牌，在当地赢得口碑，以点带面，不断扩大助农、惠农服务覆盖面。

健全信贷风险管控制度。“惠农e贷”主要客户群体为广大农户，客观存在一些农民信用观念薄弱等问题，具有一定的逾期风险。同时，该产品为纯信用产品，无任何抵押物，一旦出现逾期、不良，缺乏催收抓手，容易造成资产损失。因此，建议梳理信贷风险管控对策，扎实做好贷前调查，规范留存佐证材料，做实资产、收入、经营数据；定期摸查客户到期还款能力，提前做好还款告知或续贷营销。同时，建立健全风险预警台账，对于逾期还款有困难的客户要提前介入。

（原文刊载于《中国城乡金融报》2022年3月2日B2版）

围绕乡村产业和乡村建设做文章

——对农业银行贵州湄潭支行金融助力乡村振兴的调研

■ 文 弋 陈 菊

贵州省湄潭县素有“云贵小江南”之称，是典型的农业县。2018年9月，作为全国最先脱贫“摘帽”的153个国定贫困县之一成功出列。近年来，湄潭县以茶产业为主导，带动“优质稻”、烤烟、果蔬等特色优势产业齐头并进，形成“南烟北茶中果蔬，湄江流域优质稻”的产业布局。结合当地特色产业发展，农业银行贵州湄潭支行围绕乡村产业和乡村建设做文章，加快制度和产品创新，积极探索巩固拓展脱贫攻坚成果同乡村振兴有效衔接的发展新路，取得良好成效。截至2022年5月末，各项贷款余额28.16亿元，较年初新增0.89亿元，增速3.03%。

做法与成效

开展银政合作。2021年，农业银行贵州分行与湄潭县政府签署战略合作协议，明确围绕产业融合、乡村振兴等重点领域，加大资源投入、建立全方位服务体系。省市县三级行与湄潭县政府共同组建工作团队，按照“六个一”模式（签署一个战略协议、选定一批市场主体、筛选一批重点项目、成立一个工作专班、确定一个作业阵地、建立一个落实机制），围绕产业链上的重点项目、重点客户，量身定做金融服务方案。

图 11　农业银行贵州遵义分行围绕“一县一产业、一村一品牌”重点特色产业发展需求，制定综合金融服务方案，创新“茶农 e 贷”，大力支持湄潭县茶产业发展。图为湄潭县永兴茶海（叶义坤　黄书荣摄影）

创新产品与服务方式。依托湄潭县被列为全国农村改革试验区的契机，湄潭支行围绕本县特色产业链，以“惠农 e 贷”“乡村振兴 e 贷”等产品为抓手，创新“两权”抵押方式，推出“茶农 e 贷”，并以整村推进模式推广。截至 5 月末，已累计投放贷款 1.1 亿元。对产业链上从事种植、加工、销售的各类龙头企业，该行大力推广“纳税 e 贷”“抵押 e 贷”等线上线下金融产品。截至 5 月末，已累计投放贷款 2 亿元，支持近 50 户中小企业，助力了产业链延伸。

提升服务效率。为及时满足企业融资需求，湄潭支行研究制定差异化客户准入标准，在把控风险的基础上，通过将准入条件表格化、信贷资料清单化、调查报告模板化等方式，规范和简化了调查审查流程，大幅提高了信贷效率。

问题及建议

湄潭支行在前期助力当地脱贫“摘帽”和乡村振兴中取得了一定成效，但是在新时期发展中也面临一些亟待破解的问题：一是在西部欠发达地区，如何做好精准帮扶，有效防止脱贫户返贫；二是对于不同客户的金融需求，如何在创新上做文章，适时推出贴合客户需求的金融产品。针对以上问题，提出以下建议。

以支持脱贫户为基础，巩固拓展脱贫攻坚成果。加大对脱贫户的信贷支持，是当前农业银行助力重点帮扶县发展的有力抓手。湄潭支行应依托产业链上的农业产业化龙头企业和合作社，充分运用“乡村振兴e贷”，按照整村推进模式，加大对从事种植养殖业的脱贫户的信贷支持。积极探索与县政府建立风险补偿机制，与政策性担保公司开展合作，推广政府增信机制和银担合作项下“农业银行+龙头企业/合作社/基地+农户”模式，有效降低农户经营风险。

以支持产业融合发展为引领，创新金融产品和服务模式。应以湄潭县推进产业融合为契机，以产业链上的经营主体为依托，拓宽金融产品的创新应用领域。结合湄潭产业发展、园区建设等方面的金融需求，在涉及新型农村经济组织、抵押担保权利设置，以及授权管理等方面开展创新，推出一批新产品和新模式，形成金融服务湄潭乡村振兴特色产品包，提升市场竞争力。对于重点项目、重点业务、重点事项，进一步简化流程、平行作业，应落实限时办结制度，提高服务效率。此外，应确保信贷规模、财务资源等专项资源优先投入。

以支持农村集体经济组织为抓手，服务农村产权制度改革。近年来湄潭县大力推进农村集体产权制度改革，有效盘活了农村各类生产要素，并成立了经济合作社等农村集体经济组织，这些组织是湄潭支行重要的服务主体，可结合其金融需求，研究创新农村集体经济组织贷款。例如，可结合湄潭县是土地经营权抵押、农民住房财产权抵押、农村集体经营性建设用地入市等试点地区，探索推出以农村承包土地经营权、农民住房财产权、入市的农村集体经营性建设用地等作为抵押担保物的线上化的农村集体经济组织贷款产品。

（原文刊载于《中国城乡金融报》2022 年 6 月 15 日 B2 版）

扎根红色热土　主动服务对接

——对农业银行湖北黄冈分行支持大别山革命老区振兴发展的调研

■ 张亚斌　胡　丹

湖北省黄冈市地处大别山革命老区腹地，辖七县、两市、一区，版图面积 1.74 万平方千米，常住人口 588 万人。近年来，农业银行湖北黄冈分行积极创新产品和服务方式，支持将大别山革命老区建设成为欠发达地区科学发展示范区、全国重要的粮食和特色农产品生产加工基地、长江和淮河中下游地区重要的生态安全屏障、全国重要的旅游目的地。截至 2022 年 6 月末，该行贷款余额 364.2 亿元，实体贷款比年初净增 26.8 亿元，同比多增 2 亿元。其中，乡村振兴重点领域贷款比年初净增 24.5 亿元，增速达 17%，居当地同业第一。

做法与成效

围绕生态优先，服务红色旅游和绿色发展。该行以“红色黄冈”为主背景，以“绿色黄冈”为衬托，累计发放贷款近 10 亿元，大力支持黄冈辖内旅游开发和特色旅游项目建设。截至目前，已发放“绿水青山贷”2.4 亿元，支持黄冈辖内多地生态修复项目推进。同时，该行积极服务区域新能源建设，目前已支持和正在支持的风电、光电、抽水蓄能项目超过 20 个。截至 2022 年 6 月末，该行绿色信贷日均增量 14.8 亿元，同比多增 9.1 亿元。

围绕重点领域，服务产业布局和链式发展。该行积极对接黄冈市八大先进制造业、九大成长型产业集群，持续降低信贷门槛，缩短信贷流程，积极支持重点项目建设。2022 年上半年，该行支持的重大项目达 15 个，发放贷款 16.8 亿元。同时，按照黄冈市政府关于产业链“双链长制”工作部署，创新实施产业链上游、中游、下游“一条龙”金融服务，预计年内发放贷款 5 亿元。

围绕特色产业，服务强县建设和农户经营。该行结合地方特色资源，大力支持红安苕、英山茶叶、罗田板栗、浠水莲藕、麻城白菊等特色产业发展，通过与黄冈市融资担保集团合作，已累计发放贷款 4300 万元。同时，加强与黄冈市乡村振兴局合作，持续推进整村授信，服务农户特色经营。截至 2022 年 6 月末，整村建档授信行政村 2764 个，占全市行政村总数 64%，预授信总额 253.6 亿元；“惠农 e 贷”余额 27.2 亿元。

问题及建议

充分发挥自身金融优势支持大别山革命老区振兴发展，既是农业银行强化政治站位、践行服务“三农”责任的需要，也是扎根农业农村、全面服务乡村振兴、推动自身发展的需要。前期黄冈分行在这方面已取得一定成效，但在持续推进中也面临一定困难和问题：一是系统谋划不够，差异化的信贷政策、路径指导等需进一步加强；二是产品创新不足，现有产品在审批额度、抵押方式上不能完全适应区域发展实际、合理满足融资需求；三是资源配置机制不完善，尤其表现在财务资源倾斜、人员配置倾斜方面。

针对以上问题，本文建议黄冈分行应从以下几方面着手，进一步提升金融服务大别山革命老区振兴发展的质效。

加强系统规划。党中央、国务院高度重视革命老区建设，先后印发了《大别山革命老区振兴发展规划》和《国务院关于新时代支持大别山革命老区振兴发展的意见》，“十四五”规划也明确提出要支持大别山等革命老区绿色创新发展。黄冈分行应结合近年来金融服务实践，进一步加强系统规划，探索支持革命老区振兴发展的新模式、新方法、新路径，结合当地实际，抓好针对性的金融服务措施制定，助力革命老区振兴发展。

开展联动服务。一方面，实施系统联动，通过产品创新，因地制宜服务革命老区发展。在用好用足“助业贷”“房抵 e 贷”“惠农 e 贷”等产品的基础上，积极顺应市场需求变化，探索“农村自建房抵押 + 多户联保”担保方式，拓宽农村担保渠道，进一步提升金融服务质效。另一方面，实施内外联动，着力加强与各级政府联动，开通绿色通道、提升办贷效率，大力推广城市更新改造贷款、经营性固定资产贷款、老旧小区改造贷款、生态修复贷、产业园区贷、项目前期贷等重点信贷产品，支持大别山革命老区产业转型升级。

实施资源倾斜。针对大别山区域辽阔、山路崎岖、经济欠发达的现状，重点从人员招聘、费用匹配、考核激励、内部资金转移价格、央行再贷款、票据转贴现等方面，加大资源倾斜力度，有效解决当前客户经理人手不足、投入产出率不高、数字化服务难度较大等突出问题。同时，应进一步加大对老区数字乡村建设的金融资源倾斜力度，让老区人民群众充分享受到发展成果，提升金融获得感、满足感、幸福感。

（原文刊载于《中国城乡金融报》2022 年 9 月 21 日 B2 版）

打造民生场景　优化服务渠道

——对农业银行湖南分行“金穗惠农通”工程的调研

■ 段雨东

“惠农通”服务点是农业银行营业网点的重要补充和有效延伸。农业银行湖南分行根据总行要求，全面开展“金穗惠农通”优化升级试点，以打造服务乡村振兴领军银行为目标，进一步明确普惠便民金融服务方向，围绕打造“延伸网络、民生代理、产品宣传、客户引荐、业务营销”五大中心，切实推动惠农通工程提质增效。自2022年3月开展试点以来，该行“惠农通”服务点累计办理金融性交易890万笔、金额45亿元，其中线上缴费交易300万笔，线上交易金额超11亿元。湖南分行微银行公众号关注人数从年初的573万增加到目前的640余万，其中“服务点+村干部”线上分销模式增加粉丝达40余万人，成为线上获客“利器”。

做法与成效

强化科技支撑，创新服务功能。湖南分行积极开展科技创新，于2020年8月成功研发上线“惠农微银通”系统，实现了“惠农通”与微银行系统对接，依托湖南分行微银行公众号和“惠农通”在线小程序（客户经理端和“惠农通”服务点端）、营销小程序，融合“惠农通”线下和线上业务，实现了金融业务与商圈经济相互引流、“惠农通”服务点产品营销引荐与积分管理、微信银行吸粉、农户贷款申请、交易查询、业绩报表统计等功能。

密切党政关系，打造民生场景。湖南分行坚持“惠农通修路、民生代理跑车”的发展路径，积极营销各类政务民生服务项目。该行联合地方党政部门开展“惠农大讲堂”宣讲活动，搭建“惠农、支农、智农”公益宣讲平台，在县域农村传播农业银行“好声音”。建立跨部门柔性团队，强化公私联动、城乡联动、上下联动，密切银税合作，积极主动参与各级行税务社医保征缴工作，通过线上、线下同步发力，采用“服务点＋村干部”二维码裂变分销模式，实行整乡整村“拉网式”营销，打造金融服务民生场景。

抓实培训激励，激发服务活力。自“惠农微银通”系统投产以来，湖南分行通过网络会议、现场培训等方式对全行惠农通服务团队进行多次轮训，并编制操作手册和常见问题答疑下发至基层行查阅学习。成立了由农户金融部门、科技部门、第三方公司组成的业务支持团队，建立工作微信群组，及时解答基层行业务推广中遇到的各种困难和问题。加强与税务部门、村委的沟通联系，详细介绍新模式、新功能，得到社会各界的广泛认同和支持。对服务点开展专项培训，加强巡检维护，广泛收集服务点和客户意见，及时优化升级系统功能。制定了惠农通专项竞赛考核方案，进一步明确了服务点积分激励标准，并将惠农通工程考核纳入深耕乡村专项竞赛与综合绩效考核，激发各级行和服务点的营销活力。

问题及建议

虽然湖南分行“惠农通”优化升级工作取得一定成效，但也面临一些问题亟待解决，包括服务半径偏大、人力资源投入较多、对机具和服务点维护难度较高等。为此，提出以下建议。

建立农村支付结算服务商业可持续机制。建议银行加强与地方政府合作，共同建立健全农村支付结算服务商业可持续机制，在社保、医保、财政直补等民生代理项目方面，进一步优化升级支付结算服务，发挥“惠农通”服务站对于改善农村支付结算环境、服务留守老人等金融消费者、提升社会民生服务能力的重要作用。

加强村级服务中心金融服务功能建设。目前，湖南省行政村均已建立村级服务中心，为村民就近提供便民公共服务，但是其金融服务功能普遍不足。建议银行依托村级服务中心建设金融服务专柜，在为村民提供支付结算服务的同时，开展信用村信用户建设、农户信息建档等，扩大农村地区信贷投放，支持农民生产生活和农民工返乡创业，有效助力乡村振兴。

创新产品、服务和业务模式。只有不断研发推广适合农民的金融产品、升级机具功能，惠农通机具才能更好地满足群众的需求。建议进一步加快转型与创新，一方面拓宽惠农通传统的线下机具交易渠道，逐步向线上获客转型；另一方面从满足客户需求和优化客户体验出发，推动由基础金融交易服务向综合营销服务转型。

（原文刊载于《中国城乡金融报》2022 年 9 月 7 日 B2 版）

厚植优势 协同联动

——对农业银行山东菏泽分行服务数字乡村建设的调研

■ 安 平

近年来，农业银行山东菏泽分行认真贯彻落实“数字化转型”十大工程战略部署，在市分行设立数字化业务部、在各支行组建数字化转型专班，持续加大对乡村振兴重点领域和薄弱环节的支持力度，全力推进数字乡村金融服务工作。2022 年以来，菏泽分行“三资”管理平台上线增量贡献度达 41.9%，居全省农业银行系统首位，并率先实现贷款客户推荐系统县（区）全覆盖，以及乡村治理、“三资”管理平台、智慧畜牧场景的全覆盖，数字乡村金融服务进一步铺开。

图 12 农业银行山东菏泽分行在曹县庄寨镇常岗庙南街村推广农业银行数字乡村平台，进一步提升金融服务质效（王军摄影）

做法与成效

全面上线贷款客户推荐系统。2022 年 4 月，总行在数字乡村平台上线全国通用版乡村治理应用——贷款客户推荐系统。菏泽分行第一时间响应，在省行业务主管部门的指导下，制作下发推广课件、营销视频和营销材料，督导支行全力营销拓展，快速推进系统全面上线。6 月末，菏泽分行率先在全省农业银行系统实现贷款客户推荐系统县（区）全覆盖。依托贷款客户推荐系统，拓宽了惠农获客渠道，丰富了贷款推荐产品，实现齐鲁富民贷、“惠农 e 贷”等产品同时线上获客。截至 8 月底，通过该系统推荐贷款 255 笔，贷款金额 9687 万元，均居全省农业银行系统首位。

持续推进“三资”管理平台推广。菏泽分行以总行数字乡村平台推广为切入点，以平台丰富的场景功能为抓手，实现了市场突破，找到了一条适合“三资”管理平台推广之路。截至 8 月底，较年初新增上线乡镇 87 个，增量贡献度达 43.5%，居全省农业银行系统第一位。

稳步提升数字乡村金融服务市场份额。菏泽分行积极推进银政企联动，以全市召开乡镇（街道）组织委员业务能力提升培训班为契机，向全市 180 余名乡镇组织委员宣传讲解强村贷、齐鲁富民贷、“三资”管理平台等业务，进一步提升了全市各乡镇对农业银行的认可度。此外，加快数字乡村场景的推广和应用，吸引农村集体经济组织、家庭农场、种植养殖大户等新型经营主体落户农业银行。2022 年以来，新增村集体组织等涉农账户 75 户，发放“强村贷”5117 万元、“惠农 e 贷”15.44 亿元。

问题及建议

虽然菏泽分行在前期金融服务数字乡村建设中取得了一定成效，但也面临一些问题和困难，突出表现为“三资”管理平台上线增量贡献度较高，但启用率偏低。对此，本文认为应依托总行数字乡村平台，拓展营销更多机构、企业客户，稳步提升该平台相关应用的入驻率与启用率，进一步增强数字乡村金融服务力度。

加大对数字乡村平台应用的研究与推广力度。截至 2022 年 7 月末，在总行、省行大力支持下，该行已实现入驻总行数字乡村平台机构数量和使用平台机构数量居全省农业银行系统首位。未来需保持先发优势，深入研究数字乡村金融产品特点，针对支行开展专题业务培训，协助其搭建平台，多级联动营销辖内更多机构入驻总行数字乡村平台并订阅开通相关应用。

部门联动提高“三资”管理平台启用率。一是继续拓展营销农业农村局入驻总行数字乡村平台，实现县（区）全覆盖；二是积极对接县经管站和所辖乡镇经管站，力争资产资源模块尽快启用；三是通过上线智慧合作社平台，吸引合作社、家庭农场、种养殖大户等新型经营主体落户农行，进而营销村集体组织和村委会账户及资金，提高金融服务乡村振兴的能力；四是破题村集体组织贷款，提高账户结算量和日均存款，全力提升“三资”管理平台星级评定结果；五是以配合省行完成省内首笔云版“三资”管理平台支付功能验证为起点，积极引导上线乡镇使用平台的资金管理模块功能，实现云版“三资”管理平台功能的全面启用。

以总行数字乡村平台推广为抓手拓展乡村金融市场。一是实施数字化业务和个贷业务条线联动，充分发挥客户推荐系统优势，加快“富民贷”“惠农 e 贷”推荐等全部线上化；二是做好智慧畜牧场景的推广应用，力争智慧畜牧贷早日投放，满足养殖企业和农户日常管理和融资需求；三是结合对公客户分层管户，积极做好存量对公客户入驻智慧招投平台，为经济组织招商投资提供智能化信息撮合服务；四是尽快实现智慧市场场景破题，为农村批发市场管理者及商户提供流通追溯、金融结算等服务；五是顺应乡镇疫情防控和线上党建迫切需求，把乡村村务、党务、政务、服务结合起来，打造“一站式”服务平台，做好乡镇治理场景的推广和应用，助力提升农村社会公共服务能力和治理水平。

（原文刊载于《中国城乡金融报》2022 年 9 月 14 日 B2 版）

把握产业趋势　完善金融服务

——对农业银行山西分行支持生猪产业高质量发展的调研

■ 梁晨霄

猪肉是重要的民生产品。生猪是农业农村经济的重要产业。近年来，农业银行山西分行牢牢把握当地生猪产业特点与发展趋势，稳步增加信贷投放，妥善处理好控制总量和突出重点的关系，实现了贷款期限和“猪周期”对接匹配，有力地支持了生猪稳产保供，取得了良好的经济社会效益。截至2022年6月末，该行生猪产业相关贷款余额8.88亿元，其中对公贷款14户、余额5.17亿元，比年初增加473.7万元；个人贷款余额3.71亿元，以实际行动助力保障“初级产品”供应、稳定农业基本盘。

做法与成效

聚焦重点客户，支持产业化龙头企业。山西分行2021年出台《关于进一步支持生猪生产和市场供应相关政策的通知》，推出支持生猪生产发展的19条专项措施，更好地满足生猪生产融资需求，全方位支持生猪产业发展。重点支持在行业中具有较高市场占有率和品牌影响力、具备成本控制、养殖技术设备、资金规模优势的龙头企业。择优支持销售渠道顺畅、具有区域知名度的大中型企业、省级以上养殖专业合作社以及实行规模化、标准化生产的养殖业家庭农场和专业大户。突出支持生猪年出栏5000头以上的养殖企业、500头以上的养殖户以及“龙头企业带万户生猪产业扶贫项目”等，以此带动中小养殖场（户）的发展。同时，认真落实国家金融支持生猪产业发展有关要求，积极帮助企业应对生猪养殖周期性波动，不抽贷、不断贷，为生猪企业应对市场风险，持续扩大产能提供强有力的支持。

聚焦产业链条，提升综合服务水平。山西分行把支持生猪全产业链发展作为服务“六稳”“六保”的重要举措，围绕产业链上下游客户加强金融服务。以生猪养殖项目流动资金贷款为契机，积极支持生猪养殖户补栏增养，依托“惠农e贷”产品，对生猪养殖户优先进行信息建档，切实帮助其解决资金难题。在重点做好生猪养殖金融服务的同时，大力开展场景金融建设，围绕生猪养殖、屠宰加工、运输流通以及饲料生产、疫病防控、畜禽粪污资源化利用等环节重点客户开展营销，支持大中型规模养殖场配套建设节水清粪以及信息化、智能化养殖等设施设备，稳妥支持以农村能源和农用有机肥为主要使用方向的畜禽粪污处理集中化、资源化循环利用项目，全方位提升综合金融服务水平。

聚焦贷款质量，推动高质量发展。山西分行严格落实办贷、管贷各项要求，紧盯关键环节，持续加强产业研究、贷款监测分析和贷后管理。此外，建立健全银企沟通交流机制，通过共享相关政策、市场资讯、形势分析等信息，支持企业稳产保供。

问题及建议

密切跟踪产业政策变化。据调查，山西省内生猪产业相对分散，规模化程度偏低。为此，应针对省内生猪产业实际情况，在考量母猪繁育、生猪存栏出栏、饲料加工、疫情防控和屠宰运输等因素的基础上，结合目标客户的经营状况、发展目标和财务状况，使信贷投放总量与生猪养殖业发展水平相匹配，避免发生因过度授信而出现信用风险的情况。同时，应密切关注国家和地方养殖业发展规划、养殖业基础设施建设投资和补贴资金到位情况、商务部储备肉投放情况、养殖户补栏积极性，以及生猪周期性价格波动预警情况，重点分析评估其对客户生产成本、收入及盈余的影响，及时开展行业和客户风险预警，前瞻性调整信贷策略。

完善银行信贷业务管理。由于生猪养殖业周期性强，企业存在盲目扩张的风险。为此，应准确把握生猪贷款的投放和退出时间，严格控制客户在行业前景不乐观或者自身缺乏成本、品牌和技术优势的情况下盲目扩张、过度融资。同时，高度关注企业跨养殖主业经营存在的潜在风险，加强对多元化发展企业的授信管理和资金用途管控，严格控制授信集中度，明确授信主要应用于主业。贷款期限的设定要与行业周期相适应。

重点关注疫情和食品安全风险。这一直是关系生猪企业生存发展的重要问题。对于检疫、食品安全不达标的客户，应实行一票否决制。此外，应密切关注检验检疫、食品安全等监管部门的检查通报，以及媒体对于生猪疫情和质量安全问题的报道，及时分析对山西分行客户经营可能带来的影响，积极采取有效措施予以应对。

（原文刊载于《中国城乡金融报》2022 年 7 月 20 日 B2 版）

突出专业服务　支持农村产权改革

——对农业银行陕西分行“三资”管理平台营销推广工作的调研

■ 吴建轩　王　伟

为服务农村集体资金、资产、资源（以下简称“三资”）管理，支持农村集体产权制度改革，农业银行创新推出“三资”管理平台。农业银行陕西分行抢抓机遇，坚持因地制宜、分类指导的原则，持续营销推广“三资”管理平台，取得了政府和银行双赢的预期效果。

平台服务广覆盖，市场份额居前列

实施农村集体“三资”管理，是国家稳定和完善农村基本经营制度的一项重要举措。

陕西分行把营销推广“三资”管理平台作为加快县域数字化转型、加大智慧乡村金融场景建设、服务地方政府乡村治理的重要抓手。截至2022年10月末，陕西分行“三资”管理平台签约量、市场份额及全国农业银行系统内排名持续领先。辖内大部分支行与县区政府实现了签约，延安、商洛分行实现全市整体推进；25家支行为全县独家代理；平台上线数占有村集体经济组织县区的50.4%。“三资”管理平台服务覆盖305个乡镇、3638个行政村，居于市场前列；开立乡镇财政账户、村委会及村集体经济组织账户3889户，存款近9亿元；拓展掌银16万户、信用卡17万张。

统筹策划抢先机，多级联动抓落实

及时预判，谋定方案。2018 年 5 月，农业农村部、中国人民银行、国家市场监督管理总局联合发文，确定了农村集体经济组织登记证书及统一社会信用代码管理部门。陕西分行立即开展调研，站在提高县域市场话语权的战略高度，制定“三资”管理平台推广方案，以市县级政府、农业农村局、农经站为营销重点，分步实施，逐县区落实具体营销措施。

统筹营销，先行先试。2019 年该行逐级成立“一把手”任组长的领导小组，建立工作团队。省行带头营销，省农业农村厅、省乡村振兴局等部门，联合印发文件，从省级层面打通渠道。指导基层行结合农村集体产权制度改革进展积极营销。延安宝塔区支行率先上线总行版平台，撬动全区 750 个集体经济组织账户落地，示范引领效应明显。

完善功能，优化策略。2020 年 4 月正值推广关键期，为应对市场竞争，该行打出“组合拳”：通过比功能、比操作、比效率等措施充分展现农行平台优势；增加银企直联功能，助力农村集体经济组织支付、结算、交易等全流程线上化；灵活应用独家服务、合作共建等营销策略拼抢市场。

深化应用，上量提质。2021 年，为巩固市场优势，该行加强村级财务人员培训，完善平台功能，探索与各级政府智慧政务、乡村规划等对接，实现既“上量”又“提质”。

总结经验补短板，加快发展作贡献

前期陕西分行在营销推广“三资”管理平台方面取得了良好工作成效，但也面临一些新情况、新问题亟待解决，如“三资”管理平台推广中存在有效签约上线率未达到预定目标、个别二级分行上线率低于全省平均水平，以及某些核心功能深度应用不足、功能使用覆盖面不广、银政合作黏性和平台综合贡献度有待提升等。对此，本文建议抓紧采取有效措施补短板、抓弱项，推动“三资”管理平台业务实现高质量发展。

紧跟政府规划扩大营销成果。近期，陕西省印发《关于发展壮大新型农村集体经济若干措施》，加快建立资产监管信息化的农村集体经济运行新机制，并鼓励开发集体经济组织信贷产品。为此，应抓住机遇，进一步扩大“三资”管理平台签约上线和贷款业务推广应用，深度融入地方政府工作部署。

全面落实平台上线要求。因地制宜，因行施策，重点督促已签约未上线的县区支行抓紧注册使用总行云版平台，发挥其数据集中、安全级别高、运维成本低等优势，提高平台吸引力和上线率，增强合作黏性。

分类挖掘营销增长新潜力。对未签约区域，主动上门营销总行云版平台，重点营销县域地区、“城中村”、开发区等资产资源富集区；对原上线旧版平台的县区，分批切换到云版平台；对上线他行平台的，积极引导客户转用总行云版平台，或采取与政府共建模式嵌入农行金融功能。

持续提升平台综合贡献。结合县区、乡镇、村组三级客户需求，以银企直联和平台专版网银为抓手，宣传营销线上的业务审批、账户结算、记账对账等功能优势；抓牢乡镇财政账户、村委会及村集体经济组织账户，实现财政下拨资金有效承接；利用平台大数据提高农户信息建档的精准度；积极推广应用村集体经济组织贷款产品，做强平台、做优服务。

（原文刊载于《中国城乡金融报》2022 年 12 月 7 日 A8 版）

聚焦粮业种业 谋求创新突破

——对农业银行四川分行金融助力重要农产品稳产保供的调研

■ 舒 翼

四川省是农业大省，既是全国13个粮食主产省之一，也是全国三大农作物育制种基地之一。2021年，四川省第一产业增加值5661.86亿元，居全国第二位，全省粮食总产量716.4亿斤，居全国第九位，油菜籽产量居全国首位。近年来，农业银行四川分行大力服务国家粮食安全战略，瞄准“耕地”和“种子”两个关键，把保障国家粮食安全和初级农产品供给作为服务“三农”的头等大事。截至2022年3月末，四川分行粮食安全贷款余额154.2亿元，比年初净增41.97亿元，增速达37.3%，有力地支持了全省28.3万亩高标准农田建设和一大批涉粮企业、种植大户发展。

做法与成效

突出重点，持续加大龙头企业信贷供给。单列信贷计划，加大对农资、粮食加工、仓储、流通等企业的支持力度，粮食安全领域法人贷款余额143.52亿元，比年初净增39.57亿元，尤其是以稳产保供企业为重点，增强疫情期间“菜篮子”“米袋子”稳价功能，支持一批粮食安全领域龙头企业。

围绕核心，着力强化粮食大户支持。依托粮食主产区、主产县和关键仓储物流节点配套，充分发挥龙头企业带动作用，实现“公司 + 基地 + 农户”产业链对接，对粮食专业大户、家庭农场等粮食安全领域个人贷款余额 10.68 亿元，比年初净增 2.4 亿元，支持了“稻香杯”优质水稻基地、“天府菜油”优质原料基地等一批特色产业集群。

夯实基础，推动农田水利基础设施建设。围绕四川新建高标准农田任务，创新“乡村振兴良田贷”产品，支持达州开江高标准农田建设 5000 万元。加大水网水利工程金融服务力度，新授信 1.6 亿元支持巴中黄石盘水库建设，投放 0.7 亿元。信贷支持 27 个在川水利工程项目贷款余额 47.2 亿元，为粮食安全提供良好水利条件。

加大创新，更好满足种业信贷需求。对育繁推一体化、优势阵型等种业重点企业加强拜访和对接，上门问计问需，创新开展服务。信贷覆盖种业企业 34 户，金融服务 89% 的重点种业企业，贷款余额 1.9 亿元。在同业首创“乡村振兴种业品种收益权质押贷款”，以获得“农作物品种审定证书”的农作物品种产生收益作质押，在人民银行动产担保登记公示系统设立质权，发放贷款 2144 万元。

问题及建议

虽然四川分行金融助力重要农产品稳产保供取得了一些成效，但也面临以下几方面制约：“人”的方面，四川省缺乏大规模作业的平原地形条件，粮食种植集约化经营有限，一些经营主体“散、小、差”，对银行信贷管理提出了更高要求。“地”的方面，高标准农田建设等农业基础设施项目多是由政府主导、财政投入、企业参与、农户受益的准公益性项目，要有效兼顾社会效益和商业可持续，金融服务模式尚须进一步探索创新。“钱”的方面，大豆等大宗农产品受国际价格“天花板”和国内生产成本“地板”的双重挤压，粮食加工行业品牌影响力不足，比较效益低，对贷款风险管控提出更高要求。为此，应从以下几方面进一步做好金融服务。

持续加大粮食安全重点领域信贷投放。聚焦粮食种植、加工流通储备、种业振兴、耕地质量提升、农机农资等重点领域，持续对接各级农业农村部门，大力支持高标准农田建设、重大水利工程、种子工程等重点建设项目，深化与种业骨干企业合作，积极支持农业产业化龙头企业、种粮大户等新型经营主体，确保粮食主产区信贷投放显著增长。

着力服务粮食全产业链建设。依托粮食主产区域，对接粮食的种植、加工、流通、客户等全产业，向产业联合体、产业集群等提供综合性金融服务，以12家“中国好粮油”等优质加工企业为重点，综合运用流动资金贷款、链捷贷等产品，加大上游种植端，下游经销商的贷款支持。

加强粮食安全领域产品与服务模式创新。围绕四川450万亩的高标准农田建设任务，用好“乡村振兴良田贷”专项产品，推广“商业化+专项债”金融服务模式，全力助推耕地质量提升。加大“乡村振兴种业品种收益权质押贷款”推广，破解种业客户担保难题。充分运用农户“惠农e贷”产品，通过大数据分析核定授信额度，提供随借随还的信贷服务，进一步扩大粮食种植大户的覆盖面和投放量。

深化联动服务机制。紧密结合四川粮油、种业产业发展规划，持续加强与地方政府、省农担公司、保险公司合作，协同解决粮食安全金融服务难题。

（原文刊载于《中国城乡金融报》2022年4月13日B2版）

因地制宜　发挥综合优势

——对农业银行浙江嘉兴分行金融助力乡村振兴的调研

■ 刘　惠

嘉兴是红船起航地、改革开放先行地。近年来，农业银行浙江嘉兴分行因地制宜，努力发挥自身综合优势，在金融服务乡村振兴中发挥了积极作用。截至 2021 年末，该行县域各项贷款余额 1320 亿元，增量 287 亿元，余额和增量均为当地四大行首位。

需求特点

作为建设共同富裕先行市，嘉兴市委市政府出台了高质量推进乡村振兴争创农业农村现代化先行市的实施意见，提出了一系列乡村振兴新任务、新要求，金融需求和金融机会应运而生。其中，打造世界级“诗画江南”，创造了巨量的新基建和民生工程融资需求；建设农业现代化产业化的“鱼米之乡”，孕育更多类型的乡村市场经营主体；发达和各具特色的村集体经济蓬勃发展，产生更多元化的“融资 + 融智”金融需求；努力争创共同富裕先行市、富裕富足的新时代农民，释放旺盛的经营及消费金融需求；争创数字赋能领跑者，催化金融服务数字化和普惠化。这些都为金融机构支持嘉兴乡村振兴提供了着力点。

比较分析

作为服务嘉兴乡村振兴的两股重要金融力量，农业银行与农商行在县域经营上各有特色。

农商行坚持差异化经营定位，把主要资源投入乡镇，其存贷款余额、客户数量均占据了两成以上的市场份额，以客户覆盖广、产品适用性好、机制灵活等特色打响了在县域的品牌影响力。

农业银行在城乡两个市场协调发展，集团化、综合化经营优势显著，全方位立体式服务网络强大，科技支撑有力。嘉兴分行多年来始终坚持“对公先行、项目为王、综合营销”的经营思想，秉承创新、夯基、精细和协作的管理风格，对公业务领先优势持续巩固，丰富的产品体系、健全的营销体系、高素质的员工队伍奠定了良好的发展基础。

发展建议

从前期推进金融服务乡村振兴工作实践来看，嘉兴分行尚存在对乡村市场投入和经营略显不足、客户数量不多、产品覆盖率不高、服务渠道延伸不够等问题。对此，建议从以下五方面发挥比较优势。

发挥差异化政策优势。针对农商行信贷政策自主权较大的优势，实施差异化授权；针对农商行信贷政策灵活性强的优势，增强小微企业行业限制政策的灵活性，提高审查审批效率；针对乡村振兴新业态、新场景适当调整考核机制，提升支撑力度。

发挥特色产品优势。突出城市有机更新建设、小微企业园区建设、工业园区提质改造等重点领域，加大乡村建设支持力度。针对嘉兴乡村集体经济发达特色，支持当地推进国家城乡融合发展试验区建设，大力营销推广“富村贷”等拳头产品。抢抓嘉善县、海盐县新时代乡村集成改革试点机遇，发挥总行产品创新基地优势，创新村集体流动资金贷款产品。充分发挥“惠农e贷”产品优势，营销“村两委”成员、有影响力致富带头人等优质客户。发挥理财产品系列全、期限多、起点低、收益高、安全性强五大优势，满足村民理财金融需求。

发挥网络渠道优势。建设“物理网点+惠农金融服务点+惠农通服务站+流动银行+手机银行”五位一体的线上、线下全渠道服务网络，进一步提高金融服务覆盖面。强化物理网点品牌展示功能、服务窗口功能、引流获客功能。对资源富集、人口较多的金融服务空白乡镇，在满足两人基本配置的条件下，设立惠农金融服务点。发挥惠农通服务站作用，把其打造成为“宣传站”和“获客站”。推广“攻坚团队+流动服务团队”的流动银行服务模式。大力推广乡村版掌银，建设掌银示范村。

发挥数字平台优势。积极参与数字乡村建设，力争在乡村政务集市交易区、村民生活区等高频功能区输入支付结算产品和优势产品，同时将数字乡村政务高频功能引入掌银政务专区，实现双向引流获客。找准智慧学校的着力点，紧抓与县教育系统合作的机会，开展教育场景打包整体营销。以“网点+优选服务站+农村生态圈”为主要模式打造乡村客户的高频生活场景。

发挥组织人才优势。选优配强乡镇网点“一把手”、班子和流动服务团队负责人，把具有“三农”专业能力和情怀的干部充实到县域支行领导班子。高质量建设乡村一线“红色堡垒”，强化乡村振兴的组织保障。

（原文刊载于《中国城乡金融报》2022年2月16日B2版）

拓展合作深度　加强创新力度

——对农业银行重庆秀山支行助推县域电商发展的调研

■ 赵云鹏

地处渝东南边陲、武陵山腹地的重庆秀山县，近年来抓住县域信息化发展的契机，搭乘电商发展“快车”，将促进电商发展作为突破口，通过构建物流快递、农产品上行、人才培养、电商平台、电商服务“五大体系”发展电商，将地处偏远的劣势和自然资源较好的优势进行了互换，发展成为“全国电子商务示范基地”“贫困县农产品电商销售10强县”。2021年前三季度，秀山县实现电商交易额120.5亿元、网络零售额24.3亿元、农特产品电商销售额10.5亿元，同比分别增长13.3%、13.6%和19.2%。截至2021年末，农业银行重庆秀山支行先后投入85亿元信贷资金支持秀山县域电商发展，通过消费帮扶、人才培养、项目支持等途径进行定点帮扶，全力助推秀山县电商产业高质量发展。

做法和成效

强化战略合作。秀山支行加强和秀山县电商办密切沟通合作，发挥各自职能优势，强化日常工作联络，建立工作推动机制、信息交流机制、成果宣传机制，通过联席会议制度等方式推动合作事项，及时解决业务推动中存在的问题。根据秀山县域电商金融需求特点，秀山支行在信贷投放、渠道建设、消费帮扶、品牌打造等方面给予全力支持，成效显著，该行和秀山县电商办共同荣获“全国脱贫攻坚先进集体”殊荣。

突出金融支持。信贷支持方面，秀山支行积极参与秀山县打造武陵山区商贸物流集散中心、消费中心、公共服务中心建设，加大对仓储运输、现代物流、电商孵化园、农村电商乡镇服务中心、农村电商平台的信贷投入，带动全县电子商务产业发展。如先后投入 29.7 亿元支持秀山县物流园区基础设施建设、投入 29.7 亿元支持秀山县武陵山仓储物流配送中心建设等，夯实了秀山县域电商发展基础。同时，通过“政府增信产业贷”“富民贷”“惠农 e 贷”等特色产品向电商经营主体进行融资扶持。拓宽电商支付渠道方面，秀山支行积极深化电子支付业务创新和应用，依托秀山各行政村的武陵生活馆等，配套惠农通服务点，为农村电商从业者提供便捷的支付结算服务。

图 13　重庆秀山县搭乘电商发展快车，拓宽了产品销售渠道。

图为“农行杯”青年电商农产品销售大赛决赛现场（龚雪佳摄影）

体现帮扶特色。秀山是农业银行定点帮扶县之一。为扎实做好定点帮扶工作，秀山支行在金融支持基础上，积极发挥系统优势，突出帮扶特色。

运用“慧生活”公益直播平台，主办武陵山集中连片特困地区大型公益消费扶贫直播，助力电商消费帮扶。连续4年安排专项资金独家赞助秀山县举办“农行杯”青年电商农产品销售大赛，仅2021年电商大赛销售额、带动平台销售额分别达1754万元和5144万元，打响了秀山电商品牌。安排定点帮扶项目开展农村电商培训，推行“农村电商青年带头人”培育计划，资助电商培训78期共计12302人，支持电商人才培养。

问题及建议

从秀山支行前期金融支持县域电商发展的实践来看，取得了一定成效，但也存在提升和优化的空间，主要表现在战略合作层次、深度还有待提升，更具针对性的金融产品创新还需加强，对电商上下游特别是电商经营主体的金融支持力度还需加大。建议围绕以下几方面进一步持续优化县域电商金融服务。

拓展战略合作深度。秀山县域电商已经发展到了提质增量的高质量发展新阶段，对金融资源的支持更为迫切。建议进一步密切与秀山县政府高层沟通，加强和秀山县电商办直接对接，积极签订金融服务电子商务战略合作协议，明确新阶段银政合作的主要内容、合作机制，强化战略引领。积极推动银政电商金融对接，及时获得政府电商发展规划、新项目安排，提升县域电商金融支持的有效性。

加强金融创新力度。结合秀山电商已建立的较为完备的城乡电商基地、电商产业基地、快递配送网络、线上服务平台、区域产品品牌、人才培养机制，可围绕秀山县域电商全链条创新产业链金融服务，依托政府机构、龙头企业解决电商金融服务面临的融资梗阻，拓宽支持渠道和方式。针对不同阶段的电商经营者，创新有针对性的电商贷产品，特别是充分利用秀山电商大数据平台的数据资源，加强线上化“电商 e 贷”产品创新，满足初创期、发展期、成熟期电商经营者融资需要。

扩大定点帮扶广度。继续围绕秀山县巩固拓展脱贫攻坚成果同乡村振兴有效衔接的实际需要，以及当地县域电商发展的有效需求，充分运用现有的乡村振兴产业发展基金、电商发展基金等，进一步提升电商的金融可得性。丰富消费帮扶方式，安排适当项目推动更高层次电商人才培养，通过支持乡镇建设电商服务中心等渠道打通县域电商进村入户“最后一公里”的神经末梢。

（原文刊载于《中国城乡金融报》2022 年 1 月 5 日 B2 版）

第四章

工作建言

乡村振兴涵盖产业、人才、文化、生态、组织等诸多领域。随着乡村振兴的深入推进，部分领域遇到了发展“瓶颈”和工作挑战。面对这些新问题，《中国城乡金融报》开辟专栏，邀请专家学者、基层工作人员、金融从业者，聚焦热点、难点问题，结合工作实际建言献策，给出了解题之道。在此选取部分文章，供读者参考。

深入推进银担合作　协同服务乡村振兴

■白　鹏

近年来，我国农业快速发展，农业生产方式随之发生根本性变化，即由传统的“一家一户”小规模、小农经济，向规模化、机械化的现代农业生产方式转变。蓬勃兴起的新型农业经营主体、持续扩大的农业生产经营规模带来资金需求的大幅增长。为进一步满足广大新型农业经营主体和重点农业行业的融资需要，促进农村一二三产业融合发展，由财政支持的农业信贷担保体系应运而生。

农担体系积极发挥财政资金的基础支撑作用，通过财政与商业性金融、政策性金融、开发性金融、合作性金融等的协调配合，将更多金融资源引入“三农”领域，有效地丰富了农村金融领域的服务供给，缓解了农业农村发展面临的融资难、融资贵问题。截至目前，全国农担体系在保余额已占全国涉农融资担保余额60%左右，农担业务覆盖全国99%的农业大县，对160个国家乡村振兴重点帮扶县实现业务全覆盖。

农担体系是金融机构和新型农业经营主体之间的信用桥梁。本文认为，涉农金融机构应聚焦新时期新形势下新型农业经营主体的金融需求，充分发挥农业信贷担保体系对农业发展的支持作用，从以下几方面加强合作，协同服务乡村振兴。一是建立健全政银担风险分担机制，降低农业贷款成本和风险。自2022年年初以来，受国际环境复杂演变、国内疫情冲击等因素影响，我国经济承受下行压力，农业领域市场主体面临一定困难。为此，涉农金融机构应积极与农业信贷担保机构开展合作，对其担保项目不盲目抽贷、断贷、压贷，并通过多种分险方式，降低信贷风险敞口，推动综合融资成本稳中有降，切实为农业主体纾困解难。二是强化对粮食等重要农产品稳产保供、重点帮扶县振兴、优势特色产业集群发展等重点领域的金融支持，融合推进“信贷直通车”常态化服务。三是针对新型农业经营主体“轻资产”等特点，根据其信用水平和融资规模的不同情况，创新担保产品模式，开发专项信贷产品，提升产品适配性、精准性，有效降低贷款准入门槛，畅通信贷资金“下乡入村”路径。四是拓展银政担合作广度和深度。加强与农业信贷担保机构、政府相关部门等在项目互荐、风险分担、项目管理、系统对接和数据互通等领域的协作，共同打造大数据应用场景，运用推广“农业农村大数据+金融”模式，开发线上信贷产品，切实为新型农业经营主体提供更高效、便捷的金融服务。五是优化风险管理手段。将担保规模、期限、项目类型等风控因素融入信贷产品设计，建立健全风险评估、监测与联合预警机制，创新符合“三农”发展实际的风险防控措施，协同助力乡村产业振兴和农业农村现代化。

（原文刊载于《中国城乡金融报》2022 年 12 月 7 日 A8 版）

当好村民健康守护人

■种　聪　白　林

人民健康是国家发展的本质追求，而医疗卫生在保障国民健康和福祉等方面发挥了重要作用。近年来，虽然我国乡村医疗卫生事业取得长足发展，但是也存在诸多不足。全国“两会”上，“促进乡村医疗卫生健康发展”是代表委员热议的话题。

党和国家一直以来都高度重视人民群众的健康问题。尤其是党的十八大以来，脱贫攻坚实施健康扶贫政策，坚持“两不愁，三保障”的扶贫目标中就有基本医疗保障，力争人民群众“看得上病、看得起病、看得好病”。党的十九大报告强调人民健康是国家繁荣富强的重要标志，提出要深化医药卫生体制改革，缩小城乡基本公共服务差距。

数据显示，目前我国已经基本实现了城乡基层医疗卫生机构的全覆盖，97 万个基层医疗卫生机构中，乡卫生院和村卫生室的数量超过 64 万个。2020 年所在乡镇有卫生院的行政村比重为 99.8%，乡村医生和卫生员超过 80 万人。同时，我国的基本医疗保险覆盖率也超过 96.5%，基本的医疗保障体系已经建立。但也存在一些问题需要继续解决和完善。

乡村医疗基础设施存在短板弱项。医疗资源存在明显的城乡和地区差异，2020 年，农村每千人口医疗卫生床位数为 4.95 个，城市为 8.81 个。2019 年贫困监测报告显示，贫困地区所在乡镇有卫生院的行政村比重为 93.6%，也明显低于全国平均水平。一些村卫生室医疗设备短缺、药品不足，诊疗设备仍然停留在听诊器、血压器、体温计等层面，严重影响了农民的就医体验。

乡村医生素质和待遇有待提高。乡村医生往往存在任务重、收入低、发展空间小等问题。调查发现，每年都有大量的县乡级优质医生因为各种原因流向省市级医院，或被民营医疗单位聘请。同时，还存在乡村医生绩效评价指标体系不健全、村医的社会保障制度不完善等问题。

乡村医疗保障体系不健全。虽然我国的基本医疗保险覆盖率超过95%，农村居民的医疗报销比例也逐渐提高，但报销比例和标准仍然较低，尤其当农民遇到重大疾病或慢性病时，还存在因病致贫返贫的风险。

下一步，在全面深化医疗卫生体制改革中，建议构建符合我国特色的乡村医疗卫生体系，切实满足广大农民群众的医疗需求。

加大乡村医疗卫生基础设施投入，构建紧密型县域医共体。增加乡村卫生院和卫生室投入，提高乡村医院服务能力和水平；通过对口帮扶、远程医疗、专科联盟等方式，推动城市优质医疗资源下沉到乡村；组建县级医院、乡镇卫生院、村卫生室的县域医共体框架，建立共享信息平台，缩小各层级医疗机构实力差距。

加强公共卫生队伍建设，提高乡村医生素质。建立柔性人员上下流动机制，推动“县聘乡用，乡聘村用”政策落地；落实乡村医生待遇保障与激励政策，完善乡村医生综合绩效考核机制，加大乡村医生的社会保障力度，留住并吸引更多优秀的医生从事乡村医疗卫生服务；持续开展乡村医生的业务培训和外出交流，推动优质医疗资源向县、乡延伸，使群众就近得到更好的医疗服务。

建立全方位、全周期的医疗卫生保障体系。健全以基本医疗保险制度为主体，其他多种形式商业保险为补充的多层次医疗保障体系；提高对居民医保和基本公共服务的财政补贴标准，缩小城乡医疗差距；鼓励个人参加大病医疗保险，逐步提高慢性病服务保障水平；建立重大疾病或传染病预防机制；加强健康知识宣传，提高农民的健康意识。

（作者单位：农业农村部农村经济研究中心/中国人民大学财政金融学院。原文刊载于《中国城乡金融报》2022 年 3 月 23 日 B3 版）

金融支持“新农人”要多些“个性定制”

■郑　珂　罗尔豪

农业经理人、乡村规划师、“村团长”……据央视近日报道，随着乡村基础设施不断升级，农业作业方式越来越现代化，乡村也涌现出了一批新职业。这些村里的“新农人”正用自己的聪明才智、资源技术让乡村振兴充满无限可能。

近年来，各地都制定了相关优惠政策吸引“新农人”返乡创业。农业农村部发布相关数据显示，我国各类“新农人”创新创业人员已突破千万人。然而由于受政策、市场、资金、技术、信息等诸多因素制约，“新农人”创业成功率有待提高。如何把“新农人”请回来、留得住，正成为金融支持乡村振兴面对的一道新考题。

“新农人”个性十足，往往采用更多好玩有实效的跨界手法做农业。金融支持“新农人”要根据其特征，创新支持方法，推出有针对性的支持政策，产品和服务。

支持政策个性化。金融支持政策制定前应深入“新农人”群体，做好调查研究，看“新农人”缺什么、要什么，把“新农人”研究透、琢磨清。如“新农人”往往缺乏抵押担保物，金融机构应在“破”字上下功夫，落实丰富融资担保方式、扩大抵押物范围等措施，研究以土地承包经营权和大型农机具、蔬菜大棚、农产品存货，以及财政直补资金等为标的的新型担保业务；加强与担保机构合作，创新开办农业保证保险小额贷款等产品。同时，实施差异化考核政策，支持“新农人”发展。

还要开展个性化金融培训，补齐“新农人”金融知识“短板”。

信贷产品个性化。“新农人”具有熟悉互联网、经营业务跨界跨领域等特征，金融机构在产品创新时应适应“新农人”信贷产品多样化的要求，开发出更多适合“新农人”创业的个性化和差异化的金融产品。如推出“小额信用贷”和“帮扶贷”等免担保纯信用贷款；针对新农人“亲电子商务”特征，开展青年电商金融服务探索，创新“金融 + 新农人 + 电商”等模式，推出“电商创业贷”，满足开展电子商务的客户资金需求；针对“农创客”“田秀才”等为代表的“新农人”，金融机构可加强与社保部门和融资担保机构合作，推出“新农人创业贷”，通过提供创业担保贷款和开发特色保险品种，加大贴息力度，为返乡“新农人”创业经营提供资金保障。要创新还款方式，针对“新农人”群体资金需求大、回笼慢的现状，可根据经营周期和资金状况，灵活设定还款方式和贷款期限。

图 14　近年来，农业银行浙江瑞安支行全力做好金融服务，大力支持“新农人”发展特色产业。科技兴农促进了产业振兴、百姓增收（戴威摄影）

金融服务个性化。金融机构应在“风险可控、流程严密、授权审慎”的前提下，简化申请资料，创新办贷流程，实施精细管理，借助金融科技力量，开发便捷安全审贷模式和服务方式，确保金融服务畅通便利。积极贯彻落实减费让利、惠企利民决策部署，对“新农人”办理银行账户、人民币结算、电子银行和银行卡等相关业务，实行手续费减免，优惠贷款利率，切实帮助降低“新农人”经营成本。

（原文刊载于《中国城乡金融报》2022 年 9 月 14 日 B4 版）

以标准化建设引领数字乡村高质量发展

■ 张　璟

近日，中央网络安全和信息化委员会办公室、农业农村部、工业和信息化部、国家市场监督管理总局联合印发了《数字乡村标准体系建设指南》（以下简称《指南》）。《指南》是贯彻2022年中央一号文件精神，落实《国家标准化发展纲要》和《数字乡村发展战略纲要》部署要求的重要举措。《指南》站位高远，结构清晰，要点明确，指导性强，将进一步明晰数字乡村建设的领域和要求，为标准化引领数字乡村高质量发展奠定坚实基础。

从站位上看，《指南》指出了数字乡村是乡村振兴的战略方向，是建设数字中国的重要内容，并提出到2025年要初步建成数字乡村标准体系，加快重点领域标准制修订工作步伐，基本满足数字乡村建设需求，充分发挥标准化的引领性、支撑性作用，形成标准支撑和引领数字乡村发展的良好局面，可谓意义重大，影响长远。

从结构来看，《指南》结构清晰完整，特别是给出了数字乡村标准体系架构，包括七个部分，分别是基础与通用、数字基础设施、农业农村数据、农业信息化、乡村数字化、建设与管理、安全与保障。除了数字乡村建设的管理保障等流程性重点内容外，这一体系结构还给出了数字乡村建设的重点领域或者说是关键建设内容，即回答了数字乡村从业务逻辑上“建什么”的问题。在这一体系结构中，数字乡村建设要重点包含数字基础设施建设、农业农村数据建设（如“三农”数据的采集、存储、治理和服务）、农业信息化建设（如农业生产、经营、管理、服务全产业链数字化建设）、乡村数字化建设（如乡村非农产业、乡村文化、治理和公共服务数字化建设）。其中，农业信息化建设和乡村数字化建设又清晰地划出了农业和农村的数字化建设内容，这种划分首次出现，较之前类似的政策文件更加清晰明确。

从要点上看，《指南》对建设内容中每一条目都做了简明扼要的阐述，解释了每一建设内容的具体含义，划出了相应建设内容的边界范围，对重点内容还设置了专栏进行详细解释，要求清晰、内容丰富。如在农业农村数据标准版块中，从数据资源标准、数据治理标准和数据服务标准三个方面进行阐述。特别是在数据资源标准中，还将农业农村数据标准划分为基础库标准和专题库标准。这其实指出了数字乡村建设的一个重要内容，即农业农村数据“库”的建立。数据是数字乡村建设的基础，数据库又是数据储存和分析利用的基础，在一个数字乡村基础库上开发出不同应用方向的专题数据库，是数字乡村建设由采集存储到分析应用的必经之路。

从指导性来看，《指南》在清晰阐述数字乡村标准建设内容后，还给出了附表“已发布或制定中的相关国家标准、行业标准参考”，对应着数字乡村标准体系架构的七个部分，将当前各个领域中已有的国家标准和行业标准名称、标准号进行了梳理，对已发布或在制定中的标准进行了标注，非常清晰地展示了数字乡村标准体系建设架构、现状和进程，使关注和参与数字乡村建设的政府、企业、学者等主体在未来开展数字乡村建设工作中有清晰的指导；也同时展现了我国数字乡村标准体系建设的可拓展性，未来各方主体均可结合自身经验和优势，将生动实践转化上升为标准，不断丰富拓展数字乡村标准体系，引领我国数字乡村高质量发展。

在数字乡村建设过程中，相应的标准体系建设至关重要。《指南》的发布提出了数字乡村标准体系框架，明确了建设内容，也为全国数字乡村建设提出了要求、指明了方向。未来，各部门、各层级、各行业、各领域需要协调联动、共建共享，合力推动数字乡村标准体系建设；要加大标准宣传力度，借助多种传播手段，将已经发布的标准更好地宣传推广；同时也要采取相应的措施，评价标准贯彻应用的程度和效果，强化重要标准的应用和推广，切实保障我国数字乡村标准化建设行稳致远。

（作者单位：农业农村部农村经济研究中心。原文刊载于《中国城乡金融报》2022 年 9 月 21 日 B3 版）

打好金融“组合拳”　支持种业基地提升

■ 姚　璐

种业是现代农业的“芯片”，关乎农业现代化建设和高质量发展，关乎农业用种安全和国家粮食安全。种业要振兴，离不开种业基地这个根本依托。最近，农业农村部召开全国种业基地提升工作推进会议，对加快建设现代化种业基地、健全良种繁育和应急保障体系等工作做出专门部署。对于涉农金融机构而言，应打好支持种业基地提升的“组合拳”，为金融服务种业振兴作出应有贡献。

深化多方合作。这些年，我国已建设了216个制种大县和区域性良繁基地，以及262家国家畜禽核心育种场、扩繁基地和种公畜站。但总体上，我国种业企业还是多而不强、多而不优，制育种基地特色化、现代化发展还有待提升，现有针对种业基地发展的金融支持政策碎片化、零敲碎打情况突出，信贷产品供需匹配性有待提升，金融资源投放精准度有待加强，银政保担合作有待深化。大型银行应结合国家级和区域性种业创新基地建设布局，强化与地方政府及种业基地的多方合作，“一企一案”高位统筹谋划金融支持种业基地建设的整体方案和协同机制，全方位整合金融资源支持种业强县、强省建设，全方位提升金融支持现代化种业基地建设的力度和广度。

强化产品创新和服务升级。近年来，金融机构积极支持种业发展，为种业基地上下游企业提供了包括贷款融资、现金管理、供应链金融等多种金融服务。但从种业基地企业及制育种农户融资需求看，现有金融供给仍存在一定差距和不足。比如，种业企业普遍轻资产，缺乏有效抵押物，“融资难、融资贵”问题一定程度上还存在。再如，针对种业创新企业的中长期综合性融资服务供给相对不足。为此，金融机构需在产品创新和服务升级上下足功夫，建立主办行联系国家级和区域性种业基地合作机制，对制育种基地、核心育种场及阵型企业实行金融服务台账式管理，加大遍访踏查力度，建立重点种业项目储备库和骨干企业“白名单”，以金融服务的精准性和效能提升助力着育种基地和企业规模化、标准化、智能化转型升级。开发更多基于原种、基因专利、品种权、大型育种制种设备、畜禽养殖圈舍等的抵质押贷款产品，强化无抵押免担保等方式的授信支持。通过建立风险补偿基金等方式，加大针对有研发优势的成长型企业中长期创新研发的支持力度。聚焦国家育种创新项目、制育种基地建设重大项目等，设立专项融资产品，建立多方风险共担、互利共赢的投融资机制，提升对种业创新平台的融资支持。

图15　近年来，农业银行江苏盐城分行大力支持射阳大米集团研发水稻新品种，提供全流程金融服务，助力做大做强“射阳大米”品牌（刘艳辉摄影）

增强对种业基地基础设施升级的支持。抓住当前国家建设提升现代化种业基地的有利契机，进一步做好制育种基础设施建设项目谋划储备工作，切实发挥政策性金融的引领作用。积极探索整合地方基本项目建设、农业综合开发、高标准农田建设和乡村振兴等专项资金，通过投资补助、后补助、贷款贴息等方式，用好“贷款＋担保”“贷款＋保险”等投融资模式创新，强化投贷合作联动，引导专项债、金融资金等更多投入现代化种子基地高标准农田建设，更多支持制育种园区关键基础设施重点项目建设。

（作者单位：农业农村部农村经济研究中心。原文刊载于《中国城乡金融报》2022 年 10 月 12 日 B2 版）

如何推进农业关键核心技术攻关

■ 曾恒源

科技是第一生产力，是粮食增产的重要支撑，在应对国家粮食安全面临的各种风险挑战过程中具有不可替代的作用。习近平总书记深刻指出：“要坚持农业科技自立自强，加快推进农业关键核心技术攻关。”

在全面建设社会主义现代化国家的奋进历程中，必须把“藏粮于地、藏粮于技”真正落到实处，将扎实推进农业科技进步作为重要抓手，不断提高国家粮食安全保障能力。

以科技力量夯实粮食安全基础

全面加快农业科技进步对于保障国家粮食安全至关重要。农业科技作为打破自然资源约束、实现农业高质高效发展的关键，对于保障粮食供给总量、提高粮食供给质量以及增强农业综合竞争力等，均具有重要意义。

加快农业科技进步有助于保障粮食供给总量。确保国家粮食安全，首先在于粮食总量安全。2021 年，我国粮食播种面积 17.64 亿亩，粮食总产量达 6.83 亿吨，比 2020 年增长 2.0%。但也要看到，2021 年我国累计进口粮食 1.65 亿吨，较 2020 年增长 18%。从现实情况看，我国粮食生产和消费仍处于“紧平衡”状态，粮食供需结构性矛盾突出。同时，我国生物育种领域仍然面临“卡脖子”问题，农机研发推广与应用能力不足等问题也不容忽视。因此，为确保粮食供给总量充足，必须加快农业科技进步，推进种业振兴和农机研发推广，提高农作物防灾减损能力，全面提升土地产出率、劳动生产率和资源利用率。

加快农业科技进步有助于提高粮食供给质量。提高粮食供给质量是满足人民日益增长美好生活需要的必然要求。当前，我国农业绿色低碳转型取得了积极成效，但仍然面临一些亟待解决的问题。如部分农产品种植和加工技术相对落后、农业投入品减量化进展缓慢以及农业减排固碳关键技术缺乏等。面对上述问题，需要深入实施优质粮食工程，以农业科技进步推动农业绿色高质量发展，从而满足人民对粮食绿色安全、口感质量以及健康放心的需要。推进农业科技进步，能够提高农业绿色低碳、质量安全、生态安全等科技供给能力，实现投入品减量化、生产清洁化和产业模式生态化，全面提升粮食供给质量。

加快农业科技进步有助于增强农业综合竞争力。2021 年，我国农业科技进步贡献率突破 60%，农作物耕种收综合机械化率超过 72%，主要农作物良种基本实现全覆盖，农业科技整体研发实力进入世界前列。但是，围绕农业科技前沿制高点，我国在很多领域还处于并跑、跟跑状态，一些关键技术对外依存度还比较高。为改变这一现状，必须将加快农业科技进步作为重要战略支撑。通过推进农业科技创新，补齐农业科技短板、强化农业领域比较优势，不断提升我国农业在国际市场上的综合竞争力。

加快推进农业科技进步

迈入新征程，党中央围绕加快农业科技进步和保障国家粮食安全作出了一系列新部署。党的十九届五中全会审议通过的《中共中央关于制定国民经济和社会发展第十四个五年规划和二〇三五年远景目标的建议》明确了新发展阶段加快农业科技进步的发展方向。2022 年“中央一号”文件进一步从“大力推进种源等农业关键核心技术攻关”“提升农机装备研发应用水平”等方面明确加快农业科技进步的年度任务和重点举措。未来，必须将加快农业科技进步摆在更加突出位置，以科技力量夯实筑牢国家粮食安全基础。

抓住关键领域，攻克农业科技“瓶颈”。农业科技创新必须紧紧围绕“国之大者”抓主抓重，按照保供固安全等工作定位，集中攻克关键技术瓶颈。要紧盯种子、耕地、农业机械等“要害”，引导各方资源开展科技攻关。构建精准高效生物育种技术体系，着重突破一批生物育种关键核心技术，培育一批高产、优质、多抗新品种。加强水肥资源高效利用、土壤保育与地力提升、耕地污染修复、盐碱地综合利用等科技创新力度。紧贴实际需求加快农机装备研发，推进智能农机装备研制，着力提升农业生产全程机械化水平。

提高开放水平，加强国际技术交流。要完善跨部门、跨地区、跨单位农业科技国际合作协同工作机制，在农业科技研发创新领域同其他国家及国际组织开展深度合作。积极推动农业企业“走出去”，引导国内企业在农业科技、粮种培育等方面同国际龙头农企开展合作。通过联合研究项目整合提升科研力量，推动国内外、产学研、农科教实现协同创新。突出企业在农业科技创新和技术成果转化中的主体地位，增强农业科技自主创新能力。

完善服务体系，强化科技推广应用。要推进农业科技推广应用体系建设，加快农业科技成果转化，针对粮食生产、重要农产品保供等，分区域、分作物、分品种精准开展科技服务。构建由政府主导的多层次“综合为农服务平台”，将相关农业企业与科研院所、家庭农场等规模经营主体、农机农技服务主体、政府管理服务有关部门等引入平台，实现科研、生产、服务和管理紧密协作。鼓励涉农社会化服务组织以技物结合、全程托管、示范带动等多种方式开展农业技术服务。深入实施高素质农民培育计划，开展农业科技推广应用专项培训，提升农业全产业链科技应用水平。

深化体制改革，激发科技创新活力。探索以重大任务为牵引的团队组建调整机制，科学调配各类优势资源，全面激发农业科研机构创新活力。加快农业科技人才评价体系改革，建立以创新价值、能力、实效、贡献为导向的人才评价体系，突出研究的创新度、对发展的贡献度、与产业的关联度。强化农业企业科技创新主体地位，加大财政、金融、税收等支持力度，鼓励农业高技术企业参与国家农业重大科研项目。

（原文刊载于《中国城乡金融报》2022 年 6 月 10 日 A5 版）

积极做好乡村产业振兴带头人培育

■ 王记文　高　鸣

产业兴旺是乡村振兴的根基和动力，推动乡村产业发展需要锻造一支爱农业、懂技术、善经营、惠农民的产业带头人队伍。为贯彻落实中央一号文件精神和《“十四五”农业农村人才队伍建设发展规划》要求，农业农村部、财政部近日联合印发《乡村产业振兴带头人培育“头雁”项目实施方案》，提出自2022年起每年为每个县培育10名左右“头雁”，用5年时间培育一支乡村产业振兴带头人“头雁”队伍，带动全国新型农业经营主体形成“雁阵”。落实新时代人才强国战略的重要举措、扎实有效开展乡村产业振兴带头人培育“头雁”项目，需要建立健全乡村产业带头人培育体系，夯实乡村产业振兴的人才基础。

培育乡村产业振兴带头人应拓宽人才来源。乡村产业有专业性要求，需要有一定的专业知识基础。乡村产业的“领头雁”应具备学习和了解国内国际经济形势的能力，使用无人机、电商平台等信息化手段的能力，让田头农产品多、快、好、省地送达消费者手中。为此，对于乡村产业振兴带头人的选拔，需要打破地域和文凭的界限，合理统筹农业农村人力资源，拓宽选才育才渠道。除了农村现有的村干部、种养大户和农民企业家外，还应在当地院校毕业生、本地外出大学生以及退伍军人、返乡留乡农民工群体中选拔出高素质苗子，筛选出有意愿和能力带领农民致富的优秀人才，激发乡村产业发展的内生活力，将更多愿意在农村扎根的优秀青年纳入“领头雁”的培养对象范围。

培育乡村产业振兴带头人应加强部门合作。乡村产业振兴带头人培育涉及多部门的工作和责任，各级农业农村部门要聚合多方力量，加强与当地组织、宣传、财政、发改、人社等部门的沟通协调。一方面，要整合现有农业农村支持政策体系，将“头雁”项目培育与新型职业农民培训结合起来，将“头雁”项目培育与“乡村工匠”结合起来，将“头雁”项目培育与发展新型农业经济主体结合起来，避免人财物等资源的浪费，高效培育乡村产业振兴带头人。另一方面，要将“头雁”工程与“雏雁”工程紧密衔接，把培育乡村产业振兴带头人纳入后备干部培养考量范围，注重在乡村产业振兴带头人中发展党员和选拔后备力量，尤其要培养一批青苗型干部，作为村党支部书记的后备人选，作为后备干部的储备。

培育乡村产业振兴带头人应创新培育方式。实践出真知，乡村产业振兴带头人的综合素质需要个性化、体验式和孵化型的培育。一方面，要动员和引导乡村产业振兴带头人参加基层党组织和干部选举，将政治能力硬、致富能力强和管理能力高的优秀人才引荐到村支部书记的岗位上来，使其在农业合作社和农村集体经济组织的平台上发挥致富才能和引领作用。另一方面，要为带头人的培育提供政策配套支持，切实解决其在发展和振兴乡村产业中的困难、“瓶颈”与问题，充分发挥带头人对小农户的辐射带动和示范引领作用，助力其变“带头人”为“领头雁”，营造“头雁”联农带农和兴农富农的良好环境。在此过程中，应坚决避免乡村产业振兴带头人只顾发展家族产业、忽视村民共同富裕的现象发生。

培育乡村产业振兴带头人应严格绩效考评。促进农业产业提质增效和农民致富增收是培育乡村产业振兴带头人的首要目标，也应作为乡村产业振兴带头人的考核标准。按照此标准，要将具有现代农业发展理念、熟悉农业产业化经营模式、掌握团队管理方法、带动小农户就业和共同富裕等条件作为乡村产业振兴带头人培育的考评内容。此外，要在“严格准入、系统培育、综合支持、示范引领”的培育思路下，鼓励各地结合当地优势资源和乡村产业发展需要，创造性地开展培育工作；要在绩效考评基础上建立容错、激励和退出机制，为带头人创造职业晋升空间，多措并举地培养一批与现代乡村产业需求相适应、与乡村建设和乡村治理相协调，能够引领一方、带动一片的乡村产业振兴“领头雁”。

（作者单位：农业农村部农村经济研究中心。原文刊载于《中国城乡金融报》2022 年 4 月 20 日 B3 版）

“三举措”提升远程银行服务乡村振兴效能

■ 王 冠

2022年中央一号文件首次将“强化乡村振兴金融服务”单列为一项重要内容。在业内人士看来，这将金融服务在乡村振兴领域的重要性，提升到了一个新的高度。作为商业银行对外服务的重要窗口，远程银行可从以下三个方面来提升服务乡村振兴效能。

做优远程金融服务，完善基础服务功能。要优化远程银行全语音门户，持续提升智能机器人问题识别率和解决率，在巩固账户查询、转账汇款、充值缴费等服务基础上，完善惠农理财、贷款、城乡养老和医疗保险代缴等服务功能。优化远程银行系统功能和操作流程，助力智慧乡村综合服务平台建设，为交通不便、通信不发达的农村地区提供优质、便捷的远程银行服务。定期开展外呼关怀，收集农户金融需求，加强金融消费权益保护宣传，完善农村基础金融服务。

发挥远程渠道优势，提供涉农贷款支持。涉农贷款普遍存在户多、额小、分散的特点，受交通条件和客户经理数量制约，传统贷款管理方法面临较大困难和挑战。充分运用远程视频、智能语音交互等技术，可协助分支行开展农户信息建档、贷前远程面谈、农情信息收集反馈，协助处置化解潜在风险。如农业银行远程银行中心已开展“结算e贷”“网捷贷”意愿回访，工程设备贷款、个人经营贷款贷前远程面谈等服务场景，可在总结经验和风险管控基础上，加强对“惠农e贷”远程线上支持，助力涉农贷款提质扩面。

扩展新媒体服务场景，提升远程服务体验。要围绕偏远地区乡村和少数民族地区网点及客户需求，完善远程新媒体服务功能，推广远程视频、企业微信等服务形式，加强对惠农通服务点、乡村振兴客群等特色场景的远程服务支持。加快微表情识别、数字虚拟人等智能客服技术应用，探索建立“人工＋AI”的协同服务模式，持续做好“三区三州”、内蒙古、青海、西藏、新疆及兵团分行等地区少数民族语言远程视频服务，助力打通金融服务“最后一公里”。

（原文刊载于《中国城乡金融报》2022年2月28日A3版）

构建综合服务到村的金融供给机制

■ 彭　云

近日，民政部、财政部、农业农村部等16部门联合印发《关于健全完善村级综合服务功能的意见》，提出要紧扣农民最关心最直接最现实的民生福祉，健全完善村级综合服务事项，推进基本公共服务均等化，2025年村级综合服务设施覆盖率达到80%以上，确保综合服务供给下沉到村。

我国高度重视加强农村地区普惠性、基础性、兜底性服务能力建设。从目前推进情况看，村级综合服务功能不断取得进展，农村社区综合服务设施覆盖率达到65.7%，全国50.9万个村民委员会、11.3万个居民委员会初步实现信息集中汇聚、统一管理、动态更新，短板弱项正不断得到弥补。

健全完善村级综合服务功能，离不开农村普惠金融的良性发展。金融机构要在做好乡村振兴金融服务过程中，进一步推进机构、人员、服务下沉，积极构建有助于综合服务到村的金融供给机制，探索村级金融支持新模式。

探索更加有效的支持村级服务设施建设的金融手段。推动综合服务供给下沉到村，需要一系列农村基础设施建设，中办国办印发的《乡村建设行动实施方案》对农村综合服务设施建设做了细化安排。金融机构要探索金融服务模式，创新金融服务产品，积极支持村卫生室标准化建设、村级公益性安葬设施建设、村综合文化服务建设、农村“厕所革命”、农村生活垃圾治理等重点领域，提升村级公共服务硬件条件，逐步提升村级服务设施建设的融资比重。

研究更加有效地提升村级服务能力的金融方式。到2025年前实现卫生健康服务、医疗保障服务、就业和社会保险、社会服务等十大基础性综合服务下沉，需要更加多元化的金融服务供给。金融机构要通过增设村级金融服务站、村级流动服务团队、惠农服务点等多种方式，打通村级金融资金收付的“最后一米”，让金融资金流通渠道到村到户，努力实现基础金融服务不出村就可以便捷办理。要发挥各类金融合力，将信贷、保险以最优组合延伸到村。

要助力村级综合服务功能的数字化突破。实现综合服务供给下沉到村是一项系统工程，必须在数字化上实现突破，才能更好地满足农民生产生活实际需要。金融机构要充分发挥自身数字金融优势，借助全国开展的数字乡村建设契机，全力助力村级综合服务功能实现线上智慧化运行。要积极研发推出融合村级综合服务功能、金融功能的智慧乡村、智慧村务等服务平台，实现自身乡村振兴金融服务的深入嵌入和融合，为村级综合服务功能提供便捷化平台。要保持平台接口的开放性，允许地方研发的相关特色平台方便嵌入金融大平台。

做好村级综合服务功能建设配套金融服务，需要加强接地气的金融创新，特别是金融产品微创新。金融服务要让村级干部易用、会用、爱用，这对金融机构而言是一项艰巨的任务。但从另一个侧面看，这中间也蕴含着巨大的金融机遇，工作做得好，就会占据有利的市场竞争地位，就能推动乡村振兴金融服务迈上新台阶。金融机构要围绕村级综合服务功能需要，勇于创新，勇于担当该领域金融创新探路者、引领者。

（原文刊载于《中国城乡金融报》2022年8月3日B1版）

统筹整合资金推进高标准农田建设

■ 刘　静

随着我国经济发展水平和收入水平持续提高，食物消费结构不断升级，满足食物需求和资源禀赋相对不足的矛盾日益凸显，加之国际形势瞬息万变，极端气候频发，确保国家粮食安全的任务越发艰巨。

为落实藏粮于地、藏粮于技战略，提高农业应对外部冲击能力，2012 年至2022 年，我国连续11 年的中央一号文件以及《“十四五”推进农业农村现代化规划》均着重强调实施高标准农田建设工程。党的二十大报告指出，“全方位夯实粮食安全根基”“逐步把永久基本农田全部建成高标准农田”。

近年来，我国通过高标准农田建设，不仅提高了粮食综合生产能力，提高了农业规模化、标准化、专业化水平，而且加快了新型农业经营主体的培育，实现了农业经营方式、生产方式和资源利用方式的转型升级，增加了农业经营性收益。

不过，高标准农田建设中仍存在以下不足：补贴标准低，建设成本持续攀升，资金需求大、筹措难；重建设，轻管护，管护主体缺位现象突出，配套管护机制不健全，经费缺乏导致管护落实难；绿色发展理念在高标准农田建设中贯彻力度不足，虽然高标准农田建设能够带来节水、节电、节肥、节药等方面的成效，但是缺乏与良种良法良机良制等措施的有效结合，支撑现代农业绿色发展的作用未能充分发挥。

图 16　农业银行湖南郴州分行加大信贷资金投入，为安仁、桂东等地高标准农田建设投放土地整治贷款 2 亿元，有效助力国家粮食安全。图为农业银行郴州分行工作人员在安仁县高标准农田了解晚稻收成情况（胡智飞摄影）

在高标准农田建设推进前期，政府多选择区位条件较好、建设难度较低的地区进行优先建设，建设资金可以满足原有建设进程的推进。随着高标准农田建设的深入推进，集中连片、施工条件较好的地块越来越少，建设难度不断增大，为稳步推进永久基本农田建成高标准农田，需要做好如下几方面工作：

科学布局，建改并举，推进高标准农田建设进程。根据我国土地空间规划和水资源利用规划，利用大数据平台和地理遥感等技术全面掌握高标准农田的动态进程，科学布局高标准农田建设，并据此制定一系列切实可行的中短期建设规划，在保质保量完成新建高标准农田建设的基础上，合理安排已建高标准农田改造提升，解决部分已建高标准农田设施不配套、工程老化等问题，有效提升高标准农田建设质量，为永久农田全部建成高标准农田提供助力。

增加政府资金投入，完善多元投资机制。未来高标准农田建设过程中的“硬骨头”需要更多的资金投入，政府应根据区域特点，对建设难度较大的地区适当提高资金投入水平，以确保高标准农田建设的进度和质量。为此，不仅要确保中央财政支持资金的稳定支持，也要拓宽融资渠道，提高投资总体水平，提高亩均投资标准。在拓宽多元投资主体中，以“公私合营”为主要思路，有序推进政府和多元投资主体之间的合作，通过社会资本弥补高标准农田建设及管护资金来源单一且投入不足的窘境，聚资本之力，为农业赋能。

建立健全多元主体共同参与的管护机制，落实管护资金。对于管护范围、管护责任、管护费用，应出台政策文件进行规范。一方面，要建立健全高标准农田以“县级政府主导、乡镇负责、村为主体”的建后管护机制，引导政府、新型农业经营主体、农户三方共同参与管护体系，落实管护主体责任。另一方面，要落实管护资金，政府要通过设立高标准农田专项管护资金以保障经费来源，同时也可利用农田建设补助结余资金、项目工程收益等渠道落实管护经费。

落实绿色发展理念。建设高标准农田过程中要切实加强水土资源集约、节约利用和生态环境保护，推动农业资源循环利用，以化肥农药减量、保护性耕作等模式提升耕地质量。同时，要加快降本增效绿色农业技术创新，为实现“双碳”目标和农业绿色发展提供强有力的支撑。

（作者单位：中国农业科学院农业经济与发展研究所。原文刊载于《中国城乡金融报》2022 年 11 月 16 日 B3 版）

培育高素质青年农民 增强乡村振兴青春力量

■雷 泽 高 鸣

"青年兴则国家兴，青年强则国家强"。千百年来，广大青年始终是推动中华民族不断向前的一股重要力量。当前，面对全面推进乡村振兴的历史任务，需要继续发挥青年同志的青春活力，筑牢乡村振兴的人才基础。对此，共青团中央办公厅、农业农村部办公厅于日前联合印发《关于开展2022年度高素质青年农民培育工作的通知》（以下简称《通知》），指导各地加快培养造就一支有文化、懂技术、善经营、会管理的高素质青年农民队伍，为全面推进乡村振兴、加快农业农村现代化提供蓬勃的青春力量。

明确任务目标，找准工作抓手。《通知》要求以乡村振兴和农业农村现代化的人才需求为导向，根据需求情况开展后续的培训工作。这就需要各级政府对本区域内的乡村青年人才数量以及能力需求进行摸底排查，以便后期进行更具针对性的培训。各地在对人才需求进行摸底的基础上，可根据自身条件举办高素质青年农民"专题示范班"，《通知》对举办期数及每期的培育人数提出具体要求，确保各地树立明确的目标导向，组织引导更多青年农民参与。针对国家乡村振兴重点帮扶县人才需求大但培训条件差的情况，《通知》提出可在当地举办适度规模的高素质青年农民"专题班"，创造条件补齐当地人才发展的短板弱项。

细化培训对象，实现精准培育。《通知》聚焦了乡村本土青年人才，提出对农村青年致富带头人、青年家庭农场经营者、农村合作社带头人进行系统性培育，以便充分发挥本土人才的“头雁效应”，进而带动农村经济发展和农民增收致富。《通知》将返乡创业大学生列为培育对象，希望通过培育项目，引导大学生转变思维方式，积极扎根农业农村一线贡献青春力量，在为乡村振兴带来大量实用人才的同时，还能在一定程度上缓解就业压力。《通知》重点关注了脱贫不稳定户、边缘易致贫户、突发严重困难户，要求做好“三类户”青年群体的培训工作，帮助其拓宽发展思路、增强劳动技能、稳步提升收入，巩固拓展脱贫攻坚成果同乡村振兴有效衔接。

优化培训内容，提升培育质量。《通知》将习近平总书记在青年工作和“三农”工作方面的重要思想、重要论述以及重要讲话等作为学习重点，帮助青年农民充分认识青年力量的重要性和做好“三农”工作的紧迫性，为其今后工作的开展提供了依据。《通知》要求加强青年农民对中央“三农”工作系列部署要求、涉农法律法规和农业农村政策等方面的学习，帮助提高其对“三农”领域相关政策法规的理解和把握，努力做到充分学习、正确运用。《通知》在要求掌握“三农”领域相关专业知识和实用技术技能的基础上，充分发挥青年农民的学习优势，进一步增强其在数字乡村、数字农业、电子商务等新知识、新技能的学习，全面提高青年农民的综合能力。

严格工作要求，推动落实到位。《通知》明确了中央、省、市、县各级团委、农业农村部门的职责，包括培育经费的安排、培训课程的设置以及培育对象的遴选，压实责任确保培育工作取得实效。《通知》提出了对培育对象的举荐措施，优秀学员可被纳入县级团委或进入村“两委”班子，在激发青年农民参与积极性的同时，完善培养链条，推动成果用到实处。此外，《通知》提出要与完成培训的高素质青年农民保持常态化联系，提供创业相关的配套服务，如安排创业导师提供指导、给予资金扶持等，进一步巩固培育成果。《通知》提出要加强培育工作的宣传，不断提高知晓度和影响力，同时总结推广优秀经验和典型做法，号召更多青年投身乡村振兴事业。

（作者单位：农业农村部农村经济研究中心。原文刊载于《中国城乡金融报》2022 年 7 月 13 日 B3 版）

民宿一房难求背后的发展之道

■ 康　枫

据媒体报道，北京“左邻右舍”精品民宿成就了延庆旧县镇东龙湾村，使这个北京偏远的小山村逐渐热闹起来。民宿的经营者是新型农业经营主体某专业合作社，该合作社被农业农村部评为国家级示范社。在疫情影响下，“左邻右舍”能让游客频频光顾甚至出现“一房难求”，其经验就在于坚持原住民、原住地、原生态文化发展，实施“一个小院一个特色，八个院落八个模样”差异化建设，把握政策机遇并赢得融资担保贷款支持。

当前，支持民宿发展的政策暖风频吹。国家层面，2021 年国务院办公厅印发《关于服务“六稳”“六保”进一步做好“放管服”改革有关工作的意见》，文化和旅游部发布《旅游民宿基本要求与评价》，鼓励各地区适当放宽旅游民宿市场准入，推进实施旅游民宿行业标准。地方层面，北京市、山东省、安徽省、江苏省等地纷纷出台促进旅游民宿高质量发展的政策。可见，乡村旅游民宿发展大幕已启。商业银行可从服务乡村振兴、激发消费潜力的大局着眼，支持旅游民宿建设，促进乡村旅游发展。

结合乡村振兴国家战略，促进乡村旅游现代化发展。2021 年中央一号文件《中共中央　国务院关于全面推进乡村振兴加快农业农村现代化的意见》提出，要开发休闲农业和乡村旅游精品线路，加强农村资源路、产业路、旅游路和村内主干道建设。同年，《中共中央　国务院关于实现巩固拓展脱贫攻坚成果同乡村振兴有效衔接的意见》专门提出，加大农村产业路、旅游路建设力度。商业银行应结合乡村振兴战略，积极对接国家和省级政府部门，掌握休闲农业、乡村旅游精品线路、农村旅游路建设规划，乡村旅游试点和示范区建设计划以及相关财政资金拨付计划，对接地市级和县级政府部门，跟进规划项目申报、批复、立项及建设进度，围绕财政资金划拨支付，营销关键账户，构建资金闭环，满足上游资金监管、中游资金划拨、下游资金支付的全流程金融需求。

图 17　游客在云南省怒江州福贡县老姆登 150 民宿客栈体验民族舞蹈（梁志强摄影）

发挥绿色金融业务优势，促进乡村旅游可持续发展。“绿水青山就是金山银山”。乡村旅游的优势和特色在于自然、原生态。商业银行应结合全国“双碳”目标要求和当地打好污染防治攻坚战部署，筛选绿色金融重点区域和支持项目；结合“美丽乡村”建设，争取财政贴息，充分利用当地旅游资源交易平台、旅游政策性保险、旅游融资担保机构的增信保障和风险分摊，优先支持民宿聚集地区的农村人居环境整治、黑臭水体治理、生活垃圾处理；拓展抵押质押担保范围，加大对乡村旅游发展涉及的瓶颈道路、绿化、停车场、观景平台等配套设施建设的支持。

整合金融科技创新资源，促进乡村旅游智慧化发展。随着科技创新深化和数字经济发展，智慧旅游时代已经到来。商业银行可充分发挥“金融+科技+资源”的综合优势，与当地旅游部门、民宿合作社、旅游平台合作，搭建智慧旅游移动端，为游客提供民宿线上预约、在线支付等服务，为管理部门提供游客防疫、民宿监管等服务，为民宿合作社提供游客导引、品牌宣传、线路推介等服务，提升客户体验，提高乡村旅游的安全性、便利性，促进乡村“科技+文化+旅游”融合发展。

（原文刊载于《中国城乡金融报》2022年1月5日B4版）

做强地理标志农产品 增加优质农产品供给

■ 姜 楠

保护和发展地理标志农产品是推进农业生产和农产品“三品一标”的重要内容，也是增加绿色优质农产品供给、促进农业高质量发展的重要举措。2019 年起，根据政府工作报告要求，农业农村部联合财政部等部门实施地理标志农产品保护工程，共支持 634 个产品发展，取得了显著成效。为全面推进地理标志农产品持续发展，近日，农业农村部印发《关于做好 2022 年地理标志农产品保护工程实施工作的通知》，决定于 2022 年在全国范围内重点支持 200 个地理标志农产品发展。

地理标志农产品与一般农产品的区别主要在于，该产品作为地理标志通过保护登记，由国家许可和认定，具有品牌影响力，对消费者也有保证质量的基本属性，因此，具有地理标志认证的农产品对农民来说更具有市场竞争力，可以提高农民收益，提升农产品附加值，从而带动农业效益提高。

2021 年，我国绿色食品、有机农产品和农产品地理标志（以下简称绿色有机地标）新增获证单位 12123 家，产品 26586 个，分别比 2020 年增长 26.1% 和 22.9%；绿色有机地标获证单位总数达到 28214 家，产品总数达到 59109 个，同比分别增长 19.4% 和 17.5%。

2020 年，农业农村部联合财政部实施地理标志农产品保护工程，聚焦粮油、果茶、蔬菜、中药材、畜牧和水产六大品类，围绕特色资源挖掘、特色产业发展和农耕文化发扬，计划用 5 年时间支持 1000 个地理标志农产品保护和发展。2022 年，地理标志农产品保护工程将对支持产品全面推进“六个一”建设标准，实施包括推进培优一个区域特色品种、建设一个以上核心生产基地、建立一套特征品质指标、集成应用一套全产业链标准、叫响一个区域特色品牌、健全一套质量管控机制在内的六项重点内容。通过实施保护工程，地理标志农产品的综合生产能力明显增强，产品知名度、美誉度和市场占有率显著提高，有效带动农民持续增收，形成一批地理标志农产品助力农业高质量发展、乡村产业振兴的样板。

图 18　新会陈皮，广东省江门市新会区特产，国家地理标志产品（蔡晓雯摄影）

农产品地理标志对于彰显乡村特色，保护农业生态文化，特别是与实现脱贫攻坚相衔接起到了重要作用，因此未来进一步加强农产品地理标志保护和发展，对于推动农业农村现代化，充分实施我国乡村振兴战略具有重要的现实意义。

统筹推进农产品地理标志发展布局。统筹农产品地理标志发展质量和数量，围绕高质量发展目标配置资源，在资源禀赋好的地区适度加快发展，将重心转向提高产业发展质量。要以实施地理标志农产品保护工程为契机，建立健全地理标志农产品的技术标准、生产经营、质量监管、品牌推广、政策保障五大体系，持续推进地理标志农产品高质量发展。

深入挖掘和厚植农产品地理标志。我国地域辽阔、物产丰富，拥有独特的自然环境和悠久的历史底蕴，农产品地理标志资源丰富，但仍有较大的可挖掘空间。尤其在一些偏远落后地区，虽然具有天然的自然资源优势，却因为信息封闭或滞后，农民并不了解农产品地理标志，无法或者不愿组织开展农产品地理标志建设。因此，地理标志农产品发展中，要充分挖掘产品在生态环境、生产方式、品质、人文历史等方面特异性、差异化的特点，做好品牌定位和规划。

强化农产品地理标志品牌监管工作。地理标志农产品的生产经营者，应建立质量控制追溯体系。农产品地理标志登记证书持有人和标志使用人，要对地理标志农产品的质量和信誉负责。严厉打击假冒伪劣产品，提高冒用地理标志农产品的违法成本，维护好品牌受益人的利益，促使经营者有信心投入资金到地理标志农产品的品牌建设中。此外，地理标志品牌经营主体应加强产品特质的辨析宣传，增加消费者辨认产品真伪的能力，设立举报奖励机制，激发消费者参与发现违法销售假冒伪劣地理标志产品的行为，维护地理标志品牌形象。

（作者单位：农业农村部农村经济研究中心。原文刊载于《中国城乡金融报》2022 年 6 月 15 日 B3 版）

强化资金保障助推农村公路建设和改造

■黄　义

启动新一轮农村公路建设和改造，继续实施农村公路畅通工程，扩大农村公路有效投资，对于拓展农民就业渠道，促进农民增收，加快农业农村现代化建设，全面推进乡村振兴具有重要意义。近期，交通运输部、国家发展和改革委员会、财政部、农业农村部、中国人民银行、国家乡村振兴局六部门联合印发《农村公路扩投资稳就业更好服务乡村振兴实施方案》，提出将进一步完善农村公路网络，补齐农村交通基础设施短板，提升农村公路安全和服务保障能力。

交通基础设施建设具有很强的先导作用。“十三五”时期，全国新改建农村公路超过140万千米，累计投资556亿元用于农村公路的安全生命防护工程和危桥改造，“四好农村路”建设取得了实实在在的成效，特别是欠发达地区的交通基础设施大幅度改善，农村公路更加安全，农民出行更加方便，还打造出了一条一条“畅安舒美”的农村公路风景线，为农村发展带来了人气、财气。但是相较于乡村全面振兴的新要求，相较于农民群众对美好生活的新需求，我国农村公路建设还存在区域发展不平衡，管理、养护和运营不到位等突出问题。新一轮农村公路建设和改造，要实施好农村公路骨干网络提档升级、基础路网延伸完善、安全保障能力提升、公路与产业融合发展、公路服务水平提升“五大工程”，重点推进农村公路往村覆盖、向户延伸，让更多农民群众走上乡村振兴致富路、幸福路。

农村公路改建应与乡村产业发展深度融合。乡村振兴，产业兴旺是重点。应以公路建设和改造为抓手，全面畅通农村交通物流网络。加快乡村产业路、旅游路、资源路建设，改善农村主要经济节点对外公路交通条件，服务乡村产业发展。以交旅融合路段为重点，完善农村公路沿线服务设施，拓展开发停车、充电、购物、休闲、观光、旅游咨询等服务功能，不断提升农村公路服务能力和可持续发展能力。以信息化技术赋能农村公路高质量发展，提升服务和管理效能，进一步增强农民群众获得感、幸福感、安全感。

农村公路改建应与农民就地就近就业增收相协同。乡村建设，农民不仅是受益者，更是重要的建设者。新一轮农村公路建设和改造，应使用好“农民工匠”，创新农户参与机制，建立健全“四好农村路”高质量发展和吸收就业困难人员就业的长效机制。在农村公路建设和管护领域，大力推广以工代赈方式，扩大实施范围和受益对象，优先吸纳当地农村群众参与工程建设以及建成以后的维修养护，带动当地农村劳动力就地就近就业增收。

实施好新一轮农村公路建设和改造工程，畅通乡村振兴路，关键是要强化资金保障。应拓宽融资渠道，引导金融机构、社会力量合法合规参与农村公路建设，规范农村公路信贷融资、民间筹资、债券融资，建立更加稳定的农村公路资金投入机制。加紧出台农村公路建设管理配套政策，完善以奖代补等配套管理制度办法，加强金融等政策支持，着力解决好制约农村公路发展的资金“瓶颈”问题。

（作者单位：农业农村部农村经济研究中心。原文刊载于《中国城乡金融报》2022 年 8 月 24 日 B2 版）

新形势下县域对公资金流的趋势及营销建议

■胡　丹

受金融科技发展、乡村振兴战略推进、财税和社保体制改革实施等多重因素的影响，当前县域对公资金流的趋势和特点已发生明显变化，银行业务营销面临新形势、新挑战。主要表现为：

重点客群金融需求更加复杂。随着乡村振兴战略的深入推进，县域政府与金融机构之间的合作增强，在对重点账户、重点资格、重点资金等招标时，更多地依据金融机构的税收贡献、贷款投放、投融资方式创新等维度进行赋权、评分。此外，各地政府加快推进乡村治理体系和治理能力现代化建设，依靠互联互通的平台、算力强大的政务云、高速传输的5G网络等，积极构建乡村治理现代化新模式，而这亟需金融机构在政务、“三资”管理平台、民生工程等场景生态上贡献更多智慧和力量。

资金流向上趋势更加明显。随着财税和社保体制改革持续推进以及总部企业归集要求加大，县域对公资金链的流向、趋势、规律等发生重大变化，向上转换为城市对公存款、向下加速转换为公司和个人存款的趋势十分明显。如受企业养老保险省级统筹和医保基金市级统筹的影响，县市级企保基金上划省级财政、县级医保基金上划市级统筹，导致县级机构资金下降。

针对以上新形势、新问题，笔者建议商业银行找准县域对公资金营销的方法及路径，推动自身实现业务发展，增强市场竞争能力。

聚焦核心客群。以县域核心对公客群为依托，深度经营财政、社保、公共资源交易中心、政府平台类公司、公积金等县域对公客群的低成本流量资金与增量资金，夯实增存发展后劲。

实施闭环经营。针对县域市场资金动向以及项目建设方向，积极捕捉营销商机、提前预判、主动对接，强化“投放、引存、扩户、增值”的链式、综合经营思维，逐户分析资金支付对手及客户销售对象的账户开立、资金留存情况，尤其强化信贷资金体内承接，确保通过新增贷款投放牵引上下游资金。同时加强信贷资金闭环营销和低价值客户治理，实行资金归行率与客户信贷规模匹配、与贷款定价挂钩，确保资金闭环营销到位。

竞争承接资金。高度关注地方政府专项债发行进度，组建专业团队，积极走访地方财政部门和政府平台客户，摸清全年发债情况，建立项目储备清单，掌握专项债资金发行和项目建设进度，分析资金使用路径，延长内部承接通道，力争实现资金内部全额承接。另外，要紧跟省级企业职工基本养老保险统筹以及市级医保统筹政策信息，及时判断基金统收、统支等资金流向，开展统支账户这一关键承接账户营销，建立链式营销机制，确保资金承接到位。

强化场景对接。加大与县域智慧政务、智慧财政、智慧学校、智慧医疗、“三资”管理等场景共建，共同致力于县域政务金融服务的便捷化、数字化、智能化发展，以便实现与县域多个政府部门的合作突破及切入，达到以场景锁定客户、引流存款的目的。尤其要迅速对接各县域数字乡村建设工程，加快推进“三农”特色场景建设，积极构建乡村产业数字化金融服务体系，打造金融服务闭环，实现精准获客、精准风控，确保及早抢占先机、构建金融优势。

（原文刊载于《中国城乡金融报》2022 年 6 月 10 日 A7 版）

应持续深入推进“三下乡”活动

■ 韩嘉仪

为深入学习贯彻党的十九届六中全会精神，进一步动员社会各方力量，巩固拓展脱贫攻坚成果，全面推进乡村振兴，近日，中央宣传部会同中央文明办、国家发展和改革委员会、教育部、科技部、司法部、农业农村部、文化和旅游部、国家卫生健康委、广电总局、国家乡村振兴局等单位印发通知，对2022年文化科技卫生“三下乡”活动开展进行安排部署。明确要以习近平新时代中国特色社会主义思想为指导，突出迎接宣传贯彻党的二十大工作主线，推动“三下乡”提质扩面、提档升级，要坚持从农村实际和农民需要出发，深化拓展“三下乡”活动内容和形式。

开展“三下乡”活动，组织的统筹设计是基础。各组织单位要统筹协调好社会资源，积极动员各界力量，开展“三下乡”活动。一方面，创新活动内容与形式。根据以往经验，“三下乡”活动多以物资支持、知识普及、技能培训等方式展开，内容和形式较为固定甚至单一，因此应鼓励创新活动开展的形式和内容。如疫情影响下，可以创新工作形式，以线上、线下联动的方式，线上依托各社交媒体平台，线下利用好新文明实践站（所）等平台。另一方面，完善活动监督与评价机制。主管部门与下乡单位建立反馈机制，建立健全评价监督体系，加强对“三下乡”人员的监督指导。由于不少“三下乡”人员来自高校，因此，高校在“三下乡”人员下乡前要做好指导培训等工作，尤其是要加强与地方政府的沟通，建立行之有效的信息反馈机制。总之，要协调组织从事文艺、科技、医疗卫生、法律等领域的专业工作者，将丰富多样的文化活动、先进前卫的科学技术、健康卫生的生活理念、基本的法律常识带给生活在农村地区的百姓。

开展“三下乡”活动，个人的充分准备是保障。首先，要带着知识进入农村。参与人员应提前做好准备工作，主动接受相关的专业培训，以过硬的专业素养、良好的精神面貌、积极的工作态度，对待“三下乡”活动。除了将先进科技、卫生知识、文化历史、法制知识等内容带给生活在农村地区的人民，还要以老百姓喜闻乐见的形式将知识理念传播，从而丰富农民的精神文化生活。其次，要带着问题深入农村。从农民的实际情况出发，做好调研工作，通过切身的感受，结合自身专业知识，真正帮助到农村地区的百姓，推进乡村振兴工作。借助“三下乡”的机会深入农村，了解农民的生活，通过切身地观察、了解、体验，发现农民生活中的困难。最后，要带着结论离开农村。不仅要做问题提出者，还要做问题解决者。光是宣传文化、科技、卫生、法律方面的知识还不够，应当将“三下乡”的优秀经验和创新方法进行总结，使用文字、照片、视频等多种形式进行传播，生动反映“三下乡”活动对促进乡村振兴的成效。

开展“三下乡”活动，地方的全力支持是关键。地方政府在为“三下乡”活动提供文化馆、图书馆、农家书屋等公共文化服务设施的同时，还需协助组织村民参加农技培训讲座、乡风文明课堂等。同时，“三下乡”活动对地方的发展具有促进作用。一是有助于地方政府落实主责主业。通过将本职工作与“三下乡”活动相结合，一方面可以增加老百姓的接受度与配合度，通过实实在在的服务、形式多样的活动，让老百姓在娱乐身心的同时，提升自身的知识水平和文化程度；另一方面“三下乡”活动可以作为地方落实常规动作的载体，依托“送文明下乡”“送戏下乡”等老百姓喜闻乐见的活动，助力地方开展移风易俗工作。二是有助于推动乡村振兴战略的实施。对地方培养乡村振兴人才具有引导作用。下乡人员来自各个专业领域，可以为乡村带来新知识、注入新活力。对地方推进乡村产业振兴具有促进作用。如通过农业领域专家的指导，可以帮助农民掌握科学的方法、先进的技术，带给农民前沿的生产理念、管理方式，整体提升农民生产种植水平，从而促进地方向“稳一产、强二产、优三产”目标迈进，推动乡村产业振兴。

（作者单位：农业农村部农村经济研究中心。原文刊载于《中国城乡金融报》2022 年 2 月 9 日 B3 版）

如何牢牢守住 18 亿亩耕地红线

■郭　军

粮安天下，地沃粮安。耕地是保障国家粮食安全的重要物质基础，是我国实现第二个百年奋斗目标和永续健康发展的有力支撑。党的十八大以来，以习近平同志为核心的党中央高度重视耕地保护，强调要把中国人的饭碗牢牢端在自己手上。守住“谷物基本自给、口粮绝对安全”的国家粮食安全战略底线，最根本的就是保护耕地。保耕地不仅要保数量，而且要提质量，只有守住数量和质量双红线，让粮食产得出、供得上、供得优，饭碗才能越端越稳。

落实耕地保护硬任务

万物土中生，有土斯有粮。我国人多地少的基本国情，决定了我们必须把关系十几亿人吃饭大事的耕地保护好，绝不能有闪失。

我国耕地资源有限。虽然我国耕地面积总量位居世界前三位，但人均耕地资源不足。第三次全国土地调查数据显示，全国耕地 19.18 亿亩。自 2009 年到 2019 年 10 年间，我国耕地净减少 1.13 亿亩，年均 1130 万亩。要满足我国 14 亿人口的粮食需求，必须始终绷紧粮食安全这根弦。除了不断提高粮食亩产量，更要确保耕地面积只多不少，坚决守住 18 亿亩耕地红线，这也是粮食安全底线。

图 19　惠州市龙门县是广东省农业大县。图为龙田镇邬村隆平农场龙门基地农户开展春耕备耕（林晓娜　林晓茹摄影）

人多地少的国情使我国农业生产一直坚持高投入、高产出模式，耕地资源面临数量减少与质量下降双重压力。耕地养分失衡，基础地力贡献率仅为50%左右，比发达国家低20～30个百分点。南方耕地酸化、北方耕地盐碱化、东北黑土地退化，为我国耕地亮起“红灯”。因此，在牢牢守住18亿亩耕地红线的基础上，必须加大力度实施耕地质量提升工程。

耕地质量是粮食生产的基础。我国粮食连年丰收的关键是靠良种、良法和良土，其中良土就是指耕地质量。只有不断加强耕地质量建设，减少农田污染，培育健康土壤，提升耕地地力，才能夯实农业可持续发展的基础。同时，耕地质量也直接影响粮食产出质量，是粮食质量安全的基础。“民以食为天，食以安为先”。随着人民生活水平的不断提高，人们对于农产品质量与安全的关注度越来越高。持续提升耕地质量，生产出更多优质安全的农产品，才能满足人民群众对农产品质量与安全日益增长的需要，不断增强农产品竞争力和农业生产效益，实现农业高质量发展，进而全面推进乡村振兴。

党中央高度重视耕地保护建设，先后围绕健全耕地保护机制、完善耕地保护体制、明确耕地保护责任等作出一系列重大部署和制度性安排。党的十八大、十九大报告对耕地保护和修复作出重要部署，连续多年的中央一号文件对提升耕地质量、强化用途管制提出明确要求。

在压实各级责任方面，我国明确要求采取“长牙齿”的硬措施，全面压实各级地方党委和政府耕地保护责任。逐级分解下达耕地保有量和永久基本农田保护目标任务，由中央和地方签订耕地保护目标责任书。在健全耕地质量监测监管机制方面，建立动态监测体系，加快推进高标准农田建设，提高耕地的质量与效益。突出抓好耕地保护和地力提升系统工程，在确保基本耕地数量不变的情况下提高粮食产能。在明确耕地用途方面，强调农田只能用来发展种植业特别是粮食生产，严厉查处非法侵占基本农田及改变基本农田使用性质的行为，防止和遏制“非农化”“非粮化”，确保耕地用途。在拓展耕地边界方面，对一些具备开发条件的空闲地、废弃地，在保护生态环境的基础上，探索发展“设施农业”来挖掘土地潜力。

端稳端牢粮食“饭碗”

保护好耕地事关农业之根本，是贯彻“藏粮于地”战略的关键举措。既护住了耕地，又提升了耕地质量，我们的饭碗才能端得稳、端得牢、端得好。要坚决实行最严格的耕地保护制度，采取“长牙齿”的硬措施，一体抓好保耕地、建良田、产好粮，把党中央部署的一系列保护耕地措施落实到田间地头，夯实粮食安全的基础保障。

扩大粮食种植面积。粮食产量保持在 1.3 万亿斤以上，是政府工作报告提出 2022 年发展主要预期目标之一，中央农村会议及 2022 年中央一号文件均对此进行重要部署。这是“军令状”，是必须确保完成的硬任务。在牢牢守住18亿亩耕地红线的基础上，要实行盐碱地、干旱区土地改造工程，拓展粮食生产资源边界。我国有盐碱荒地5亿多亩，其中约2亿亩具备开发潜力。应加强盐碱地综合治理，提高治理效率和质量，探索在具备条件的区域分类建设集中连片耕地。开发利用冬闲田、沙荒地和宜林地等耕地资源，扩大粮食作物种植面积。

完善耕地质量保护政策。建立健全耕地质量监测体系，强化全国耕地质量等级评价和动态监测，加强耕地质量监测评价体系建设及成果应用。加大财政对耕地质量提升、退化耕地治理、生态类产品的专项补贴，探索建立耕地地力保护补贴与耕地质量提升挂钩机制。加强耕地占补平衡的全程监管，确保耕地补偿数量和质量。建立完善粮食安全党政同责考核制度，加大耕地质量考核权重，完善耕地质量相关考核指标体系。

加强耕地质量科技创新。强化耕地保护利用科技平台建设，针对重大问题开展科研攻关。持续推广保护性耕作、测土配方施肥等耕地质量保护技术，充分应用工程、生物、农机等集成技术，创新农业耕作、灌溉等模式。稳步推进土地科技基础研究和技术创新研究，聚焦耕地保护监管，研究建立相关技术规程和标准规范。建设耕地质量建设与保护技术协同创新体系，加强“政产学研用”五位一体融合发展，加快技术的推广应用。

推动相关立法工作。在制定实施耕地保护管理条例的基础上，启动耕地保护专项立法，围绕规划、建设、保护、监督等内容，明确耕地保护相关主体权利和责任。建立耕地资源高质量发展保护机制、监管法律保障体系以及法律追究制度，遵循“谁破坏，谁治理；谁保护，谁受益”的原则，强化耕地质量保护的责任意识。

（原文刊载于《中国城乡金融报》2022年5月13日A5版）

创新服务模式助产业兴旺农民增收

■ 杜海涛

民族要复兴，乡村必振兴。乡村振兴战略的提出为金融机构的发展带来新机遇，扎实推动乡村振兴也成为金融机构的重要任务。农业银行应加大乡村振兴的信贷投放力度，加快金融产品和服务创新，推动金融服务乡村振兴能力和水平持续提升，助力农业高质高效、乡村宜居宜业、农民富裕富足。

创新方式，精准定位信贷投放领域。产业，是乡村振兴的根本支撑和农业农村发展的重要引擎。农业银行应坚持以产业发展为引领，积极创新金融产品和服务，围绕粮食安全、乡村振兴、乡村建设等重点工作进行扶持。加大对当地辐射范围广、参与群众多、上下游利益联结紧密的产业支持力度，同时以数字化转型为抓手，推进线上“惠农 e 贷”品牌推广，简化审贷流程，为不同类型和不同发展阶段的农业新型经营主体发展提供多样化融资方案。

主动作为，支持农业基础设施建设。农业银行应立足当前乡村振兴战略的新要求、新任务和当地实际，不断完善基础金融服务，引导更多金融资源投向乡村振兴领域，更好地满足农业农村发展多样化的金融需求。应优先支持乡村特色产业、农产品加工业、农产品流通体系、智慧农业建设等领域，创新支持发展休闲农业、乡村旅游、创意农业、农耕体验等产业，推动农村一二三产业融合发展，重点支持领域包括粮食生产、农业品牌建设、新型农业经营主体等；应创新开发金融产品，加大对乡村建设的中长期信贷支持力度，支持实施乡村建设行动和农村建设品质提升行动重点项目，加快补齐农村基础设施短板，助推提质提档，全面提升农村生活设施便利化水平，重点支持领域包括农村基础设施、农村建筑风貌、农村供水保障、农村污水处理、试点示范项目等；应把资源投向农村公共服务领域，支持发展批发零售、养老托幼、文化教育、医疗保障等生活性服务业，扶持发展农业生产托管服务，推动乡村公共服务便利化、精细化、品质化发展，重点支持领域包括生活保障服务、商业服务配套、农业生产服务配套等。

多方合作，拓宽农产品流通渠道。拓展农产品销售渠道，切实助推农民增收、产业兴旺。乡村振兴是农业银行义不容辞的责任和义务，农业银行应积极支持当地农产品产地市场体系建设，争取建成农产品集散、冷链物流、产品展销平台。大力发展农产品电子商务、农业物联网、物流配送等新业态，有效开发农村市场，扩大电子商务进农村覆盖面，推动农产品进城、工业品下乡双向流通，探索建立农产品等级制度。积极开展“农社对接”“农校对接”等多种形式产销衔接。

近年来，农业银行黑龙江建三江支行通过进一步提升服务粮食安全、乡村振兴能力和水平，积极探索支农惠农服务新模式，打造服务“三农”、支持乡村振兴的农业银行新品牌。建三江支行加强与北大荒集团建三江分公司合作，支持农场有限公司壮大，助推农业现代化发展，目前已累计支持3户农场法人，发放贷款5.2亿元。同时为北大荒农垦集团有限公司投放法人贷款24亿元。2016年以来，已累计投放农户贷款近31亿元。量身定制垦区生态高标准农田“三江平原灌区”项目建设贷款，支持国家级青龙山灌区水利工程建设，投放贷款4.1亿元，为建三江垦区连续实现18年粮食丰收作出积极贡献。

（原文刊载于《中国城乡金融报》2022年1月7日A6版）

下　篇

案例实践

第五章

数字乡村

数字乡村建设是落实乡村振兴战略的具体行动，既是推动农业农村现代化的有力抓手，也是释放数字红利催生乡村发展内生动力的重要举措。数字乡村的建设和发展涉及生产经营、管理服务和乡村治理等方方面面，是一项庞大且复杂的系统工程，不仅需要合理完备的规划来指导其发展方向和进程，而且还要健全相关的管理体制机制。本章介绍部分数字乡村建设先进县（市、区）的经验做法。

金寨县："数字"让乡村更美好

■ 吴天龙

金寨县地处大别山腹地，鄂豫皖接合部，是中国革命的重要策源地、人民军队的重要发源地，总面积 3814 平方千米，辖 23 个乡镇、1 个开发区，总人口 68 万人，是安徽省面积最大、人口最多的山区县。2020 年 10 月，金寨县被列入首批国家数字乡村试点地区。近年来，金寨县有序推进数字乡村建设，成效显著。

图 20　金寨县地处大别山腹地，鄂豫皖接合部，是安徽省面积最大、人口最多的山区县。2020 年 10 月，金寨县被列入首批国家数字乡村试点地区。图为金寨县梅山水库（李健摄影）

建设思路明确清晰

金寨县高度重视数字乡村建设工作，从"大家怎么看""试点干什么”“路子怎么走”等问题出发，统一思想认识、完善顶层设计、探索建设路径。

建设之初，便成立由县委、县政府一把手为“双组长”的金寨县国家数字乡村试点工作领导组，统筹推进数字乡村试点工作。

同时，结合县情实际，整合现有资源，制定出台《金寨县数字乡村试点建设方案》，明确“1124”数字乡村建设架构，即建设 1 个数字金寨运营指挥中心，构建数字乡村 1 张图，建设公共数据、时空地理 2 个大数据平台，打造数字产业、数字服务、数字治理、数字党建 4 大应用板块，计划到 2022 年底，基本形成一套具有金寨特色的数字乡村建设模式。

探索适宜发展模式

为探索实用有效、符合县情的数字乡村建设模式，金寨县面向全国公开征集数字乡村建设合作伙伴，探索共建、共享、共赢的发展路径，择优选择“政府引导 + 市场开发”的发展模式。

具体做法是根据地域分布和产业特色遴选出 4 个乡镇开展数字乡村示范点建设，建设以市场为主导，采用揭榜挂帅的形式寻找建设主体。政府前期不投入，建成后根据实际情况给予奖补。在建设过程中，金寨县本着减少重复建设的原则，重视对已有资源的整合利用，同时明确了政府和市场的边界，让有形的手和无形的手共同作用，且效能发挥最大。

夯实信息基础设施

金寨县加快推进信息基础设施建设，实现 4G 网络全覆盖，建成 5G

基站315座，移动宽带用户普及率73.44%；益农信息社220个，实现行政村全覆盖。与中科曙光合作建成金寨云计算中心，全县30个部门、63个信息系统全部迁移到云计算中心，实现统一技术平台、统一运算存储、统一内外网络、统一互联网出口、统一安全防护、统一运行维护。完成电子政务外网的专线接入，实现70个县直部门、24个乡镇（经开区）、220个行政村（社区）电子政务外网专线全覆盖。

金寨县依托原有信息化建设成果，统筹推进数字乡村和智慧城市建设。智慧教育方面，完成“在线课堂+智慧课堂”建设，乡村学校实现网上远程教学资源共享；实现学校食堂“互联网+明厨亮灶”全覆盖。智慧医疗方面，建成全民健康信息平台，完成基层业务系统的搭建，以及数据采集。智慧文旅方面，建成集智慧管理、智慧服务、智慧营销于一体的金寨县全域旅游大数据平台、“看金寨”App、金寨旅游公众号、数字农家书屋等。智慧治理方面，建成智慧城管信息平台、平安城市视频监控平台、公安图侦系统、智能交通管控平台、“四治”砂石管理系统、小水电监测平台等；积极推进雪亮工程建设，每个行政村按不低于5个视频点位标准，对重点部位进行监控。

数字农业稳步推进

金寨县积极推动农业大数据建设和系统整合，建成智慧农业综合服务平台、绿色农资监管平台；建设茶产业大数据平台，试点应用茶叶“区块链”技术；推动农产品可追溯体系建设，指导超过300家经营主体入驻国家、省追溯平台。

同时，金寨县高度重视推动农业物联网技术应用，引导3家企业进行数字化改造，打造了3个省级农业物联网示范基地，并开展国家“互联网+”农产品出村进城试点，建成县级电商综合物流服务中心1个、区域分拨中心9个、村级电商物流服务站超过190个。金寨大别山农产品电商产业园已入选国家电子商务示范基地。

从金寨县的实践来看，数字乡村的建设和发展涉及生产经营、管理服务和乡村治理等方方面面，是一项庞大且复杂的系统工程，不仅需要合理完备的规划来指导其发展方向和进程，而且还要健全相关的管理体制机制，并加强数字乡村人才队伍建设，全面细致协调推进。

（作者单位：农业农村部农村经济研究中心。原文刊载于《中国城乡金融报》2022年4月27日B3版）

吴中：金融支持数字乡村建设的多元探索

■ 吴 斌

支持乡村振兴、推动城乡融合发展，既是农业银行江苏苏州吴中支行积极融入和服务国家战略义不容辞的责任，也是实现自身高质量发展的重要机遇。农业银行2022年党建和经营工作会议提出，要继续推进乡村振兴金融服务，加快数字乡村工程建设，当好服务乡村振兴领军银行，为新一年服务“三农”指明了工作方向。

打造数字乡村平台，推动数字金融以点带面。围绕服务国家数字乡村建设，创新服务理念，坚持“搭平台、拓场景、做产品”，打造数字乡村平台。吴中支行以助建农村集体“三资”管理平台为基础，为全国文明村牛桥村试点打造“数字乡村”平台。通过与政府部门对接，成功接入农村集体“三资”交易监管系统，实现农业银行账户在本地农业农村局“三资”交易监管系统的账户状态、转账支出验证等功能，将在农业银行的开立赋码账户纳入该系统，助力基层政府实施全面资金监管。针对牛桥村积分奖励制度工作量大、外来租户多等情况，一方面搭建智慧租房系统，村委会及村民可通过PC端、移动端在线看房，村委会实时掌握房屋使用状态，实现了乡村智慧化租房和超过5000户外来租户管理的有机结合。另一方面搭建乡村积分平台，为村民提供线上平台直接兑换等值物品、享受农业银行优惠活动的服务，提升村民数字化支付水平。

丰富各类场景建设，实现基层服务全面覆盖。推广智能生活场景，对辖内乡村社区全覆盖走访，为小区上线智慧社区，为村镇小区、租户集中点搭建智能充电桩；为乡镇学校上线智慧校园，提供师生考勤、家校通、人脸测温、电子班牌等线上线下功能。推广智慧生产场景，围绕乡、镇企业金融需求，打造智慧厂区，提供电子工资单、智慧食堂等功能，帮助企业加强管理，提高工作效率。拓展乡村市场商圈，为专业市场商户提供账户、支付结算、贷款、理财等联动闭环的“一揽子”金融服务。推广金融消费场景，针对乡村家庭汽车主、优质业主、医生、教师等重点客群，提供农业银行汽车消费贷款、车位贷款、账单分期等产品，助力乡村居民充分释放消费潜力。

强化金融政策传导，确保信贷支持靶向精准。推广线上融资产品，以辖内村镇农户自建房、农家乐、民宿等改造升级的资金需求为导向，为农户提供“惠农 e 贷”等线上融资服务，并做好贷款与存款、结算、掌银、理财、支付等特色产品服务，满足多样化金融需求。深化银政合作，紧盯乡村振兴重大项目动态，持续加强与地方政府沟通汇报，拓展银政合作的广度深度，提高市场营销话语权。优化批量服务，认真分析产行业动态和趋势，通过“一项目一方案一授权”等融资方式为农户、小微企业提供批量化融资服务，支持乡村特色品牌建设，助推乡村特色产业发展。加强宣传引导，丰富网点厅堂阵地宣传，配足宣传材料走进乡村，利用新媒体营造宣传氛围，举办乡村金融讲座，提升宣传活动触达率。

2022 年，苏州吴中支行将把服务乡村振兴作为检验工作的“试金石”，以服务农业高质高效、乡村宜居宜业、农民富裕富足为主线，全面深化服务新理念，大力开展乡村振兴金融产品和服务模式创新，积极支持乡村重大项目，搭建数字乡村平台，优化惠农通服务点，全面深化服务新理念，为“三农”领域提供更加优质、高效的金融服务。

（原文刊载于《中国城乡金融报》2022 年 2 月 18 日 A6 版）

江阴市“户户通”：农村“三务”管理新路径

■ 刘　慧

江阴市被誉为“中国制造业第一县”，是江苏省唯一的“市县同权”县级集成改革试点城市、全国首批乡村治理体系建设试点县市。近年来，江阴市通过开展“三务”（党务、村务、财务）公开有线电视“户户通”平台建设，让村民足不出户尽知村里事务，手持遥控监督党员干部，真正让小微权力在阳光下运行。

内容全公开

对依法依规应当公开的事项，“三务”公开有线电视“户户通”平台建设实现公开范围最大化，让老百姓想看到的都看到、想知道的都知道。

党务公开常态化。每一项党中央的决策部署、每一次民主生活会情况、每一名党员干部履职考核结果，都可以通过电视查看到相关记录，实现了党员监督支部、群众监督党员、党员服务群众、党群互信共进的良好氛围。

村务公开规范化。村民可以随时通过电视了解村级发展目标、村民代表会议决议、低保或补助名单等村级事务，保障了村民的知情权、参与权和监督权，便捷了干群之间的沟通协调，倒逼了村务管理的规范、高效和透明。

财务公开制度化。每一份工程项目合同、每一张费用发票、每一次用餐清单、每一份低保户补助名单，全部在电视公开，实现了各村每月所有财务报销凭证、发票、附件清单、村级集体资产租赁合同、村级预算、资产负债等群众关心事项的全透明。

形式全优化

“三务”公开有线电视“户户通”平台坚持农民群众的视角，在“三务”管理公开上注重让广大村民群众易理解、易操作、易参与。

让老百姓随时看。在传统的村务公开栏公开、“三务”直通车公开和互联网公开的基础上，“户户通”平台把“三务”信息推送到村民家中的电视屏幕上，并开发“户户通”手机端，让村民动动手指、足不出户就能随时查看本村党务、村务、财务，实现传统与现代公开形式的同步推送，让不同年龄、不同文化层次的村民都能找到适合自己的方式。

让老百姓看得新。党务、村务直接录入“户户通”后台系统，财务直接对接市农村集体“三资”智慧监管平台数据，经镇（街道）职能部门审核后发布，做到即审即看，确保老百姓看到最新的内容。

让老百姓看得懂。将财务公开中专业性较强的财务报表变成了村民易懂的流水账，财务术语变成了老百姓能理解的口头语言，特别是将“三资”管理中的相关内容进行了关联。同时，设置更为人性化的自动滚屏、点击暂停、图片放大等功能，切实解决了以往看不全、看不懂、看不长的问题。

流程全监管

“三务”公开有线电视“户户通”平台建设严格按照“三务”公开的内容、时间、流程和要求，对“户户通”运行进行全过程、全方位的审核把控。

全程审核把关。落实各镇（街道）具体分管领导和平台各板块责任部门及审核人员，做到每个事项的启动都有文件、决议或协议等原始依据，实施过程都按规定步骤，事后都有审核决算和检查。

全程风险管控。以规范村级账户支出为切入点，明确每个村集体有且只有一个银行基本账户、一个财务管理端口，村里所有资金进出都必须在“e银通”系统操作实现，村级日常小额采购、零星开支、差旅费等全部使用村务卡支付，从源头杜绝不入账、账外账等老大难问题。

全程预警预防。“e银通”系统集成大额支付、村干部本人或亲属、黑名单等多样化的预警机制，每月生成预警信息推送至市镇两级农经、纪检部门。所有流程监管全部无缝对接“户户通”平台，在电视界面向老百姓公开，最大限度地实现了实时、动态监督。

监督全方位

“三务”公开有线电视“户户通”平台建设通过建章立制、群众参与、上下联动，让监督主体更多元、监督手段更多样，切实破解了上级监督难到底、群众监督难到位的难题。

强化督查机制。出台《关于进一步加强和完善全市村级管理的指导意见》《江阴市三务公开户户通平台运行管理办法（试行）》，健全了

“三资”管理各项制度规定，明确了“户户通”相关职能部门责任以及“户户通”审核要求，建立平台长效运行管理监督机制。

强化考核机制。将“户户通”建设与运行列入对镇街、村级日常和年终工作考核的内容，进一步督促各镇（街道）、村（社区）有效开展工作，确保“户户通”平台稳定运行。

强化互动机制。设置认可、存疑互动功能，老百姓在观看过程中有疑问可立即点击存疑按钮进行意见反馈，反馈意见会推送到所在镇（街道）指挥中心平台，由平台根据内容分发到镇（街道）相关职能部门进行调查处理和意见答复。

总的来看，“三务”公开有线电视“户户通”平台建设，用有线电视媒体创新了公开新形式，开创了基层民主新形态，探索了农村“三务”管理新路子，取得了实实在在的新成效。

（作者单位：中国农业科学院。原文刊载于《中国城乡金融报》2022年6月22日B3版）

创新服务模式与手段

——“智慧易家河”数字乡村平台

■ 傅炳生

面对金融科技发展，数字化转型已成为银行业发展趋势，农业银行江西九江分行顺应时代潮流，将数字化转型与数字乡村建设有机结合，作为服务“三农”的重要实践，创新推出“智慧易家河”数字乡村平台，探索一条金融服务乡村振兴的新路子。

选准试点，扩大数字乡村平台影响。易家河村地处国家5A级风景名胜区庐山西海风景名胜区，是远近闻名的“温泉之乡”“柑橘之乡”，2020年全村年接待游客量近60万人次，休闲旅游收入超5亿元，既是“全国先进基层党组织”和“中国乡村旅游模范村”，也是省委领导的挂点村，与九江分行合作关系密切。在确定选择在该村开展项目试点后，九江分行通过拍摄数字乡村宣传片，举办大型平台上线仪式，帮助易家河村做好宣传，提升“智慧易家河”的影响力。

高效互动，加快数字乡村平台建设。项目实施得到江西分行大力支持，多次开展高层营销对接，成立省、市、县三级联动的专项工作组，实地调研，制定详细建设方案。江西分行网络金融部直接指挥方案落地，配备专项资金，派出业务骨干对接、指导、协调，倒排“智慧易家河”数字乡村工作任务，按照时间节点，挂图作战、确保实效。

创新模式，强化数字乡村平台赋能。“智慧易家河”平台依托“一码、三端、五十八条线”架构，即游客、村民、管理方扫描同一“乡亲码”，分别呈现“游客”“村民”“村务管理”三个端口，不同入口赋予不同角色权限，全面提升数字乡村治理能力。在中央控制室，通过3D可视化数据展示路口、民宿、橘园的实时监控及游客流量、村务管理等信息，为村委决策参考、商家提升服务、银行分析客户数据提供强大的智能引擎。创新设立“诚信积分体系”和积分变现机制，对村民在思想进步、邻里和睦、律己守法等8个方面进行评比，不但可以用积分兑换生活用品，还可享受农业银行利率、授信方面的优待。

多方融合，构建数字乡村平台生态。“智慧易家河”平台利用互联网技术全方位构建了一个“云上易家河”，进行线上“法治”“德治”“自治”，最终实现全村政务、村务的数字化治理和线上金融的普及。在G端，村干部扫码能处理各类审批、发布重要信息、强化党建学习等相关工作；在C端，村民扫码能轻松办理各类事务、享受政策优惠、申请惠农贷款等；在B端，以“惠农通”服务点、掌银示范村为依托，创新打造覆盖面广、操作体验佳的惠农商圈，整合周边商业资源，在服务点推广自助办理信用卡、ETC、理财等各项金融业务。通过G端、B端、C端一体化，实现对村民和游客的批量营销，以G端为突破口，与B端、C端客群广泛联动，打造全链条、全节点的数字乡村生态圈。

九江分行以“智慧易家河”项目为切入点，一方面深化与地方党政的关系，撬动项目贷款营销；另一方面与周边多所学校、企业开展智慧场景合作，实现批量获客。平台上线以来，九江分行为乡村旅游小微企业投放贷款2300万元，为农户投放“惠农e贷”3000万元，打造了特色商圈13户，帮助村民依托平台开展助农直播活动，提升山货土货销量。下一步，九江分行还将继续完善“数字乡村”平台和掌银互通机制、扩大线下智慧商圈覆盖范围，推动金融服务乡村振兴提质增效。

（原文刊载于《中国城乡金融报》2022年2月18日A6版）

峡山区：智慧服务助力大田托管

■ 李一枫

大田托管是将连片土地集约化、规模化经营，政府提供相应政策和资金扶持，企业通过土地流转对土地进行统一规划、统一管理、机械化耕作、科学化施肥、无人机播撒农药等方式为农业生产提供服务的新模式。这一模式有利于农民致富、村集体增收、大田托管单位增效，能够为农业适度规模经营激发新活力，为农业社会化服务体系建设注入新动能，为国家粮食安全作出新贡献。近年来，山东省潍坊市峡山区针对土地分散经营成本高、效率低、收益少等困难和问题，积极探索农业社会化服务新路径，勇于创新，敢于实践，逐渐摸索出符合本地实际的大田托管智慧服务新模式，即以农业适度规模经营为基础，以现代科技手段和金融服务为驱动，以粮食产业链各主体为依托，数字化赋能大田托管服务模式。通过大田托管智慧服务平台，线上审核资金用途，线下监管农业生产，合作社对资金实现全流程闭合监督管理，服务商使用机械化设备进行专业化规模化种植，以数字化手段化解了农业生产规模化种植技术难题，破解了大田种植领域融资“难贵烦”难题，从而为服务乡村振兴、盘活农村土地资产、推动峡山区现代农业转型发展提供更好的支持。

打造智慧平台　实现数字化服务

峡山区通过鲁担（山东）城乡冷链产融有限公司提供的大田托管智

慧服务平台，开展土地托管“空天地一体化”监控，实现地块信息数字化、农事管理智慧化、订单管理线上化、收益分配透明化、风险管理科技化，不仅可以做到土壤墒情、地温、作物长势数据的实时共享与监管，还能够提供科学种植方案，有助于土地的规模化发展和耕种的精细化提升，极大地提高了农业生产的数字化水平。在用户端，该平台分为服务商版和村集体版，利用卫星遥感、大数据、云计算、区块链等科技手段，分别为专业种植服务机构和党支部领办合作社提供大田智慧化托管服务。服务商版数字化服务平台，能够实现“耕、种、管、收”全流程的数据聚合、决策输出、精准指导，降本增效、提质增量，为农业生产提供科学合理种植决策和过程管控。村集体版数字化服务平台，能够对托管服务商“耕、种、管、收”全流程进行监管，规范了农业生产过程，加强了农产品生产记录管理，健全了农产品可追溯制度，保障了农业生产和农产品质量安全。

此外，大田托管智慧服务平台还具备资金监管功能。村集体通过管理平台，设立专用账户，实行资金闭环管理。贷款发放到平台监管账户，优先支付农户土地流转费，剩余部分用于种植经营。服务组织在平台采购种植所需投入品，经村集体审核、公示后方可进行，确保采购合理性，业务全部在平台进行，实现资金使用的线上化、可视化、可溯化，确保贷款切实用于托管土地农业生产。

探索金融扶持　促进规模化生产

为解决融资难、融资贵问题，促使更多的金融资本流向农业农村领域，峡山区积极联系农业银行、鲁担产融公司等金融机构，利用政策性担保获得低利率贷款，提前支付农户土地流转费用和种植管理费用，快速将土地集约化。这一做法解决了合作社融资难题，将更多金融资源配置到农村经济社会发展的重点领域和薄弱环节，以数字经济赋能农业转型发展。同时，能够一方面采集产业行业规划、农业经营主体基础信息、经营者经营信息；另一方面对接大数据局政务数据、人民银行二代征信数据、各家银行贷后数据，精准把控风险数据，为预审系统、画像系统、保后大数据风险管理系统提供数据支撑。

峡山区在郑公街道中岭村开展试点，以种植专业合作社为平台，“村两委”广泛宣传，发动全村农户加入合作社，将自家承包地流转出来，实现土地成方连片，统一委托给专业化社会化服务组织实行集约化规模经营。为经营好流转出来的土地，峡山区积极推动社社联合，充分发挥党支部领办合作社的土地规模优势及专业合作社的社会化服务优势，实现大田种植的专业化服务，实现产业链前端生产要素提供、中端专业化高效管理、后端对接市场需求等全产业链农业托管服务，提高生产效率，增加收入。

作为数字乡村建设的一个亮点，峡山区数字化社会化服务实现了农民增收，村集体经济壮大，金融部门、服务组织受益，既解放了农村劳动力，又提升生产生活水平，实现了产权模式转型、产业提质增效，村民变股民，盈利变分红，让农村土地流转形成了规模化经营、社会化参与、市场化运作的局面，打造新的农村产业模式，真正做到了智慧助力、多方共赢。

（作者单位：农业农村部农村经济研究中心。原文刊载于《中国城乡金融报》2022 年 4 月 13 日 B3 版）

阳谷县：构建畜牧业数字化智能化网络

■ 冯丹萌

畜牧信息化是传统畜牧业向现代化转变的必然选择。作为山东省畜牧强县，阳谷县及时抓住现代信息发展契机，利用云计算、传感网、3S（遥感技术、地理信息系统、全球定位系统）等前沿技术，大大提升了养殖场的产量与产值，降低了人力投入，提高了畜牧综合发展实力。

搭建畜牧防疫信息平台。为了进一步提升防疫效果，阳谷县开发建立畜牧防疫信息平台，真正实现“人在干、数在转、云在算”，有效提升监管服务工作效能。一是搭建全场景云上畜牧生态圈。统一开发畜牧养殖、防疫、饲料、屠宰、无害化处理、洗消中心等服务模块，整合收集、加工、传递、利用等环节的畜牧业信息资源，实现畜牧生产、监管全场景覆盖，形成云上畜牧生态圈，使一个个分散的“数据孤岛”连方成片，极大地提高了监管工作的科学性和准确性。二是打通全环节信息一体化。围绕解决数据采集“最后一公里”问题，通过信息终端，管理人员可以对动物防疫基础数据进行远程收集，生产记录，兽药、饲料使用记录，消毒记录，免疫及检测记录，病死畜禽无害化处理记录等9项内容全掌握，覆盖全县所有畜禽散养户、专业户和规模养殖场，数据录入率达100%，逐步实现“办公自动化”“电子台账一体化”的管理方式。同时，平台实现了数据的快速检索统计、汇总、查询和网上留痕，构建了一体化追溯体系。三是构建全天候动态监控管理网。平台通过将畜牧生产、防疫、屠宰、饲料、养殖、无害化处理、洗消中心等223个企业远程监控点全部纳入监管，实现了24小时不间断视频连接，所有摄像头30秒自动轮流切换，做到了对企业生产、加工、产品质量把控等环节的实时监控。与此同时，阳谷县投入资金1000万元，成立重大动物疫病防控应急指挥中心，建设智慧畜牧业监控平台，并与山东省畜牧兽医综合监管服务平台、养殖场直联直报平台、无害化处理信息平台、山东省动物检疫信息系统对接，达到信息数据的联通共享。在现代技术的支撑下，阳谷县把农户和市场有效连接起来，形成"养殖—加工—销售—服务"为一体的全产业链；同时，通过县乡村三级联动，实现绿色优质畜产品生产、加工、消费一体化，探索出一套设施完备、体系完整、服务完善的智慧畜牧发展模式。

开发畜牧信息平台App，提升畜牧信息化管理水平。为提高基层畜牧工作人员工作效率，阳谷县开发了畜牧信息平台App，主要用于防疫申请、检疫合格证申请和畜禽交易，辅助工作人员实时掌控辖区内动物养殖生产情况并实现畜禽养殖和防疫档案的线上化。平台通过将专业防疫资源整合，10个村配备1名专业畜牧兽医人员，有效实现村级畜牧有序管理，目前阳谷县884个行政村，每村都设有专职防疫人员。信息终端每人配备一台平板电脑，用于全县所有养殖场和散养户动物防疫基础数据的远程收集。现在，养殖户在网上就能进行检疫申报，真正实现数字化运营管理。

构建电子档案数字化系统，促进防疫规范智能管理。为进一步完善防疫管理制度，加强档案建设，阳谷县充分利用现代科技，成立高标准数字化档案室，对县乡村三级防疫体系、监管养殖场、无害化处理厂、屠宰场各项档案做到统一格式、统一标准、统一存档，各项材料实现前后呼应、上下衔接；通过畜牧防疫信息平台建立了防疫、养殖、屠宰等电子档案，与省局数据库对接，让各项统计、查询更为便捷、精准。

建立“无死角”监督体系，提升安全管理水平。阳谷县结合县情实际创新方式方法，按照“县不漏乡、乡不漏村、村不漏户、户不漏畜禽、畜禽不漏针”的“五不漏”原则，开展网格化监督体系，在保证工作质量的基础上，极大地提高了工作效率。同时，加强多环节管控，对养殖场、屠宰场、兽药饲料经营单位进行线上动态全程监管，健全养殖、防疫、屠宰等档案记录，完善生物安全体系，提升生物安全管理水平。

目前，阳谷县自行开发的智慧畜牧监管信息平台与农业农村部养殖场直联直报平台共享并生成畜禽养殖代码，将规模养殖场、专业户和养殖散户的信息全部录入阳谷县智慧畜牧监管信息平台。管理人员通过信息终端扫描即可获得养殖场的备案信息、防疫信息、畜牧环保资源化设施信息，为全县畜牧企业提供信息采集、生产管理、无害化处理等智慧化、数字化、一体化服务，真正实现了监管可视化、服务精准化、决策科学化。

（作者单位：农业农村部农村经济研究中心。原文刊载于《中国城乡金融报》2022 年 2 月 9 日 B3 版）

沂源县：数字化为农业发展装上“加速器”

■ 李　越

沂源县地处鲁中沂蒙山区腹地，淄博市最南端，因八百里沂河发源于此而得名。2020 年，沂源县入选全国“互联网 +”农产品出村进城工程试点县，淄博市获批以数字农业农村改革为主要内容的全国农村改革试验区。

作为淄博市打造“全国数字农业农村中心城市”的高效“试验田”，沂源这座革命老区县、山区农业县和曾经的国家级贫困县正在抢抓数字农业发展先机，以数字化、信息化、智慧化改造传统农业，引领乡村全面振兴，实现农业农村“换道超车”。

加强政策支撑，塑造数字产业发展新生态

2020 年底，沂源县印发了《数字沂源发展规划（2020—2022 年）》，从数字基础设施建设、数字产业融合发展、乡村治理能力和服务能力提升等多方面，提出数字沂源建设任务清单，全方位布局数字农业农村发展，也明确加快农业产业数字化转型发展。

为了推动山区农业高质量发展，奠定数字农业发展基础，沂源县成立了县数字农业农村建设工作领导小组、县数字农业农村建设工作专班，组建了沂源县数字农业农村发展中心。沂源县自 2020 年开始推动全域水肥一体化发展，并将数字化改造、实施智能化管理作为重要内容。2021

年，沂源县专门出台了《沂源县数字农业农村建设扶持办法（试行）》，明确了数字园区土地流转、数字化改造设备、数字农业应用场景、数字农业品牌建设以及数字乡村建设等方面的财政补贴标准、金融支持办法。

根据《沂源县国民经济和社会发展第十四个五年规划和2035年远景目标纲要》，“建设智慧沂源，打造产业高地”成为沂源县“十四五”时期的重要发展任务，“以数字化赋能乡村振兴，坚定不移走高端发展之路，高质高效推进山区农业农村现代化”路径更加明晰。

立足特色产业，开辟数字农业发展新赛道

林果业是沂源农业的重要组成，现有苹果、大樱桃、桃、葡萄等各类果品75万亩，年产各类果品12.5亿公斤。特别是以“沂源红”为代表的苹果种植具有独特的资源环境禀赋优势，种植面积超过30万亩，年产苹果70万吨，是全国现代苹果产业十强县、苹果类“中国特色农产品优势区”。

沂源县坚持数据驱动，大力推进果业振兴计划。针对果树老化、种植分散、效益减少等问题，重点从基础设施数字化、产业数字化、管理数字化、服务数字化四个方面，促进传统果业向智慧果业转变。目前，已高标准建成以生态无人智慧果园、华盛科沃云5G果园等为代表的数字果园。相关调研显示，数字果园实现了节水、节肥、节人工的效果，生产管理成本较传统果园下降了40%，同时提升了果品的质量和标准化程度，优质果品率从过去的20%提高到了80%。

数字化的生产种植也为农产品质量追溯体系的建设和区域品牌的打造奠定了坚实基础。通过实施农产品质量安全追溯平台提升工程，对果品从生产源头到消费市场进行数字化精细管理，以二维码为果品“身份信息”实现一键溯源，加速推动“区域公共品牌+企业自主品牌+新品

种”的品牌体系框架构建。

2020 年 10 月，阿里巴巴数字农业山东产地仓落户沂源，这也是阿里巴巴与淄博市联手打造全国首个“盒马市”的重要举措之一。沂源产地仓配套苹果、大樱桃两条智能化分拣生产线，安装系列数字化冷库，实现网销农产品商品化处理、品控分拣、打包配送、统配统送等功能，推动沂源果业全产业链数字化提升，真正实现“种得好、销路畅、收益高”。

以人民为中心，积极探索乡村治理新思路

在进行农业产业数字化改造升级的同时，沂源县也在积极探索数字化与乡村治理、社会民生的深度融合，着力提升乡村治理能力。

构建数据资源整合共享服务体系，建立全县统一高效、安全可靠、按需服务的数据资产平台，推动数据资产汇聚和跨部门政务数据资源开放共享，形成以数据为基础的管理、服务、决策体系。加强政府数字治理能力建设，推动村级党组织体系与网格化治理体系、数字化治理手段充分融合，把人、事、地、物、组织等要素纳入管控“一张网”，形成了党建引领、资源共享、智慧高效的乡村善治新格局。提升民生保障服务能力，建立县域数字乡村综合服务体系，打通服务群众办事、就业、生产、生活“最后一公里”。

（作者单位：中国农业科学院。原文刊载于《中国城乡金融报》2022 年 1 月 5 日 B3 版）

杨凌示范区：数字科技让农业更“时尚”

■ 刘 慧

杨凌农业高新技术产业示范区（以下简称杨凌示范区），位于陕西关中平原中部，是我国第一个国家级农业高新技术产业示范区。近年来，杨凌示范区围绕“数字农业示范园建设、乡村数字化治理、数字化便民服务”三个方面重点任务，开发建设了数字乡村综合服务平台，促进了农业全面升级、农村全面进步和农民全面发展。2020年，杨凌示范区被确定为首批全国数字乡村试点地区。2021年，杨凌示范区实施的“建设数字乡村综合服务平台，推动数字乡村试点工作取得实效”案例入选陕西省数字乡村建设典型案例。

出台数字化优惠政策。杨凌示范区相继出台了“四免三奖两扶持”9条优惠政策和促进电商等数字经济产业发展12条意见等优惠政策，以务实举措推动5G产业、信息服务业、数字农业等加快发展。通过数字技术在农业领域的应用，乡村振兴内生动力显著增强，信息化促进农村要素资源进一步激活，农村数字文化资源建设更具特色、更加丰富。

建设现代农业电子商务产业园。杨凌现代农业电子商务产业园设立于2014年11月，按照“政府引导、协会主导、企业主体、市场导向”建设思路，紧扣“涉农电商看杨凌”的发展目标，切实推动电商和传统产业融合发展。产业园分为农产品加工生产基地、综合物流中心、电商供应链中心与园区公共服务中心四大区域，占地11万平方米，吸引了润美农业、农一网、顺丰速递、辰颐物语等全国知名农业电商企业进驻。

现入驻涉农电商企业 230 多家，吸引区内外 1200 余名大学生入驻创业，从业人员 2300 余人，日均快递发单量突破 20 万单，年营业额近 18 亿元。产业园是 2019 年陕西唯一获批的国家电子商务示范基地单位，商务部将重点支持示范基地在双品网络消费、电商扶贫、跨境贸易等方面发挥示范引领作用。

建设数字农业创新创业示范园。杨凌示范区数字农业创新创业示范园围绕“农业数字化、数字产业化”发展新目标，打造杨凌数字农业发展策源地、涉农高科技人才集聚区、数字农业产业化引领示范区，培育一批数字化、智能化农业企业与合作社，促进杨凌智慧农业快速健康发展，在全国乃至全球范围内形成更强的产业影响力和科技引领示范能力。示范园占地 67 亩，包括众创田园、创业大厦、农创成果汇和文创荟，总建筑面积 5 万平方米，现入驻企业 170 家，形成以智慧农业为主导的产业体系，涵盖农业科技、生物科技、信息产业、金融服务、产权交易等数字农业相关产业链条。神州数码、极飞科技、农信互联等多个行业龙头企业在示范园投资入驻，大力发展农业大数据、智能装备等产业。示范园立足杨凌、面向西北、辐射全国的综合性科技经济影响力初显。

在培育农业大数据产业方面，形成以“杨凌农业云”“杨凌农信互联”为主的农业大数据服务中心，整合汇聚涉农部门生产经营与自然社会环境数据，形成大数据采集分析、共享交换、创新应用、开放服务等一系列平台，为农业生产经营和科技创新发展提供决策支持。

在农业物联网服务产业方面，形成以“杨凌耘尚田园”“杨凌天海智能水电”“杨凌乾泰电子”为主的农业物联网服务企业，推动现代农业新技术集成创新和产业化应用服务。

在农业生产环境监测、联动控制、农产品溯源等方面，形成一批具有自主知识产权的“数字大棚”“智能温室”“智能菇房”“智慧牧场”

专业服务商。

在农业三维数据采集服务产业发展方面，形成以“杨凌龙翔遥感遥测”“杨凌力拓3D打印”“杨凌极飞无人机”为主的农业三维数据采集处理技术服务企业，综合运用地理信息系统、卫星导航定位技术、无人机及3D建模、3D打印等技术，为广大农业农村提供精准测绘、立体规划、资源调查、作物估产、灾害监测、灾害评估等服务，为实现农业生产管理的科学化、精准化、智能化提供更强信息技术支持。

在基于互联网的农业技术推广服务产业方面，形成以“杨凌农科传媒强农平台”“杨凌农业云”等为主的新型农业技术推广服务平台，这些企业充分发挥杨凌农业科技优势，开展线上线下相结合的科技咨询、农技指导、科技信息发布服务，指导解决基层在农业生产、农民增收中存在的各种难题，提供高效能、全天候、全方位的农技推广服务。

下一步，杨凌示范区将聚焦“核心示范、带动旱区、服务全国”定位，围绕“三区三高地”（干旱半干旱地区农业科技创新推广示范区，新时代乡村振兴、特色现代农业发展引领示范区，具有国际影响力的现代农业创新高地、人才高地和产业高地）发展目标，以数字农业科技创新为核心，驱动数字产业化、产业数字化，推动新一代信息技术与传统涉农产业深度融合，构建具有鲜明特色的数字经济生态体系，进一步加快农业提质增效，充分发挥辐射带动效应。

（作者单位：中国农业科学院。原文刊载于《中国城乡金融报》2022年2月23日B3版）

鱼台县：数字化为乡村振兴注入新动能

■ 黄 义

鱼台县地处山东省西南部，位于鲁苏两省交界处，东濒微山湖，隶属孔孟之乡济宁市，素有“鱼米之乡、孝贤故里、滨湖水城”之美誉。鱼台县农业优势突出，拥有鱼台大米、鱼台甲鱼、鱼台龙虾、鱼台毛木耳 4 个中国地理标志保护产品。近年来，鱼台县依托优势特色农业，通过产业数字化、治理数字化以及服务数字化等举措，科学谋划、系统推进、加快探索数字乡村建设新路径，为实现乡村全面振兴打下良好基础。

提高数字治理效能

近年来，随着数字政府改革建设的不断深入，鱼台县委、县政府编制了鱼台县“十四五”数字政府总体规划，持续开展应用建设和数据治理，构建大数据驱动的政务管理运行新机制、新平台、新渠道。

开设信息服务平台，开展农业信息查询、农科热线远程诊断、农业技术推广、农业灾害预警等信息服务，实现信息实时更新、数据权威发布、内容专业集成、平台多级管理，构建乡村综合信息服务体系。通过信息服务平台加强业务协同、畅通政策传递和信息反馈通道，推进涉农服务事项在线办理。

积极推广应用“国家农产品质量安全追溯管理信息平台”，实现农产品来源可查、去向可追、责任可究，切实保障县域内农产品质量安全可控。目前，鱼台县已有64家农产品生产企业加入企业平台管理。

不断推动“互联网+党建”融合发展，完善县域农村基层党建信息平台，优化全国党员干部远程教育，推广网络党课，充分发挥农村基层党组织的战斗堡垒作用。

不断推动“互联网+社区”向农村延伸，畅通社情民意表达渠道，提高村级公共服务信息化水平，促进乡村建设和规划管理信息化。

部署推动社会治理现代化水平再提升、夯实数字政府基础设施建设，以“制度创新+技术创新”推动改革向纵深发展，不断提高数字治理效能。

发展乡村数字经济

鱼台县充分发挥国家级电子商务进农村综合示范县政策作用，积极推动农村一二三产业融合发展，为建设“县—镇—村”三级物流配送网络提供发展空间及政策保障。

通过推广“平台快递+电商改造”“农村客运+快递企业”的电商到村物流配送模式，有效解决农产品进城“最先一公里”问题，加强产销供需对接，奠定农村群众参与发展电子商务的物流配送基础。

坚持把信息进村入户作为推进“互联网+”现代农业发展的重要抓手，依托益农信息社，强化互联网与农业生产、经营、管理、服务和创业创新的深度融合。不断加大力度推进益农信息社建设。目前，鱼台县益农信息社行政村覆盖已达100%。

创新农业科技服务体系，连接利用推广全国农业科教云平台。整合农业大数据资源，建成现代农业产业园信息化管理服务平台。现已完成产业园大数据服务平台的顶层设计、应用需求调研和应用系统的开发工作，正努力打造产业园信息平台“一库、一网、一平台”体系架构。与京东鲁南馆合作，建设京东鲁南馆鱼台特色农产品专区，目前有12家农产品加工企业的100多个产品入驻，积极引导电子商务要素向农村流动。

开展电子商务产业载体发展行动。鼓励小规模产业园发展概念，推动电子商务与传统产业融合发展，积极鼓励各镇街村利用存库房产建设电子商务产业园、电商创客中心，激活库存房产生命力，促进乡村数字经济又好又快发展。

提升农民数字素养

鱼台县采取切实可行的措施鼓励人才下乡，多渠道、多形式参与数字乡村建设。

注重构建知识更新、创新驱动的数字素养与技能培育体系，培养具有数字意识、计算思维的数字农民。

依托全县益农信息社中心站加大电子商务专业培训实训场地、师资力量建设，进一步完善基础条件、规范管理制度、增加面向社会服务窗口和线上服务平台等，加快建设农村电商培训和创业就业基地。

依托全县村级服务站、电商产业园、益农信息社中心站等机构开展电商培训工作，培养农村电商适用人才，建成专业化、长效化的人才培训链条。

加快实施新型职业农民培育工程。加强对农村干部、新型农业经营主体以及广大农民的数字化技能培训，切实提高农民的数字化水平和能力，更好助力数字乡村建设。

下一步，鱼台县将继续加强信息化服务平台推广应用，促进农业物联网环境监测数据与省市农业农村大数据平台的深入融合，坚持数字兴业、数字治村、数字惠民，以数字乡村信息化平台为基础，结合数字乡村发展战略，开创数字乡村建设新局面，全面推进乡村振兴。

（作者单位：农业农村部农村经济研究中心。原文刊载于《中国城乡金融报》2022 年 6 月 8 日 B3 版）

第六章
产业园区

国家现代农业产业园是实施乡村振兴战略的重要抓手，既是引领农业农村现代化的“排头兵”，也是推进一二三产业融合发展、促进农民就业增收的重要载体。目前，我国已建成一批特色鲜明、要素高度集聚、设施装备先进、生产方式绿色、经济效益显著、示范带动有力的国家现代农业产业园。本章对部分国家现代农业产业园的运作模式、特色进行介绍，力求为高质量建设国家现代农业产业园提供可复制、可推广的经验做法。

海南省儋州市现代农业产业园：让橡胶树变成“摇钱树”

■ 陈　婕

儋州市位于海南省西北部，是我国天然橡胶产业的发源地，现有 156 万亩胶林，占海南省天然橡胶生产保护区面积的 18.57%。2019 年，儋州市以天然橡胶为主导产业，申请创建了国家现代农业产业园。产业园规划面积为 126.48 万亩，其中天然橡胶种植面积为 60.76 万亩，胶农为 2.48 万户。2021 年被农业农村部、财政部认定为第四批国家现代农业产业园。

聚“胶”科技破解产业难题

在国际胶价长期低迷的背景下，橡胶产业发展面临增收困难、胶园弃管、胶工流失等问题。产业园依靠科技力量，发挥人才优势，转变增长方式，提高产业集约化水平，积极推广橡胶树新品种和新技术。

建设良种良苗繁育基地 700 亩，利用组培杂交、工厂化生产等技术培育试管苗，繁制热作种子，生产销售各类橡胶种苗 22.5 万株。

依托中国热带农业科学院、海南大学的科技创新和人才技术优势，联合国家部委、海南省政府、科研院校、企业、创投等多家单位共同发起成立了 5 个科技创新联盟，协同开展产业园热带农业高新技术研发、成果转化与推广。2019—2021 年成果转移转化 256 项；研发新产品 61 个、新装备 13 套、新品种 52 个、新技术 32 个；推广了 11 项新装备；集成和应用了35项虫害绿色防控、农机农艺结合、农产品加工、水土资源节约高效利用、农业废弃物高值利用、投入品减量高效使用等关键技术和模式。

随着胶农老龄化、割胶成本高等问题日益凸显，“谁来割胶”成为产业难题。产业园积极建设天然橡胶生产机械与自动化中心，研发出的“4GXJ系列便携式电动割胶装备”能够精准控制割胶深度和耗皮厚度，减少耗皮量，延长橡胶树生产寿命，使割胶劳动强度降低60%，整体割胶效率提升30%～40%，解决了世界性机械化采胶难题。2021年，“4GXJ系列便携式电动割胶装备”荣获第三届“三农”科技服务金桥奖，并列入全国农机补贴目录。

聚“胶”生产促进农民增收

为提升胶园生产水平，产业园与中国热带农业科学院、乡村振兴投资开发有限公司等单位合作，建成3万亩以上的高产标准化种植试验示范基地，开展橡胶树高产高效综合栽培技术、热带生态农业科研试验、国家级天然橡胶科技创新和民营标准化胶园集成技术示范推广；建成1.2万亩天然橡胶高标准种植示范园，改造更新老胶园4500亩。

为提高单位面积种植效益，产业园凭借独特的地理位置、丰富的作物资源、优越的自然环境优势，加快橡胶林下种养基地建设，示范推广标准化种植管理技术、林下循环经济模式等，做大做强林下特色种养产业，开展“橡胶—中药—儋州鸡散养”立体农业种植，形成“药—禽—肥—药”的生态循环模式；构建“林下中药→良种良苗育繁→生态养殖→精深加工→废弃物循环利用”的生态循环价值链，确保亩产效益增收20%以上。目前，建成2个国家级林下经济示范基地，辐射面积超5万亩。

聚“胶”融合延伸产业链条

为提升橡胶加工水平，产业园依托科研机构和龙头企业，以“园区+企业+科研机构+基地”的生产方式，补齐加工短板，优化产业布局，引导扶持企业大力发展橡胶加工。

产业园全乳胶自动化加工生产线已投产，应用国际一流乳胶制品工艺，开发高品质浓缩乳胶、特种橡胶、环保复合胶等产品，其中“美联”牌浓缩天然乳胶获海南省著名商标。积极研发指接板、碳化木、生物质颗粒等橡胶木精深加工产品。全国首条电动割胶刀加工生产线已实现量产，有力带动园区应用电动割胶刀采胶新技术，提升智能化装备水平。2021年产业园内农产品加工业产值与农业总产值比值达3.85:1。

产业园依托天然橡胶优良环境和林下资源，发展了80余家农家乐，建成了福安橡胶游园、牧春三产融合体验园、石屋中国村官精神馆、美万精神文化园等一批农旅融合项目。围绕“互联网+流通”助力农商融合，橡胶木、板材、生物质颗粒等橡胶加工产品通过网络订单销售，以及林下儋州鸡、牛大力等产品通过网红直播带货，实现年交易额达2.8亿元。

儋州市通过建设国家现代农业产业园，在橡胶标准化种植、精深加工、科技创新、立体种养、休闲旅游等方面取得了显著成绩，形成了“以产带园，以园带村，以村兴园”的发展格局，走出了“一产稳农、二产提农、三产活农”发展之路。2021年产业园总产值超过58亿元，农民人均可支配收入2.41万元，高于全市平均水平32.9%，带动村集体收入增幅26.1%。聚焦天然橡胶产业发展，护战略资源之安，生农民致富之根，固乡村振兴之基！

（作者单位：北京中农大农业规划设计院。原文刊载于《中国城乡金融报》2022年6月1日B3版）

河北省邯郸市滏东现代农业产业园：守稳护牢百姓“菜篮子”

■ 徐广才

滏东现代农业产业园位于河北省邯郸市经济技术开发区。产业园是全国农产品加工业示范基地、全国农业产业化示范基地、全国农村创新创业孵化实训基地。

近年来，滏东现代农业产业园深入推进实施乡村振兴战略，通过园区发动、市场驱动、产业带动，不断推进农业现代化进程，走出了一条管理规范、运行高效、转型升级的新路子。2021 年，产业园综合年产值为 95 亿元，占全区总产值的 45%。

构建“四大”产业集群

围绕构建现代化农业经营体系，产业园积极促进生产、加工、科技、品牌等全面发展，已建成产业链条完整，一二三产业融合的现代农业产业园。

做实蔬菜产业集群。产业园是国家地理标志产品“沿村大蒜”的重要生产基地，是我国北方重要的中小拱棚叶菜生产基地。目前已建成规模化种植基地 12 万亩，年产鲜菜 230 万吨。产品累计获得绿色食品认证为 85 个，有机食品认证为 116 个。建成全国第二大产地型农产品交易市场，年交易农产品为 210 亿斤。

做强蛋鸡孵化养殖产业集群。总投资 15 亿元，建成了全球单体规模最大、总供给能力最强的华裕国际孵化中心，祖代、父母代种鸡存栏 320 万套，年孵化健母雏 2.5 亿羽，全国市场占有率 25%。培育了蛋鸡产业重点龙头企业 15 家、农民合作社 10 家。围绕产业延链补链，引进了六和饲料、华裕肥业等企业，年生产畜禽饲料 25 万吨、加工有机肥 5 万吨。

做优高端食品产业集群。以企美、传兴、康诺、海增等企业为代表，形成了有机食品、健康快餐、乳制品、脱水蔬菜、酱菜五大门类。企美有机产品加工园涵盖有机果蔬、有机面点、有机杂粮等多个种类，产品出口全球 37 个国家和地区。康诺食品公司是河北省重要的巴氏奶生产基地，拥有国际领先的全程智能化生产线，日处理生鲜乳 300 吨，涵盖液态奶、酸奶、乳酸菌饮料等多品类。

做大农产品精深加工产业集群。以 12 万亩种植基地为依托，以精深加工为主要方向，以永诚食品、绿而康蔬菜等企业为引领，打造了大蒜制品加工出口基地，年加工脱水蒜片、蒜粉、蒜粒 4.5 万吨。以五得利面粉、光牌面业为代表，打造了面粉加工基地，邯光面粉是中国驰名商标，多款产品获得了“中国好粮油”的荣誉称号。

提升科技支撑能力

产业园通过与科研院所合作、搭建科技创新平台、推动科技研发和成果转化，提升了科技支撑能力。

开展院所合作。与北京工业大学、北京农科院、河北农业大学、中国安全食品培优孵化系统工程办公室等科研院所签订合作协议，成立技术专家组，有效提升产、学、研发展水平。

搭建科技创新平台。先后建立了国家家禽工程技术邯郸研发基地、国家蛋鸡产业技术邯郸试验站等国家级研发机构，河北省蔬菜产业技术体系试验站、河北省蛋鸡产业技术研究院等11家省级研发机构，建成刘秀梵院士工作站1家、博士工作站1家，与邯郸市职业技术学院联合组建了邯郸市知识产权产业技术创新联盟，为农业科技创新提供了有力支撑。

推动科技研发和成果转化。产业园累计获得各项专利206项，引进、筛选和自主研发蔬菜新品种38个，全国首创“农大V型”、水模块采光蓄热等新型日光温室落户北方设施农业博览园，研究应用“蒜茄轮作”“蒜椒轮作”等栽培模式，示范点每亩提高效益7000元。开展绿色高效生产技术攻关，集成应用水培种植、基质栽培等模式，打造滏东绿色韭菜、无药黄瓜、口感番茄、水果辣椒等多款优质农产品。

抓好数字农业建设

产业园以建设国家数字农业试点项目为契机，制定了“农业新型基础设施加快推进、农业数字经济快速发展、公共服务数字化加快普及”的发展目标，推动农业数字化的发展。

搭建多元化电商平台。开设了“滏东商城”“燕赵萃”等网络交易平台，集中推行蔬菜、鸡蛋、面粉、鲜奶等农产品销售板块，入驻农产品经销主体为130家，各类特色产品为300余种。

创新开展网络配送模式。建设了“极鲜达”“雨垌”等网络配送系统，推行便民终端售卖机进社区，实现实时下单、实时生产、实时配送，覆盖全市205个社区、学校和商场。

建立全程追溯机制。利用农业物联网技术，推动农产品生产、流通环节追溯衔接。建设了农产品质量追溯信息采集、质量追溯管理、市场销售服务和质量安全政务监察四大系统，为生产企业和种植合作社提供赋码服务，采取“一物一码”的方式为农产品贴上“身份证”，实现生产有规范、来源可追溯、去向可查证、责任可追究。

强化数字引导农业发展。建成了“滏农云”大数据服务中心，打造农业农村信息服务、大数据分析、农产品全程追溯、农业物联网采集四大系统，覆盖农村社会经济、市场交易、专家服务、农民培训、质量追溯等领域，汇集各类数据7100万条，有力地推进了数字信息技术与农事生产有效结合。

（作者单位：北京农学院。原文刊载于《中国城乡金融报》2022年12月7日A7版）

黑龙江省五常市现代农业产业园：让五常大米享誉全球

■ 向世涛

黑龙江省五常市以盛产优质大米闻名于世，被授予全国唯一的“中国优质稻米之乡”称号。2017 年，五常市抓住创建国家现代农业产业园有利契机，以五常大米作为主导产业，成功成为首批被批准创建的国家现代农业产业园。近几年，五常市现代农业产业园通过强种源、延链条、塑品牌、联农户等举措，让五常大米享誉全球。

强种源　抢占行业制高点

五常市现代农业产业园强化农业科技支撑，以种源创新为根本，加强与科研院所研发合作，确保转化一批、储备一批、研发一批，保证五常大米品质和特色。

优化种源建设。先后与中科院、中国农业大学等科研院所合作，建立水稻原种基地 1000 亩，利用原种建立良种繁育基地 1.5 万亩，整合园内 15 家种子育繁推一体化企业研发基地，开展“五优稻 4 号”等良种的提纯复壮和新品种研发。实行严格的种子管理制度，对种子繁育、储存、运输等环节进行全程监管，保证种源品质。

建立标准体系。在执行国家《地理标志产品五常大米》（GB/T 19266）基础上，逐一细化制定了种子、环境、种植、投入品、仓储、加工、产品、管理8个方面地方标准，并于2018年10月在首届国际大米节正式发布，引领全国大米行业标准。

建设高标准原料基地。建设绿色食品基地为30万亩，有机食品基地为20万亩，有机食品认证为59个，绿色食品认证为58个，绿色、有机认证农产品比重达100%。

延链条　推进一二三产业深度融合

产品类型丰富多样。为更好满足市场分类需求，五常市现代农业产业园开发了“稻鸭共作”稻、有机稻等高端品类，以及粥米、胚芽米、富硒米等功能型大米，采用计量包装、恒温储存、会员月供等模式，推动五常大米的多样化、差异化发展。

产业链条做精做深。五常市整合财政和社会资金15亿元，高标准建设30万亩优质水稻种植区、高效稻米精深加工聚集区。依托一批龙头企业，实现稻壳、稻草、米糠、碎米等副产品全部“吃干榨尽”。以秸秆为原材料生产纤维纸膜、育秧基质板、生物质天然气、有机肥，秸秆资源化综合利用能力处于行业领先水平。

新型业态蓬勃发展。大力发展生态种植、智慧农业、休闲旅游、农村电商、金融服务等业态，将稻米产业与五常精神、乡村振兴、生态文明有机融合，以“中国稻乡·生态五常”为主题，建设五常稻米文化博物馆、稻花香体验馆、稻米学院、稻乡民居，展现五常大米生态价值、文化价值和时代价值。

塑品牌　讲好五常大米故事

创新监管方式。依托五常市农业物联网服务中心，开展生产全程监控、田间管理远程控制、农业技术远程服务及全程溯源防伪，对种植、加工、运输、销售全过程实行数据上链，实现从田间到餐桌全程可视化追溯。

创新销售方式。建设五常大米交易中心，采取“交易中心 + 战略合作伙伴”的现代经营管理模式，建立稳固保真销售渠道。在京津沪、江浙闽等地建立直营体验店，推行可视化、定制化销售，同时依托阿里巴巴、京东集团网上官方旗舰店，实现线上、线下融合销售。目前，各类经销商在全国开设销售网点为1700余个，年销售量约56万吨，占总量的80%。各类新型经营主体在淘宝、天猫、京东等电商平台开设店铺年销售量约14万吨，占总量的20%。

创新文宣推广。运用现代科技提升产品的观赏度、辨识度，升级溯源防伪系统，统一产品包装物、标识、Logo、吉祥物，不断强化品牌形象。连续举办三届五常大米节、参加三届国际大米节。其中，在第一届、第二届国际大米节上与日本越光大米同获金奖，在第三届国际大米节“十大好吃米饭”评选活动中，击败日本越光大米，囊括品鉴活动3金1银1铜，国内外影响力持续扩大。

联农户　拓宽产业富民之路

现代农业产业园建设根本在于做强产业、富裕农民。为发挥辐射带动效应，五常市现代产业园构建了“土地入股 + 保底分红”“龙头企业 +

合作社 + 农户”“订单农业”、财政奖补资金折股量化等利益联结机制，探索推广“水稻专业合作社 + 农机合作社 + 银行 + 龙头企业 + 农民”“合作社 + 龙头企业 + 科研院所 + 基地 + 农户”五位一体的模式，推行“八统一分”（统一优良品种、统一测土施肥、统一灌溉、统一病虫害防治、统一技术指导、统一收获、统一品牌标识、统一销售和分户经营）社会化服务模式，带动小农户、小合作社、小企业与大市场有效对接。新机制带来新活力，农民看到稻米“种得好”又“卖得好”，积极性大大提高，五常大米量、质、价齐升，农民的腰包也越来越鼓。2020 年，五常市现代农业产业园联结农户 2.53 万户，人均纯收入逾 2.1 万元。

几年来，五常市现代农业产业园坚持标准化、产业化、集团化、品牌化、国际化发展目标，以品质造就品牌，用品牌塑造价值，实现了农民增收、企业增效、财政增税、消费增信、品牌增值的目标。2020 年产业园总产值达 56.4 亿元，五常大米市场品牌价值达 702 亿元，位列地标产品大米类全国第一。

（作者单位：农业农村部农村社会事业发展中心。原文刊载于《中国城乡金融报》2022 年 3 月 16 日 B3 版）

湖北省随县现代农业产业园：“一朵菇”富了一方百姓

■ 闫淑琴　汪　洋

随县位于“炎帝神农故里”，地处鄂北，横跨江淮，是“中国香菇之乡”“中国花菇之乡”，全国最大的花菇生产基地。全县种植香菇6.9万亩，年产干菇6.25万吨。2019年，随县以香菇为主导产业，申请创建国家现代农业产业园，面积64.1万亩，农户4.64万户，总产值79.4亿元。该园2021年12月被农业农村部和财政部认定为第四批国家现代农业产业园。

通过建设国家现代农业产业园，随县在品牌价值提升、县域经济发展、农民收入增加等方面取得了显著成效。“随州香菇”品牌价值为16.88亿元，影响力指数排名全国100个农产品区域公用品牌第12位，居食用菌之首。2021年，产业园总产值220亿元，对县域经济的贡献率达60%以上。产业园引进和培育龙头企业26家（其中国家级1家、省级5家），吸引500余家新型经营主体入园，吸纳6.62万人就业，农民人均可支配收入达2.8万元，比全县平均水平高出40%。

布局全链条

产业园通过全链条布局香菇产业，实现了农业产业“接二连三”，助推了乡村振兴。

夯实种植业。建成全国最大香菇菌种生产基地和输出地、50个集中制棒标准化生产基地，日制棒能力2万棒以上，已达全国领先水平。同时，不断完善“集中制棒、分散出菇、订单回收”的生产模式。

做强农产品加工物流业。引进和培育初加工、精深加工和副产物综合利用等龙头企业，组建产业联盟，建成全国领先的香菇精深加工基地。现有冷库库容6万吨、冷藏车50辆（总箱容250吨）、机械化制棒厂55家、现代化烘干设备165套、精深加工生产线50条。产地低温处理率达100%，鲜菇冷链流通率为95%以上，选菇精选率达到97%；开发香菇酱、罐头、调味品、中药饮片等10项精深加工产品，精深加工转化率达40%以上，其加工附加值年均递增10%以上。

做活休闲农业。推进香菇产业与休闲旅游、文化教育、健康养生等深度融合，建成三里岗“香菇小镇”“百里画廊”香菇主题农家乐、香菇采摘、香菇品尝、香菇种植等观光景点，“神农药菌谷生态科技旅游园”等观光项目，打造特色鲜明的香菇文化体系，建成全国领先的香菇文化旅游基地。

构建大市场

产业园通过构建香菇产业国内国际大市场，建设高标准市场体系，实现了“买全国、卖世界”。

建成全国最大的食用菌交易集散地。打造5个专业市场，年交易量40万吨。着力构建“双头引领（香菇智慧交易城+大随通物流园）、多点驱动（冷链物流龙头企业）、全域协同（田头市场）”的县域三级冷链集配体系，加强农产品高质量流通，促进农产品国际国内双循环。发展电商企业14家，合作社52家，实现“拼多多”等农村电子商务平台和“邮政”等乡镇物流配送全方位覆盖，畅通“互联网+”农产品出村进城。

建成全国最大的食用菌出口基地。坚持国际、国内两个市场并重，推动专业批发市场向展贸化、国际化转型升级，稳定日本、东南亚等传统市场，开拓欧美、南美洲、非洲等新兴市场。13 家出口企业，年出口香菇为 1.5 万吨，占全国的 30%，居全国前列、全省第一，年出口创汇 4 亿美元。

建设高标准市场体系。加大出口企业培育力度，参照国际标准建成 21 个出口定向标准化生产基地，设立海关商检中心，持续稳固和拓展东南亚等国际市场。建成全国闻名的香菇品牌示范基地。“随州香菇”获得国家农产品地理标志认证和地理标志证明商标注册，2019 年列入首批“全国农产品区域公用品牌目录”。“随州香菇”区域公用品牌的美誉度和含金量不断提升，其品牌影响力指数位居全国食用菌之首，经营品牌化率达 95%。

搭建大平台

科技、金融的加持，让产业园香菇不断“蝶变”。

搭建科技创新平台。依托湖北省香菇产业技术研究院、院士（专家）工作站等，持续增强香菇菌种、精深加工技术、产业信息化研发等扶持力度。搭建绿色发展平台，依托省级随县食用菌检验检测中心，健全香菇全过程质量安全监管体系和建设绿色发展质量标准认证体系。

搭建金融服务平台。创新金融产品，增加香菇产业信贷投放；建立“香菇贷”投融资平台，推广香菇保险等，多方位创新融资方式、拓展融资渠道。搭建产业园综合服务平台，依托产业公共服务网络平台，开展香菇全产业链数据采集、统计和分析，实现信息互联互通和共享。

（作者单位：中农富通乡村产业发展研究院/国家农业信息化工程技术研究中心。原文刊载于《中国城乡金融报》2022 年 7 月 6 日 B3 版）

湖南省长沙市芙蓉区现代农业产业园：打造“中国种业硅谷”

■ 郗馨雅　王　宏

种业是农业的“芯片”，与国家粮食安全和农业农村现代化息息相关。党中央、国务院高度重视种业振兴，2021 年颁布《种业振兴行动方案》，推进种业领域国家重大创新平台建设，强化种业知识产权保护。

作为我国“种业硅谷”的芙蓉区现代农业产业园，位于湖南省长沙市芙蓉区，以隆平高科技园为核心，总面积 42.8 平方千米，农户 0.42 万户，2019 年 6 月获批创建，2020 年 12 月被农业农村部、财政部认定为国家现代农业产业园。产业园主导产业为水稻种业，总产值 56.25 亿元，其中主导产业产值 42.18 亿元，主导产业覆盖率 74.99%，劳动生产率达 21.58 万元/人，土地产出率 2.13 万元/亩。

近年来，芙蓉区现代农业产业园聚焦保障粮食安全和种业强国建设，深入践行新发展理念，大力推进技术创新、品种创新、工艺创新、管理创新，全力抢占水稻种业创新制高点，全面做强水稻种业产业链，向着国际一流的水稻种业科技创新示范区不断迈进。

科技创新　振兴种业

产业园以“中国隆平种业硅谷”为战略品牌，出台《长沙·中国隆平种业硅谷发展规划（2019—2025 年）》《长沙市人民政府办公厅关于支持“长沙·中国隆平种业硅谷”加快建设发展的意见》，加大芙蓉区土地储备向产业园倾斜，并与中信集团、东湖高新签署隆平生物种业产业园合作开发协议，促进产业可持续发展。

产业园聚焦水稻育种，不断加大科研体制机制创新，建设了种业总部孵化中心、国家水稻分子研发服务平台、种业数字云平台、水稻种子资源库等一大批水稻科研、交流合作、成果展示平台。袁隆平院士生前荣获“共和国勋章”，他有个超级稻“禾下乘凉梦”，产业园正在努力把梦想变为现实。产业园集聚种业产业全产业链及配套企业 68 家，有 5 位驻园院士，2 位外聘院士，20 家省级以上农业类高校院所，51 个省级以上创新平台，3 个博士后科研工作站，农业专技人员达 2500 人。产业园水稻种业企业占湖南省 47%，杂交水稻种子年供应量 5350 万公斤，市场占有率稳居全球第一。产业园包揽全国推广面积前十品种的前 5 名，占比达 64.63%。

联农带农　助农增收

产业园建立农民创新创业中心和创客空间，积极鼓励农民返乡创新创业，带动 1.34 万农民就业。编制《杂交水稻机械化制种技术规程》《杂交水稻种子机械干燥技术规程》，实施涵盖田间生产、田间收获、条码追溯的种子可追溯智造体系，为生产提供可视、可管、可控的平台。积极推广软盘抛秧、配方施肥、农药化肥减施、病虫害统防统治等新技术新措施，采取“深水灭蛹+种子处理+性诱剂诱捕+有机肥替代+植物油助剂+飞防”立体防护，在化肥减施 20%、农药减施 30% 的情况下，实现增产 9.2%。

产业园推动种业企业提供“统一育秧、统一机械化插秧、统一技术指导、统一病虫害防治、统一销售”的五统一社会化服务，“订单农业”面积 4 万亩，订单价格比市场价格高 10%，仅此一项带动农民年人均增收 878 元。“隆平农服品质原粮生产社会化服务模式”入选农业农村部全国首批二十个农业社会化服务典型案例。2021 年园内农民人均可支配收入 6.63 万元，超出全市平均水平 79%。

深度融合　提高效益

产业园利用“种业 + 科技”“种业 + 互联网”“种业 + 文化”，推进现代种业产业高质量发展。实施水稻优异基因挖掘与种质创新、重大新品种创制等 10 个科技项目；发展以数字化为核心的智慧农业，种子加工基地及种子生产智能化水平稳步提升；世界首个以水稻为主题的隆平水稻博物馆于 2019 年 9 月开馆，展示了中华民族悠久的稻作文化和水稻科技的进步，年均接待游客超 30 万人次。以产业园为基础，承载产业空间和发展种业经济，完善总部经济服务配套设施。组织种企和米企签订战略合作协议，种企负责提供好品种，米企负责收购、加工和销售好大米，强强联手，打造优势“湘种”“湘米”品牌，力促湖南稻米产业“好种产好谷、好谷出好米、好米卖好价”。2021 年产业园农产品加工转化率 92%，产业园休闲农业与乡村旅游年接待游客 13 万人次。

产业园努力打造世界种业产学研和对外交流合作平台，接待来自亚洲、非洲、拉丁美洲、加勒比及南太平洋地区 60 多个国家近 900 名农业官员、农技专家参观学习。运用“互联网 + 外贸”推动水稻种子出口，依托中国杂交水稻援外基地，设立技术交流合作项目 10 余项，培养 108 个国家和地区农技人员上万人，培训国内基层一线经销商、零售商、种植大户及职业农民等 3 万余人次。

（作者单位：农业农村部农村社会事业发展中心。原文刊载于《中国城乡金融报》2022 年 11 月 16 日 B3 版）

山西省隰县现代农业产业园：一颗梨托起农民小康梦

■ 刘 阳 陈 婕

山西省隰县地处晋西南，位于北纬36.6°黄土高原优质梨果生产核心地带，是“一县一业”玉露香梨生产示范基地县、国家级出口水果质量安全示范基地县、国家生态原产地产品保护示范县、国家数字乡村试点地区。2019年，隰县申请创建国家现代农业产业园，主导以玉露香梨为主的梨果产业。该园2021年被农业农村部、财政部认定为国家现代农业产业园。

近年来，隰县国家现代农业产业园通过深抓融合、创新机制、强化保障，不断在组织强能、科技赋能、人才提能、融合扩能上下功夫，取得较好成效。2021年，产业园总产值达64.54亿元，玉露香梨区域公用品牌价值达87.43亿元，园内农民人均可支配收入达1.37万元。

深抓融合拓展产业链条

为提升梨果产业增值效益，产业园大力推进玉露香梨等农产品初加工、精深加工及配套产业建设。围绕主导产业，形成集梨果分选、分级、包装等初加工，果汁、果醋、果干冷冻食品加工，果筐、果袋、果箱配套服务加工，果枝粉碎、蚯蚓粪肥、菌棒、有机肥等资源再利用于一体的多元化加工格局。引进山西好乐佳食品有限公司，实施果蔬冷冻和果汁精深加工项目，建成数字化分拣生产线3条，果品初加工比例达90%以上，果品深加工能力达6000吨。

为减少因果品保鲜贮藏和运输导致的损害率，产业园建设102个恒温库，园内农产品冷库总库容达7.8万吨，冷藏车总箱容达0.3万吨。与顺丰签订冷链物流服务协议，以玉露香梨为主的农产品冷链流通率达61%。建立城乡物流“最后一公里”配送服务中心、分拣中心和调度指挥中心，实现快递48小时到村、一天达省、三天通全国。

看准电商营销市场，产业园与浙江迅维集团合作，组建丽水电商学院隰县分院，加大电商人才培养力度。建设农产品溯源体系，扫描二维码追溯原产地，链接电商平台网上交易，实现云端营销。每年印制上亿个二维码，通过宣传效应和裂变效应，使玉露香梨通过互联网对接国内国际大市场。

为加快农旅融合，产业园内建成产业路、循环路、观光路237千米，建设休闲农业与乡村旅游点7个，园内通信网络、农村物流、电商服务站全覆盖，初步形成集梨乡风韵、地质公园、红色老区等为一体的农旅融合旅游带。每年举办梨花节、采摘节、网红直播等节庆活动，开展“梨乡情、映初心”丰收节全媒体直播活动，带动了休闲农业与乡村旅游业的发展。

创新机制促进农民增收

围绕带动农民增收，产业园要求龙头企业与农户签订购销合同，订单收购农产品，实现保底型利益联结机制；引导梨果大户、专业合作社、家庭农场等新型经营主体与农民建立果园入股、资金入股、土地流转等多元合作关系，形成紧密型利益联结机制；通过农民入园打工，参与新型经营主体生产、经营过程获取劳动报酬，形成辐射型利益联结机制。在企业、合作社等经营主体的带动下，采取股份合作方式带动农户5843户；采取订单农业方式带动农户7385户；采取“土地流转+保底分红”的方式带动农户1844户。

根据农民生产需求，产业园尝试“善品公社”托管带农模式，实行果园全托管或半托管服务，建立“农工+农资+农技+农机”四位一体生产服务体系，构建“产、供、销、工”四环联动机制，对托管果园实行规范管理、低偿服务、降本增效、确保收益。

强化保障驱动产业发展

隰县每年都要制定出台一系列支持玉露香梨产业发展的政策文件。例如，为增强村集体组织带农能力，创新投融资机制，隰县出台《扶持壮大村集体经济发展实施方案》《隰县国家现代农业产业园种子基金管理办法》，将资金植入村集体经济组织，与龙头企业开展合作，撬动社会资本建设梨果分拣包装、冷链仓储等项目，实现益企、强村、富民目标。共遴选3个村集体经济组织，植入种子基金500万元与3家企业开展股权合作，撬动北纬三十六度、广鑫农业、北京地中宝3家企业投入3400万元共同建设加工仓储项目。

为有效激活创业个体、壮大经营主体、促进农民增收，隰县制定了《隰县“银政园区贷”支持国家现代农业产业园产业方案》，通过强化政府与银行机构的合作，政府注资、产业园推荐，银行放贷，以1:4的比例和基准利率政策，向产业园内从事梨果产业的农户、合作社、企业等经营主体提供普惠金融服务。

为保障玉露香梨品质，隰县相继出台了《隰县玉露香梨有机旱作农业工作方案》《隰县春季科学施肥指导意见》《隰县化肥使用量零增长行动实施方案》等政策文件，严格控制化肥和农药使用量，推广普及标准化生产技术，推进玉露香梨标准化、绿色化生产。2021 年，产业园“两品一标”农产品认证数量 41 个，产量 15.84 万吨，“两品一标”农产品占比达 57.4%。

（作者单位：农业农村部农村社会事业发展中心/北京中农大农业规划设计院。原文刊载于《中国城乡金融报》2022 年 8 月 3 日 B3 版）

陕西省眉县现代农业产业园：猕猴桃成致富“黄金果”

■ 曹　俊　任眉涛

近年来，陕西省眉县围绕猕猴桃产业优势，突出“科技引领”高点定位，开拓创新，强化措施，高强度、高效率、高标准推进国家现代农业产业园创建工作，形成了“一区引领（眉县猕猴桃产业园核心功能区）、一带支撑（优质特色猕猴桃生产带）、多园联动（高端定制有机精品生态园、绿色生产示范园、智慧农业生产示范园、乡村振兴产业融合示范园、休闲果业观光园、中新合作示范园）”的大产业格局，全面提升猕猴桃产业综合效益和市场竞争力，力争将眉县猕猴桃打造为“眉县招牌、陕西名片、国家品牌”。

做实规划引领

眉县县委、县政府坚持规划引领发展理念，出台《眉县猕猴桃优势产业区建设规划》等文件，明确猕猴桃产业发展目标、工作重点和推进措施，从科技研发和应用、人才支撑等方面支持产业发展壮大。

一方面，聘请专业团队编制《眉县国家现代农业产业园建设规划(2018—2022年)》，科技研发、检验检测、猕猴桃综合服务中心、大数据示范中心等一大批科技含量高、辐射带动强的机构被纳入产业园规划范围，为现代农业产业园发展提供有力支撑。

另一方面，注重科技研发平台建设，出台《加强县校合作助推县域经济发展的意见》。与西北农林科技大学实施战略合作，在产业园核心区建立陕西省猕猴桃研究院、何积丰院士眉县科研基地等一批科研推广机构，形成了“产学研”技术合作示范平台。产业园内精深加工企业与西北大学、西安交通大学等实行“校企合作”，深度开展猕猴桃精深加工研发合作，开发出猕猴桃果脯、猕猴桃果酒、猕猴桃面膜等系列产品。组建猕猴桃产业技术联盟，采用“1 +2 +2 + N”工作推广模式（1 名试验站科研人员 +2 名县技术骨干 +2 名乡土专家 + N 个农民技术员），广泛开展科技培训、抓点示范和实验研究，培养猕猴桃乡土专家 13 名、高级果农 350 多名，轮训果农 10 万多人次。

总结多年生产管理经验，眉县县委、县政府编制了《眉县猕猴桃标准化生产技术周年管理历》，推行标准化生产技术。眉县猕猴桃科研人员与西北农林科技大学共同编制《陕西省猕猴桃标准综合体》，已成为陕西省猕猴桃种植地方标准。“优选品种、规范建园、配方施肥”等十项关键技术在全省广泛推广运用，改土壤、改树形、提升基础等“四改五提升”技术，为眉县猕猴桃产业提质增效、转型升级指明了方向。

用活数字科技

产业园强化猕猴桃全产业链数据的开发和利用，创新设计了猕猴桃大数据收集平台（手机 App）、数据管理平台等 9 大产业数字化平台，采集了以猕猴桃为主的组培、种植、花粉、冷藏等全产业链基础信息 20 万余条，建立分类数据库 30 个，特别是猕猴桃价格指导、产业数据（模型）分析上的初步实践和示范，为以信息化引领猕猴桃产业数字化、智慧化和科技化发展开创了新路径。

由齐峰果业牵头生产智能化体系建设，开展数字农业建设试点，对猕猴桃生长环境、生产过程、果品质量进行管理监督，大幅提升猕猴桃整体生产和管理水平，亩均增产 10%，优质果品率提高了 5% 以上。建成智能化果园 5 处，将物联网技术与标准化生产相结合，运用信息化手段，电脑、手机端远程控制，实时控制田间设备，降低成本 30% 以上，节约人工费用 50% 以上。打造西北特色农产品精深加工基地，规划建设占地 1098 亩的国家级猕猴桃批发市场，累计完成投资 30 亿元，建成了科技研发与会展中心区等 6 大功能区，深度推进产业融合发展。陕西百贤酒业等以猕猴桃为原料的精深加工企业生产的系列果汁果酒、绿色食品等产品深受市场欢迎。围绕果旅融合，开发田园观光、休闲采摘等多种形式的乡村旅游，建成以猕猴桃产业为主要载体的 3A 级景区 2 个。

强化政策保障

产业园出台《大力发展猕猴桃产业的决定》等文件，对进入园区科技含量高的企业和科研单位，在财税、金融、土地等方面予以优惠。实行“一企一策”招商政策，鼓励支持果业加工企业引进先进技术和高端装备，在税收留县部分给予优惠补助。猕猴桃园区管委会与邮政储蓄银行等金融机构合作，为农业科技型龙头企业及合作社提供贷款 5 亿元，解决果业龙头企业或合作社融资难等问题。

产业园实施“眉县猕猴桃科技入户工程”，选派 20 名猕猴桃专家常驻西北农林科技大学眉县猕猴桃试验站，开展猕猴桃产业技术研究，并建成猕猴桃产业人才科研展示中心；建成眉县猕猴桃产业人才工作站及眉县高级职业农民培训分院，在 7 个镇街建立农村实用人才实训示范基地 9 个。

（作者单位：陕西省现代农业园区服务中心/眉县猕猴桃园区管委会。原文刊载于《中国城乡金融报》2022 年 7 月 20 日 B3 版）

四川省眉山市东坡区现代农业产业园：小泡菜做成大产业

■ 姜 楠

四川省眉山市东坡区现代农业产业园是农业农村部、财政部创建的第一批国家现代农业产业园之一，也是四川省唯一上榜的首批国家现代农业产业园。近年来，东坡区产业园通过创建国家现代产业园，创造了六个全国第一：全国第一个规模最大、功能最全、工艺最新的泡菜产业园区，全国第一个国家级泡菜质量监督检验中心，全国第一个泡菜产业技术研究院，全国第一个中国泡菜博物馆，全国第一个泡菜行业标准，全国第一个泡菜行业4A级景区。

聚焦主导产业，打造中国泡菜国际名片。泡菜产业作为眉山都市现代农业的支柱产业和一、二、三产业融合发展的示范标兵，以“中国泡菜城”为重点，已形成集原料基地种植、产业集群加工、旅游商务会展为一体，一、二、三产业深度融合发展的特色产业园区。通过建设特色产业引领区、新型科技集成区、创业创新孵化区、三产融合示范区、现代农业核心区，打造泡菜行业科研中心、泡菜行业质检中心、泡菜行业标准中心以及泡菜企业集聚平台、泡菜产品交易平台、泡菜人才培育平台，主导产业发展达到全国领先水平。产业园坚持延伸产业链条，依托“中国泡菜城”，建设泡菜风情街、美食街和文化广场，每年举办中国泡菜博览会，大力推进电商创业创新和上下游产业发展。从家庭餐桌到全国、全球会议餐桌，从小泡菜到百亿产业链，东坡区力争打造出全球最大的泡菜生产加工基地。

打造“产学研科技联合体”，科技水平区域先进。东坡区产业园着力打造“泡菜研究院 + 院所 + 企业”的科研创新联合体，创建了中国泡菜产业技术研究院，参与国家行业标准、国际标准的制订，成立了四川省优质中国泡菜现代化产业技术创新联盟，搭建起全省乃至全国泡菜产业科技创新与成果转化平台。通过与四川省食品检验研究院、四川大学、四川农业大学等 6 家省级以上科研单位建立合作平台，产业园科技创新能力明显提升，新产品新技术新装备开发应用成效明显，农业科技贡献率达到 68%。特别是在科技创新推进行业进步方面，东坡区首创“稳态发酵”理论，应用现代分子生物工程、细胞增殖发酵工程及现代食品机械工程技术，开发出泡菜专用“直投式功能菌”和“自控连续式发酵装备”，填补了国内外空白，使泡菜加工减少人力 30%、提高效率 40%、缩短发酵周期；首创“泡菜生产高效节水技术”，使每生产 1 吨泡菜由原来的 20 吨水降至 10 吨水。创新研发了发酵泡菜渗香、原料高效预处理、亚硝酸盐降解等关键技术研究，处于行业领先水平。

创新生态循环农业模式，绿色发展成效突出。东坡区产业园按照“以种定养、以养促种、农牧互动、循环发展”模式，推广“养殖业 + 沼气工程 + 种植业”的种养循环处理利用，将养殖粪污厌氧发酵后的沼渣沼液转运至粮油（蔬菜）种植基地作为有机肥施用，畜禽粪污综合利用率达 90%，同时大力实施“五化”（肥料化、燃料化、原料化、饲料化、基料化）秸秆综合利用模式，利用率达 95%。建成全国第一个国家级泡菜质量检测中心，建立第三方检测机构四川元康检测，为“东坡泡菜”质量安全保驾护航。依托农产品质量安全规范化建设，实现农产品质量安全全程监控和质量可追溯，推广“园区负总责、乡镇有机构、监管到村组、检测全覆盖”的工作机制，农产品抽检合格率达 100%，真正实现产业园农业绿色、低碳、循环长效发展。

探索农民利益联结机制，带动农民增收作用显著。东坡区产业园积极探索“投改股”利益联结机制，让农民尝到“实惠”。一是“企业+农户”订单合同模式，种植农户订单率达90%以上。二是“企业+基地+农户”流转聘用模式，农民将土地流转给龙头企业，企业建种植基地，农民进基地务工、进厂务工增加收入，解决常年务工和季节性务工2.6万人。三是“企业+集体经济组织+农户”模式，集体经济组织以奖补资金入股企业，每年按股分红，保障农户收益。四是“合作社+社员”服务协作模式，创新“五统一”模式，采用“稻菜”轮作模式种植优质水稻和泡菜原料，提高种植效益，社员年分红600万元以上。

“让中国泡菜城成为全球最大的泡菜生产基地、世界泡菜的研发中心，让东坡泡菜成为世界泡菜第一品牌、国际泡菜行业标准的制定者”，这是东坡区现代农业产业园未来的发展目标。现在，东坡泡菜正瞄准世界一流水平，打造中国泡菜“国际化”名片，奏响行业发展的最强音。

（作者单位：农业农村部农村经济研究中心。原文刊载于《中国城乡金融报》2022年2月16日B3版）

云南省开远市现代农业产业园：一朵花催热“浪漫”经济

■王　滔　王　宏

云南素有“植物王国”“鲜花国度”的美誉，鲜切花产业在全国乃至世界都占有举足轻重的地位。

由于昆明市呈贡区的城镇化步伐加快，鲜花种植土地资源趋紧，需要找到能承接鲜花产业的地区。地处红河州的开远市敏锐地抓住了这个契机，结合自身资源禀赋，推动农业转型升级，实现花卉产业从无到有、从小到大，形成了集高端花卉种植、种源研发、种苗繁育、冷链物流、市场营销、人才培训、花卉加工、旅游等于一体的现代花卉产业链。

图21　近年来，云南省不断丰富花卉种植品种，扩大种植面积，并号召村民加入花卉经济中（梁志强摄影）

2019 年，云南省开远市以花卉、优质水稻为主导产业，申请创建国家现代农业产业园，总面积 22.4 万亩，农户 3.11 万户，总产值达 38.4 亿元。该园于 2020 年 12 月被农业农村部和财政部认定为第三批国家现代农业产业园。

黑泥地转瞬变成“金土地”

开远市羊街乡黑泥地村原来是出了名的贫困村，家家户户种植玉米，农民亩均收益仅有几百元。村里到处是低矮的小土房，弯弯曲曲的小土路，“晴天一身土，雨天一身泥”，外村的姑娘听到小伙子是“黑泥地”的，连面都不愿意见。2015 年，羊街乡发展花卉产业以来，通过招引龙头企业，培育高端花卉产业，推动设施农业落地见效，每亩产值基本都能达到万元以上，亩产值 10 万元的也不鲜见，最高纪录达到 70 万元。“黑泥地”真正变为了“金土地”。如今，黑泥地村改名为“黑泥地社区”，到处鲜花盛开、鸟语花香，村容村貌发生了翻天覆地的变化，成了远近闻名的乡村振兴示范村。

目前，产业园内花卉种植面积达 6.66 万亩，其中，鲜切花 1.02 万亩，加工型花卉 3.26 万亩，观赏苗木 2.38 万亩。产业园总产值达 38.4 亿元，农产品加工业产值与农业总产值比值达 3.2∶1。园内接待游客 60 余万人次，累计销售收入达 1.2 亿元。

鲜切花插上科技“金翅膀”

产业园核心区实现“七通一平”，水、电、路、气、网络等配套完善。建成高端智能温室 120 万平方米。与中国农业大学、中国农业科学院、南京大学等5家国家级科研单位和3家省级科研单位签订产业研发合作协议，“陈发棣专家工作站”获批认定并入住产业园，新增专利23项，产业园新品种引进推广速度由过去的4年缩短到2年。同时园区坚持以智能化设施设备推动数字花卉产业发展，通过建设云花创新中心、智能种苗温室，配套花卉种苗工厂、母本繁育园、品种资源库，提升设施智能化、管理数字化。

产业园入驻企业25家，企业拥有发明专利18项，实用新型专利54项，引进、研发拥有自主知识产权的花卉新品种168个。特别是通过科技手段、利用细胞液技术，培育出的鲜切菊花，让一朵或黄或白、颜色单一的普通菊花，经过几天吸收跟细胞液酸碱度和成分类似的染料，华丽变身为五颜六色的“七彩云菊”。在中国传统文化里，菊花一般为丧葬用花，开园培育的这种五彩缤纷的菊花，彻底改变了传统的花卉文化，七彩菊花一下子抓住了国内外年轻人的眼球，成为年轻人传递友情爱情、享受美好生活的象征。据了解，日本消费者喜欢花朵较小的，韩国喜欢中等偏大的，南亚的热带国家更是偏爱来自温带的菊花。产业园拥有“虹之华”等一批知名花卉品牌，“七彩云菊”区域公用品牌享誉海内外，小菊花远销日本、韩国及东南亚地区，赢得了国内外年轻人的青睐。

金花花化身带农“金引擎”

产业园通过订单农业、土地流转、土地入股、财政资金折股量化和农民入园务工等方式完善联农带农机制，同时通过“企业＋基地＋农户”的发展模式，创新性地组织产业带头人带薪学习种植技术，学成后自主创业、自行发展。现有专业技术人才580余人，培养返乡创业创新“乡土人才”150人。一大批鲜花合作社通过提供农民种苗、提供种植和鲜切花技术服务等方式，建立与农民“利益共享、风险共担”的紧密型利益联结关系。订单农业面积达到 6 万亩，园内农户参加农民合作社的比重达 91%，与合作社和龙头企业建立利益联结机制的农户占比达 65.3%，带动农民 1.23 万人就业。通过冷藏保鲜、压花技术等产地初加工，推动农民减损降耗、提升产品附加值，2021 年园内农民人均年收入达 2.45 万元，带动农民年人均增收 2500 元以上。

总的来看，近年来，开远市抓住现代农业产业园建设的有利契机，加快农业产业转型升级，壮大了乡村振兴产业基础；承接引入花卉产业后，不断集聚要素，做大做强，并大力推进产村融合、产城融合，实现了园村一体规划、一体建设；统筹布局建设了园区道路和产业路、旅游路、村内道路，同时建设了供水供电、垃圾污水处理、通信网络、厕所建设（园内农村卫生厕所普及率达 100%）等基础设施建设，让现代农业产业园正在变成农民宜居宜业的多彩田园和美丽家园。

（作者单位：农业农村部农村社会事业发展中心。原文刊载于《中国城乡金融报》2022 年 10 月 26 日 B3 版）

浙江省余杭区现代农业产业园：让绿叶子变成“金叶子”

■ 刘成曦

浙江省杭州市余杭区国家现代农业产业园是2019年经农业农村部、财政部批准创建的第三批国家现代农业产业园。自创建以来，杭州市余杭区以“重要窗口”“排头兵”为担当，聚焦“茶生产”、发展“茶科技”、立足“茶乡美”和育好“茶新人”，夯实基础，充分融合，将产业园打造成了全国高端精品茶生产区、全国茶旅融合发展示范区、全国城郊型乡村振兴引领区和国际禅茶文化交流中心。

聚焦“茶生产”，推动产业振兴擦亮共富“金叶”

围绕茶叶产业链发展，余杭区现代农业产业园推进茶叶种植标准化和品质化改造，引进数字茶园管理系统，调整种植结构，优化管护模式，推广“径山1号”“径山2号”新品种，提高了茶叶种植品质。

围绕扩大茶叶加工产能，产业园推进茶叶加工标准化和智能化生产，对微小型茶叶加工企业进行全面改造升级，引进茶叶初加工、精深加工设备等各类生产线，实现全自动加工流水线作业，机械化加工率达100%。

围绕拓展茶产业链条，产业园推进茶链条延伸化和市场化发展，开发径山抹茶、红茶、茶多酚、茶叶提取物等产品，注重结合市场，研制特色茶饮料、茶食品、茶日用化工品及文创衍生产品等，并推动抹茶生产，研制抹茶拿铁、抹茶雪花酥、抹茶软曲等特色茶衍生产品，以产品为连接，建成高端精品茶加工区。

发展“茶科技”，增添科技赋能创新产业活力

余杭区现代农业产业园与中国农科院茶叶研究所、浙江农林大学、宁波大学等多家院校建立了长期的合作关系，大力发展茶产业技术中心，为全茶领域科技创新提供了坚实技术支持。同时，产业园还成立了浙江大学余杭农业科技创新园、浙江省茶叶学院教学基地，着力打造全茶产业院校交流中心；设立了省级及以上科研平台 6 个，开展技术合作 47 余项，获得相关专利 74 项，创新探索“5G 物联网 + 区块链”径山茶溯源技术的开发与应用，将杭州市余杭区打造成了茶产业技术创新与应用高地，不断提高中国茶科技的国际影响力。

立足“茶乡美”，打造美丽乡村建设共富家园

余杭区现代农业产业园积极整合省、市、区财政向产业园倾斜，改造村集体公共空间，乡村环境、道路扩展、生态停车场、公共厕所等基础设施建设得到了大幅度提升；依托园村共建成果，构建了标准化服务体系、运营、智慧旅游服务、农文旅产品销售和茶事活动五大平台，并在产业园内兴建了全国第一个大径山乡村国家公园，整合农旅电商、茶博园、集散中心、驿站、古城 e 铺等资源，极大地提升了农文旅的发展基础；深挖径山茶文化，“以节为媒”促进文化交流、产业提升和产品销售，设计特色线路 10 余条，策划举办茶事节庆活动，推出禅茶制作、全

民饮茶日、品尝古刹茶宴、寻访文化古迹等一系列活动，有效地促进了乡村客流转化，形成了园中园融合发展新格局。

育好“茶新人”，为产业发展注入新生力量

余杭区现代农业产业园重点培育农业科技人才、农村经营与管理人才、农技推广人才和农村实用人才等，建立了径山茶炒制等技能大师工作室，并开展涉茶培训，培育茶艺师、评茶员 450 余人，注重返乡“茶二代”培育，搭建交流平台，建成以“茶二代”为核心的茶产业综合人才梯队；开展园内农民点单、政府接单买单的“订单式”培训，提升就业和创业技能，如围绕径山茶产业开展品牌营销培训，围绕发展乡村旅游开展农家乐经营、民宿管家等新业态培训，围绕美丽乡村建设开展农村能工巧匠培训等；通过开展政策宣传引导、就业“双向”对接和开设专场招聘会等服务，增加周边村民就业机会；培育新型经营主体、家庭农场 325 个，聘用乡村职业经理人，建立共同富裕联盟，如永安稻香小镇采用“村集体租赁村民资产 + 网络销售公司 + 职业经理人运营”的方式组建利益共同体，有效地带动了乡村全面发展。

“径山茶天下，天下径山茶”是余杭区国家现代农业产业园创建之初发展径山茶产业的口号，现在，余杭区立足产业园发展的实际与特点，深入挖掘茶产业市场竞争优势，聚集资源要素，延伸产业链，提升价值链，已初步实现了将余杭径山茶产业打造成为“全国一流、世界领先”的目标。

（作者单位：农业农村部农村社会事业发展中心。原文刊载于《中国城乡金融报》2022 年 4 月 20 日 B3 版）

第七章

域外参考

民族要复兴，乡村必振兴。党的二十大报告强调坚持农业农村优先发展，对全面推进乡村振兴作出重要部署，提出加快建设农业强国。纵观国际乡村发展历程，不同国家根据实际国情不断调整方向，创新实践，在农业农村发展上取得了丰富经验。本章介绍部分国家在乡村建设方面的有效举措，为我国乡村振兴提供有益借鉴。

巴西：信息科技筑牢“世界粮仓”

■ 胡杰华

远在南美洲的巴西，拥有得天独厚的气候条件，土地资源、生物资源、水资源等十分丰富。2020 年，巴西耕地面积达 8340 万公顷，牧场面积达 1.723 亿公顷，农业产值占国家 GDP 的 21%。除小麦等少数作物外，主要农产品均能自给并大量出口，享有“21 世纪的世界粮仓”的美誉。

20 世纪 70 年代，巴西因地广人稀，农业资源配置呈现出地多人少的特征，从而导致耕作模式粗放、广种薄收等问题。面对这种情况，巴西通过发挥政府主导作用、强化农业科技与创新等，大大提高了农业科技水平和生产效益。在科技的支撑下，经过数十年发展，巴西已成为热带农业创新的先驱。

主要做法

面对现代农业发展浪潮，巴西将现代信息技术与农业相结合，农业数字化转型取得长足进步。

发挥政府主导作用，为数字农业发展创造良好环境。巴西政府非常重视利用现代科技推动农业现代化发展。国民议会颁布专门法令，建立有机农业全流程数据保护、智能设备监管等法律体系，为数字农业发展提供制度保障；农业部、财政部、央行等部门联合制定公共政策，稳定农产品价格，提供低息贷款，为数字农业发展提供政策支撑。在政府引导下，农业科技企业、农业信息化公司等市场主体积极研发新兴技术，推动数字农业发展。另外，巴西还通过建设覆盖全国的农业区域互联网，着力提高农民智能手机普及率，提升农业生产管理的智能终端使用率，不断拓展电子商务、互联网金融等数字农业服务模式，激发数字农业发展的巨大潜力。

强化农业科技与创新，为数字农业发展夯实基础。在巴西农业发展历程中，科技与创新一直是解决地广人稀、无人种田难题的重要手段。经过数十年的发展，巴西的农业科技创新已经形成了一套成熟、完整的体系。目前，这一体系主要由农业科技创新研究机构、成果与技术推广机构和相关农业科技创新支撑措施组成。在巴西的整个农业创新体系中，政府占据主导地位，主要的农业科研和推广机构是巴西农牧业研究公司和农牧业技术推广公司。科技创新为巴西农业发展、农产品产量的提升作出了不可磨灭的贡献。据统计，在农业科技创新的助力下，到 2012 年，巴西农业生产率比 1970 年提高了 40% 左右，农业机械化基本实现。

推进信息技术在农业的应用，为数字农业发展增添动力。巴西一直致力于现代信息技术在农业领域的应用与推广，利用人工智能、5G 等技术为农业数字化转型铺设了智慧之路。应用人工智能技术助力农业生产，制造各类农业机器人，其覆盖领域十分广泛，在喷药、挤奶、养猪、驾驶拖拉机等多方面均可发挥重要作用，不仅提升了工作效率、节省成本，而且在新冠疫情常态化的背景下，农业机器人的推广，可以有效减少人员间接触，在做好疫情防控的前提下完成工作任务。另外，结合巴西正兴建的 5G 网络服务，推出基于 5G 的农业机器人，可实现 24 小时不间断逐株监测农作物生长状况，机器人获取的大量数据能够第一时间上传至人工智能平台，与数据库信息进行交叉比对，帮助农场主科学、精准决策，大幅减少了农作物生长过程中的人力、物力。

经验启示

如今，我国正处于设施农业向数字农业智能化转型的关键时期，2022年1月农业农村部审议通过了《“十四五”数字农业农村建设规划》，对农业农村数字化作出全面部署。研究巴西在农业数字化转型中的做法，对我国农业数字化转型发展具有一定的启示。

强化政策引领，为农业数字化转型保驾护航。我国政府高度重视农业农村数字化转型，专门出台了《数字乡村发展战略纲要》《数字农业农村发展规划（2019—2025年）》等一系列政策文件，为数字农业的发展创造了有利的大环境，各地各部门要结合实际认真贯彻，抓好落实。

推进科研创新，为农业数字化转型增添动能。要准确把握数字农业发展的国际前沿，进一步提升数字农业科研创新能力，加强农机装备智能制造、农业物联网、传感器、芯片等核心关键技术攻关，切实解决“卡脖子”问题。

抓好应用场景建设，使农业数字化转型发展落地更具实效。针对农业农村的问题和痛点，充分发挥大数据预测预警和优化投入要素结构两大核心功能，确保大数据、人工智能、区块链等现代信息技术在防灾减灾、疫病防控、精准作业、产销对接、质量安全监管、农业综合执法等方面见到实效。同时加强政产学研用合作，加快现代信息技术创新集成、转化推广。

（作者单位：农业农村部信息中心。原文刊载于《中国城乡金融报》2022年12月14日B3版）

德国：数字化促进农业可持续发展

■ 杜绍明　聂凤英

作为欧盟农业强国，德国的农业现代化是建立在较高规模化和高度机械化、自动化基础之上的，在全球领域内具有较强的竞争优势。

近年来，德国一方面利用数字技术手段优化生产要素配置、降低农业投入成本、提高生产效率，并获得高质量的农业产出，保持农业产业竞争优势；另一方面，德国也立足当前、着眼长远，充分利用数字技术将农业生产、粮食安全、农业思维等延伸到全产业链，整合并融入社会生活的全过程。在确保农业产能和粮食安全的同时，实现生态环境、人类健康和社会经济的长期稳定可持续发展。

三项政策驱动发展

过去十几年，德国农业生产发生了翻天覆地的变化，农业生产效率得到很大提高。德国农民联合会的统计数据显示，目前 1 个德国农民可以养活 144 个人，这一数字是 1980 年的 3 倍。但要想长期解决全球饥饿问题，每个农民需要至少养活 200 人。这就需要更加高效、可持续的农业新技术。

目前，德国正致力于发展更高水平的“数字农业”。德国各项政策中明确涉及“数字农业”的主要有三项，即欧盟“农场到餐桌”战略（F2F）、德国“2035 土地耕作”战略和德国“国家生物经济”战略。

“农场到餐桌”战略（F2F）承认数字化的重要性，以更有效地利用农业投入品、更好地利用气候和环境数据，提高粮食系统应对气候变化的能力。该战略包括使用气候数据提高对气候变化的适应能力；通过精准技术提高资源使用效率；使用数字解决方案为消费者提供更多信息；确保共同农业政策资金用于促进数字创新；提高农村地区高速宽带互联网接入并使之成为主流，以适应精准农业、人工智能应用；扩大农业数据库应用，如农场会计数据网；创建欧洲公共农业空间数据。

数字化是德国2035土地耕作战略12个行动领域之一。数字化行动基于移动电话和全球定位系统，促进现有技术应用，研发有效利用新资源方法。数字化行动包括扩大移动网络覆盖范围；建立独立的，用于评估数字应用的“质量控制机构”；开发用于土壤耕作、施肥和植保的创新数字技术，促进土壤健康；促进中小型农场、规模化农场技术应用；为数字技术应用建立法定框架条件；实现全国范围定位系统实时动态覆盖，确保农民获取公共数据；在德国各地建立新技术测试站点；审查建立农民“数据主权”先决条件。

德国国家生物经济战略强调数字化与仿真相结合的潜力。该战略包括提高对系统建模的理解；生物技术处理监测与控制、智能传感器技术、人工智能、自动化、小型化、流程步骤并行化和高通量分析等优先事项；促进数据协调；强化数据管理系统；改进用户界面；建立数字化开发和实施标准；使用大数据量化生物经济措施对整体经济的影响。

大型企业牵头研发

德国“数字农业”基本理念与“工业4.0”并无二致。通过大数据和云技术的应用，将一块田地的天气、土壤、降水、温度、地理位置等数据上传到云端，在云平台上进行处理后，再把数据发送到智能化的大型农业机械上，指挥它们精细作业。

近年来，德国在开发农业技术上投入了大量资金，并由大型企业牵头研发“数字农业”技术。

拥有百年历史的德国农业机械制造商科乐收集团（CLAAS）与德国电信合作，借助“工业4.0”技术实现收割过程的全面自动化。它们利用传感器技术加强机器之间的交流，使用第四代移动通信技术作为交流通道，使用云技术保障数据安全，并通过大数据技术进行数据分析。

德国软件供应商SAP公司推出了“数字农业”解决方案。该方案能在电脑上实时显示多种生产信息，如某块土地上种植何种作物、作物接受光照强度如何、土壤中水分和肥料分布情况，农民可据此优化生产，实现增产增收。

德国电信推出了“数字化奶牛养殖监控技术”。运用该技术，农民只要购买温度计和传感器等设备在养殖场安装，就可以监控奶牛何时受孕、何时产仔等信息，而且可以自动将监控信息以短信形式发送到养殖户的手机上。

信息通信技术的发展也让农民的工作更加高效便捷。柏林的一家名为“365FarmNet”的初创企业为小型农场主提供了一套包括种植、饲养和经营在内的全程服务软件。该软件可以提供详细的土地信息、种植和饲养规划、实时监控以及经营咨询等服务。而且通过该软件可以方便地与企业的合作伙伴取得联系，以便及时获取相应的服务帮助。

现代德国农民的工作离不开电脑和网络的支持。他们每天开工的第一项工作就是查看当天天气信息、查询粮食市价和查收电子邮件。现在的大型农业机械都是由全球卫星定位系统（GPS）导航系统控制。农民只需要切换到GPS导航模式，卫星数据便能让农业机械精准作业，误差可以控制在几厘米之内。

（作者单位：中国农业科学院海外农业研究中心。原文刊载于《中国城乡金融报》2022年8月24日B3版）

俄罗斯：数字技术打造农业全产业链

■姜 楠

俄罗斯耕地面积广阔、土地肥沃，农业资源优势明显。数据显示，俄罗斯农业集中了国内约13%的基础生产设备和14%的劳动力，产值约占国内生产总值的6%。

当前，数字技术已成为世界各国推动农业发展的新动能。俄罗斯农业信息化、数字化、智能化发展起步虽晚，但进步却很快。近年来，俄罗斯充分利用数字技术，不仅发展了智慧农业、打造了智能乡村，而且促进了农业高质量发展，现已成为全球最大粮食出口国。

制定国家发展规划，推动农业数字化转型。2019年，俄罗斯重新制定了《国家农业发展规划》，增加了“农产品出口发展”“农业数字化”等多项内容。俄罗斯制定了《2030年前农工综合体发展战略》，该战略的第五个目标是农工综合体的数字化转型，这与加快在经济和社会领域引入数字技术的国家战略目标吻合。实现这一目标的计划是建立数字农业平台，到2024年，俄罗斯政府为农业提供的各项支持中将有75%以数字化方式运行，到2030年，需将俄罗斯全部农业用地的相关信息录入统一系统，并完成对10万个指标的收集和分析。

依托物联网技术，大力发展智慧农业。俄罗斯高度重视农业信息技术的发展，农业部、工业贸易部和通信部积极为农业与农产加工业发展引进信息技术。首先在南部几个边区的农田试验信息系统，建设一系列通信设施确保这些地区互联网的稳定连接，通过俄罗斯国产格洛纳斯

（GLONASS）卫星定位系统评估耕地的使用效率，以及根据水文测量署的气象站和雷达站的数据评估气候风险，最后将整合分析的数据公布在官方网站以及当地的信息系统上。俄罗斯农业区土地平坦、肥沃、规模大，非常适合机械化作业，特别是拖拉机搭载格洛纳斯卫星定位系统，可以进行 24 小时连续作业。俄罗斯也极其重视智慧农业发展，如通过农用无人机、无人耕耘机等机械的应用，不断优化生产成本；通过分析土壤和农作物生长特征，减少种子、肥料与其他化学药剂的使用；通过传感器分析土壤湿度与调整流量，促进节约用水资源；通过传感器分析存放谷物仓库温度和湿度，调整作物储存与加工管理等，较好地促进了农业增收。

加快整合资源，打造智能乡村。目前，俄罗斯已完成首台国产 5G 设备的测试。根据俄罗斯制订的数字经济计划，到 2022 年底，稳定的 5G 网络将覆盖 10 座百万人口数量级城市，到 2024 年，在所有人口超过 100 万的俄罗斯城市中都将提供稳定的 5G 网络覆盖。为进一步提升数字基础设施建设水平，俄罗斯近年来积极推动偏远地区数字化建设。俄罗斯打造的“智能乡村”项目是一个集新闻信息、环境监测系统、消防安全系统、视频监控及道路基础设施维护和社会文化机构大数据于一体的信息化大平台。农民朋友可借助这一信息平台使用导航服务，获取新闻和票务信息，了解交通和道路维修状况、公交与出租车等出行信息，甚至可以追踪牲畜的位置，全面提高生活质量。此外，利用该平台，农村地区行政管理部门能够直接与社区互动，实时监测火灾、洪水、地震活动等，并对居民点的移动通信基站、电网等公共基础设施进行管理。“智能乡村”与近年来许多国家力推的智能城市系统类似，不同之处在于它是为乡村居民点量身打造的，是几种通信技术与物联网解决方案的集合体。

构建农业公共信息网络服务平台，提升决策管理水平。2019 年，俄罗斯建立了农产品生产企业信息网站，并在部分地区试验，2021 年逐步推广至俄罗斯全部地区。俄罗斯大力发展农业信息系统，拨款 9 亿余卢布对农业信息系统进行更新和现代化升级。农业信息系统的推广应用，不仅使农民获得国家支持更加容易，提供数据报表等材料更加便捷，而且可以获得全面准确可靠的行业数据。此外，俄罗斯当前面临的一项重要任务是保证国家支持体系运行的透明性，实现这一目标更加需要依靠“数字化国家管理”联邦计划的推行，俄罗斯农业部通过借助数字化服务体系，不断促进各州科学有效地进行资金分配，从而更好地促进农业发展以及农村管理。

目前，数字技术已被俄罗斯广泛应用于打造农业全产业链，在种植前购买种子、肥料等农业生产资料；种植过程中获得各种农业技术，如通过卫星图像监控作物生长等；农产品收获后通过电子商务完成销售。未来通过大范围采用新技术和智能装备，俄罗斯农地周转将更高效，产销结合更紧密，最终实现增产增收。数字技术具有巨大潜力，通过发展智慧农业，俄罗斯农业将拥有更美好的发展前景。

（作者单位：农业农村部农村经济研究中心。原文刊载于《中国城乡金融报》2022 年 10 月 19 日 B3 版）

法国：传统农业　智慧转型

■ 冯丹萌

随着全球数字技术的快速发展，农业领域开启了“数字革命”。法国作为欧洲第一大农业生产国，十分重视农业科技研发。近年来，面对传统农业不断涌现的困境，法国以数字科技作为突破口，通过政策引导、资金支持、技术创新等形式，推动传统农业向智慧农业转型。

主要做法

做好农业数字化政策引导。法国政府十分重视农业数字化转型。早在2015年法国农业部就制订“农业创新2025”计划，对数字农业发展作出整体规划。在资金支持上，法国“农业和农村发展”基金每年资助400万欧元用于与农业相关的技术研究。2021年，法国农业和食品部发布的“法国农业科技”计划提出，将在5年内投资2亿欧元支持农业创新类项目，助推更多农业和食品领域的技术初创企业的创建和发展；在公布的“农业和数字化”路线图中，法国也将数字技术作为近五年国家农业和农村发展规划的优先领域。在科技支撑上，法国政府不断加强对科研机构和企业的支持力度。2017年，法国农业部投入1.5亿欧元成立了农业创新孵化器，汇集了570多位农业创新领域的专家作为科研支撑力量。2022年，法国政府在制定的“农业科技20强”（Agritech 20）计划中提出，每年选拔20家发展能力较强的农科初创企业，进一步提升农业领域的科技支撑。

促进技术与农业深度融合。近年来，随着农业技术的不断更新，精准农业在法国得到推广，数字农业相关的新科技、新理念逐渐得到关注，法国在数字化农业生产中提出逐步构建完善的数字农业产业链发展策略。在生产经营前端，法国充分利用人工智能、卫星图像和无人机、田间和牲畜监测传感器等技术搭建农业信息平台，借助无人机搭载的传感器和人工智能算法，通过手动输入、模拟数据、传感器数据相结合，建立植物健康预测工具。农民可以根据大数据监测对农作物疾病进行及时判断，根据各区域土壤质量选择相适应的农作物品种，进而提高作物产量，减少能源、水和肥料的消耗，同时也给农民带来更好的从业体验。在运营中端，利用数字科技平台的搭建，打破时间地理限制，促进农民、研究机构、企业之间的大规模数据共享和沟通交流，激发更便捷、更高效的商业合作，真正形成多主体间的利益联结机制，促进农产品规模化生产。在产品服务末端，通过数字软件的植入，可以让消费者线上追溯食品源头、运输以及销售的相关信息，让各地能够通过信息技术实现农产品从田间到餐桌的“全程可追溯”。

加大科技推广与人才培养。法国农业之所以取得较高的现代化发展水平，是因为离不开对农业教育、科研推广和人才培养的持续推进。在教育体制构建方面，法国具有多层次的农业教育培训制度，一般在初中二年级后就设置了农业领域的中等职业高中课程，紧接着会有两年制的农业职业高中，大学期间也设置了多类型的农业专业和相关课程，大大提高学生的农业科技知识储备。在科技推广上，近年来，为了不断跟进数字化发展节奏，法国利用线上信息平台、社交平台、线下农业博览会等多种形式对数字农业进行推广与传播。法国依托农业创新计划，将理论科技与实践场景相融合，通过在一些农场设立“农场实验室”，将农民、企业等联合起来进行实地培训，大大促进了研学结合。同时，法国政府进一步鼓励高校、科研机构和企业的互动和合作，为推进农业科技落地，农村数字化转型提供多元支撑。在此基础上，高校和农业机构都重视实践能力和人才的培养，通过构建实验基地、实验室和操作车间，为实践课程提供良好空间，据统计，法国半数左右农业院校与农场都建有直接联系。此外，农民技术培训中心等机构会组织各类农业培训，有需求的学员可以在培训农场、工厂和其他场所灵活接受“学徒培训”。

经验启示

党的十九大作出建设网络强国、数字中国、智慧社会的战略决策，数字乡村是乡村振兴的战略方向，也是建设数字中国的重要内容。与发达国家相比，虽然我国数字农业起步较晚，但是在政策引导和资金投入等持续支持下，在数字化农业宏观监测、农业信息采集等方面已取得一定成效。未来，在数字农业推进上，仍须在以下三个方面发力：

推进“全产业链”农业大数据发展，通过农业农村数字信息资源共享共用，提升数字技术在农业产业链中市场化价值的创造。加强涉农数字化应用场景构建，要根据生产者、投资者、管理者和消费者等主体的不同需求，建立“一网式”的立体应用场景建设，汇总农业生产主体、农产品、农业机械、农村环境、集体资产等农业相关数据，解决各部门间的数据孤岛、监管覆盖面不足等问题。加强数字农业人才培养，要从科研与实践双维度考量，大力培养多层次科研、技术和实操人员。同时，要结合地域特色制定多类型的技能型农民培训方案，突出培养数字乡村复合人才，加强示范引领带动作用。

（作者单位：农业农村部农村经济研究中心。原文刊载于《中国城乡金融报》2022 年 8 月 10 日 B3 版）

韩国：智慧农业绘就好“丰”景

■ 魏若璇

韩国多山，自然资源十分贫瘠，自然资源自给率只有40%，大部分工业原料、粮食都要靠进口。近年来，韩国立足本国国情，充分运用大数据、人工智能、云计算等技术，围绕制度体系、设施建设、科技创新、可持续发展、人才保障等方面，推动农业数字化转型，绘就了好“丰”景。2021年，韩国农林牧渔业增加值324.1亿美元，在全球排名第26名。

围绕制度建设，统筹谋划农业农村现代化发展。为推进农业农村发展，近年来，韩国建立健全了内容全面、系统性强的法律法规体系，并配合制定了符合实际、可操作性强的政策措施。如《农业基本法》《农业农村基本法》等早期颁布的基本法，为保障农业生产与农村发展提供了根本法律依据；《农村振兴法》《农村现代化促进法》等法律法规，有力促进了新乡村建设；《种子产业法》《植物新品种保护法》等制度文件，对种子培育、质量认证、新品种保护等作出明确规定，助推种业发展；《农业机械化促进法施行令》《农地保护利用法施行令》《农渔业灾害对策法施行规则》等法规制度，为农业生产、灾害应对、土地保护等提供重要指导和遵循。同时，通过与中国、日本合作举办“首届中韩日智慧农业研讨会”，积极开展农业数字化学术交流，加快建设智慧农业。

围绕设施建设，大力发展农业“新基建”。良好的基础设施是数字农业发展的基本前提。早在“新村运动”中，韩国便大力推进农业基础设施改革。通过新建或改造农村道路、农村电力、农民居住房屋和生活用水等基础设施建设，改善农民生产生活环境。通过提供贷款或加大补贴力度等方式，鼓励和引导农民购置新型农机设备，在整地、播种、田间管理、收获等环节推进农业机械化，降低生产成本，提高农业生产效率。20 世纪 90 年代，韩国便已实现水稻生产全程机械化。近些年，通过建设智慧农场逐步将水利、道路、电力相关的老旧基础设施、生产设施、流通设施进行智慧化和集成化改造，进一步提升农业数字化水平。

围绕科技创新，持续推动农业高质量发展。为加快农业数字化转型，韩国高度重视科技创新在农业领域的研究应用。在《科学技术振兴法》《技术引进促进法》等多项法律法规中规范和引导农业科技发展，并出台《科技转化促进法》等推动农业科技成果转化，让科技创新赋能产业发展。2022 年，提出要以十大数字农业技术研发为核心推进任务，加快人工智能、大数据等数字技术在农业领域的应用，为农业数字化转型注入新动能。十大技术研发任务既包括人工智能自行控制的智能农场、自动驾驶农机、气象灾害预警服务、人工智能病虫害防治、家畜智能化养殖、数字育种等涉及农业生产各环节的信息化技术研究，又包括以数据为基础的农村空间再生计划、农业技术导聊机器人服务等涉及农业经营和农民服务的技术创新。

围绕亲环境农业，扎实推进农业可持续发展。韩国早期的农业发展曾面临农药使用过量、生态环境被破坏等问题，为此，韩国推出一系列政策措施，发展亲环境农业。在环保农业领域，开展耕种环境控制技术研究应用，利用有限的生产资源进行农业精细化种植；开展气象灾害预测预警研究应用，减少因天气等不可控因素造成的粮食损失；开展有机农业研究，减少化肥、农药使用量；强化畜禽粪尿管理，对粪便进行分类处理和回收再利用，形成养殖场和废弃物处理厂一体化集中处置和资源化利用流程。在农产品安全领域，建立严格的农畜安全制度，开展农产品质量认证和标识管理，建设相关农产品信息跟踪系统保障农畜产品的品质和安全，促进农业绿色长效发展。

围绕强基固本，高度重视农业人才培养。发展数字农业，人才是关键。韩国充分发挥本国体制优势，形成了体系完善、形式多样、效果显著的农业人才培养模式。一是合理设置农业教育相关管理和执行机构。教育部、农林畜牧食品部等行政部门和农业协同组合中央会、农业教育协会等机构和社会组织各司其职，从不同层次、不同角度针对不同侧重对象开展教育，相辅相成、互为补充，为农业数字化人才培育提供机构和政策保障。二是优先保障农业教育资金投入。在多个法律法规和政策文件中均明确对于农业教育专项经费的投入保障，政府为正规农业类院校提供教育教学设备、实习条件等资源和经费支持，并通过提供资金援助的方式鼓励农民参与技术培训，为培育农业数字化人才创造优良的环境和条件。三是多种形式提升教育成效。为满足数字化人才培养需求，农业大学等教育机构开设了多样化的专业和课程丰富教学内容，采取针对性和实用性强的教育教学方式提升学习效果，并注重理论与实践结合，全面提升农业从业者的数字素养和数字技能，为数字农业发展注入源源不断的人才动力。

（作者单位：农业农村部信息中心。原文刊载于《中国城乡金融报》2022 年 12 月 28 日 B3 版）

荷兰：“科技＋人才”创造农业奇迹

■ 魏若璇

荷兰位于欧洲西北部，国土总面积约 4 万多平方千米，人口约 1753.3 万人，是一个人多地少、资源贫乏、地势低平的国家，素有“低地之国”之称。但荷兰的农业发展却领先世界水平，创造了常年位居全球第二大农产品出口国的“奇迹”。分析其原因，关键在于现代信息技术的广泛应用、农业科技的持续创新、高质量人才的重要支撑及完善的体制机制保障。

应用现代信息技术突破生产“瓶颈”，赋能农业发展转型升级。荷兰高度重视现代信息技术在农业发展中的重要作用，将互联网、物联网、大数据、人工智能等新一代信息技术与农业生产经营各环节各领域深度融合，极大提升了农产品生产效益和国际竞争力。一是利用先进的玻璃温室技术打造现代化设施农业。荷兰玻璃温室面积达 16.5 万亩，约占全世界温室总面积的 1/4。玻璃温室采用岩棉作为栽培基质，利用补光灯延长光照时间，克服地理位置因素导致的土地资源稀缺、光照和热量常年不足等问题。二是应用物联网等技术实现精准作业。荷兰的玻璃温室配备了高度自动化和专业化的光照系统、温控系统、灌溉施肥系统，全流程网络化管理，实时监控温室内的光照、温度、湿度和动植物生长情况，进行精准化滴灌和施肥，发挥现有资源的最大利用价值。三是多手段加持提高预测预警准确率。应用遥感卫星、数据分析等技术收集、储备、分析农田和农作物相关信息，为土壤保护和病虫害治理提供针对性建议。

利用人工智能、大数据等技术预测天气变化、作物产量，以便农民提前应对。

强化技术创新与应用，助推农业产业绿色可持续发展。一是创新农业循环利用技术。在原材料、水资源、能源、营养物质、废弃物循环利用、生物防治等方面进行了大量技术创新，如通过无土栽培替代传统农业种植方式、回收水资源和营养液进行循环利用等。在提升资源利用率、降低生产成本的同时，形成了以农业科技创新为基础的较为完备的生态农业体系。二是创新畜禽种业技术。在政府大力支持下，荷兰高校、科研机构、企业等加大在育种领域的投入与研究，细分育种领域、注重应用导向、强调成果转化，利用生物育种等技术培育花卉新品种、促进农作物和畜禽遗传改良，提升农产品产量、质量和病虫害防治能力。三是创新农业产业链整合。将一流的数字技术和完善的利益联结机制贯穿全产业链融合发展，促进农业标准化、专业化、品牌化发展。如荷兰最具代表性的花卉产业链，从花卉的研发育种、种植生产、收购加工到储运销售等全产业链各环节紧密结合，各环节涉及的利益主体协同合作，利用先进的技术、装备、设施和高效的管理发挥整体聚合效应，有效地提升了产品质量和收益。

重视人才培养与教育，支撑农业高质量发展。首先，加大高层次人才培养力度。荷兰农业自然和食品质量部直接拨款成立瓦克宁恩大学，并引导、支持、促进其高质量发展和建设，使其成为欧洲农业方向最好的研究型大学之一，农业学科研究排名世界第二。以瓦克宁恩大学为代表的高校为中心，荷兰各类农业产业研究机构、企业试点发展智慧农业，创新研究农业基础技术，为荷兰农业发展源源不断提供高质量人才。其次，建立高素质农民教育体系。统筹利用各类教育资源，支持农民进行农业职业教育，包括农业相关的基础教育、职业技能教育、农业经营和研究等多方面，提升农民综合素质水平。最后，构建高效农业技术推广体系。加强对农业技术推广工作的组织和管理，各级农业推广部门协调配合，开展多元化推广服务，对新技术新应用进行普及推广、试验示范，提升农民劳动技能，激发农民种粮积极性。

加强组织领导和统筹谋划，为发展数字农业保驾护航。一是重视顶层设计。出台了一系列指导和保障农业发展的规划和政策文件，如2020年发布的《2020食品和农场互联网计划（IOF2020）及智能农业枢纽计划》，提出要融合物联网、大数据、人工智能等技术，为市场提供80个农业数字化解决方案。二是加大农业资金投入。加大在农业科技研发的经费投入，统筹协调国内涉及生产、加工、销售、金融的农业组织、协会、研究机构等通力合作，共谋发展。据有关统计，荷兰教育科研投入在国家预算中占比近20%，其中农业教育科研投入更是不在少数。三是建立健全家庭农场与农业合作社相辅相成的发展机制。19世纪70年代，根据发展实际，以个体家庭农场为主的荷兰农民开始探索建立合作社。在政府的积极引导和政策支持下，合作社由小变大、由弱到强、由单一变多元、由分散变集中，形成了覆盖农业生产加工流通经营全流程各环节、服务优质多样且专业的合作社体系，满足农民的采购、销售、加工、仓储、物流、贷款、保险、农业设备租赁、培训等各类需求。

（作者单位：农业农村部信息中心。原文刊载于《中国城乡金融报》2022年11月23日B3版）

日本：数字农业为乡村振兴添亮色

■曹 敏

农为邦本，本固邦宁。农业是关系国计民生的基础产业，目前，数字化转型成为全球农业发展的重要趋势，多国加快释放数字技术在农业领域的活力。

日本国土有三分之二为山地，农民老龄化情况严重，目前平均年龄高达67岁。面对这些不利条件，近年来，日本通过运用大数据、物联网、人工智能等技术推动农业转型升级，不仅解决了人工短缺的问题，而且实现了农业现代化，助推了乡村振兴。

主要做法

做好政策支撑。2013年6月，日本公布新IT战略，明确推进信息技术在农业领域的应用，以提高农业产业竞争力。日本2014年实施的“战略创新/创造计划”和2018年“第2期战略性创新推进计划”均将智慧农业列入农业科学技术基本计划。2015年，日本启动了“基于智能机械+智能IT的下一代农林水产创造技术”项目。2016年，日本提出利用先进技术推进超省力、高产出的智能农业。2019年6月，日本出台《农业新技术推广计划》，明确提出积极推广无人机、机器人、牲畜管理、生产经营管理等农业新技术。2020年2月，日本农林水产省发布的五年规划明确，大力发展智慧农业，加强农业生产自动化系统的开发及应用。

从近年来日本重大战略与计划来看，旨在通过数字化转型推动智能农业建设，以实现农业可持续发展。未来，日本将通过智能农业技术将生产成本降低50%，并将农民收入增加20%。

建设无人农场。日本大力发展以农业机器人为核心的无人农场，通过无人机改变传统农耕方式，使农民能够以最少的劳动力来管理土地。与谢野（音译）镇是较早引入智能绿色村庄概念的日本农村城镇，它提倡使用最先进的信息和通信技术来补偿劳动力的下降和老龄化。与谢野镇使用的e-kakashi物联网工具（类似于人工智能物联网），每十分钟收集一次关于湿度、日照、土壤温度、土壤含水量和田间二氧化碳含量等农业信息，并把农民丰富的农业知识和实践经验转换为详细的数字模型。ek recipe应用程序（类似于农事作业系统）可以帮助农民管理水稻种植全过程，告知农民在水稻种植每个阶段需要做什么工作，并在检测到虫害爆发等环境风险时，提醒农民喷药。Sofix土壤诊断程序可以分析评估微生物的数量、浓度以及土壤的氮、磷酸盐和钾含量，指导农民施用当地生产的有机肥料以养护土壤健康。

加强人才培养。日本政府非常重视农业科技人才的培养，建立了比较健全的农业人才培训体系，使之成为智能农业发展的最大助推力。日本农业人才培养体系共有四个层次：一是农科类大学和综合性大学的农学部，承担日本高等农业教育，在高层次人才培养上发挥了重要作用；二是农业大学校，承担培养适应现代农业发展的从业人员和农村骨干力量；三是农业高中，承担农业相关课程的讲授，同时进行基础农业知识教育；四是农业技术培训班，主要向农民传授农业知识、技术等。健全的人才培养体系为日本数字农业转型打下坚实基础。

研发易用产品。日本将先进的数字技术视为农业效益增长的关键，在研发产品时，采用自下而上的设计思路，注重从农村实际需求出发构建可持续的解决方案，开发乡村财力负担得起的数字服务。例如，日本研发的可穿戴式微型机器不仅可协助农民进行采摘、收割、除草、包装等工作，而且价格便宜。同时，操作非常简单，农民仅需一些单一的指令，就可让机器快速运转起来。日本通过研发易用智能设备，既减轻了农民的劳动压力，也提高了生产效率。

经验启示

日本的经验做法为我国农业数字化转型升级提供了参考。下一步，可从以下几方面努力：

加强乡村数字化基础设施建设。数字乡村的建设离不开完善的基础设施。要通过中央财政资金联合民间资本投入，加快光纤到村的建设，不断提升互联网服务农业农村的能力。同时，积极扶持农村电商发展，搭建农产品销售平台，拓宽农产品销售渠道，推进农村商品流通模式转变、创新，构建现代化农村商品流通网络，助推农业产业发展。

积极推动农业数字化转型应用示范工程。部署一系列信息化工程项目开展应用示范，加大智慧农业技术应用推广力度。利用重大工程的牵引作用，包括信息进村入户试点工程、“互联网＋”农产品出村进城工程试点、数字农业试点项目等，让试点示范实现以点带面，积极推动智慧农业发展。

充分利用互联网提升农村数字化教育水平。通过建立乡村学习中心网络，保障农民及时汲取有效的互联网信息，为乡村劳动力提供再教育机会。推进乡村与教育机构的联合发展，构建不同层次的教育培训体系。积极推动高校对农民群众的数字技能进行互联网远程培训，培养更多高层次数字化应用人才。大力推动互联网企业为农民提供更多的就业机会，增强农民数字化技能，让农民看到数字化发展带来的红利，吸引更多农民参与数字乡村建设。

（作者单位：农业农村部信息中心。原文刊载于《中国城乡金融报》2022 年 9 月 14 日 B3 版）

西班牙：用现代科技扮靓“欧洲果蔬园”

■ 胡杰华

西班牙作为一个传统的农业国，农业用地面积3000万公顷，居欧盟第二位。西班牙不仅是欧盟第一大果蔬输出国，也是仅次于中国和美国的世界第三大果蔬出口国，素有“欧洲果蔬园”的美誉。近年来，西班牙充分利用现代科技推动农业数字化转型，实现了传统农业向规模化、信息化及智能化的现代农业方向转变。

主要做法

西班牙通过多项举措，不断加快农业领域的数字化进程，取得了较为显著的成效，尤其是滴灌系统以及智慧温室大棚，非常发达。归纳其做法，主要有以下特点：

加强学术研究，夯实科技成果基础。农业数字化转型的迅速发展需建立在数字农业关键技术的研究基础上，西班牙一直致力相关科技领域的探索与创新。根据中国农业科学院农业信息研究所基于科睿唯安 Essential Science Indicators 数据库的研究数据，2021年农业各学科领域研究热点前沿国家表现中，农业工程学科领域西班牙排名居世界第二位，农业信息学科领域西班牙排在世界第四位。尤其是“区块链和物联网技术在农业生产及供应链中的应用”研究上，西班牙表现优异，排名第一位。另外，基于 Scopus 数据库及 Web of Science 数据库分析，2021年全球智慧农业领域重点国家竞争力排名，西班牙位居全球第三位；2015—2020年全球数字农业相关学术产出总被引次数TOP10机构中，西班牙国家研究委员会排名全球第二，具有绝对的论文质量优势，在农业物联网信息感知、机器视觉影像分析、作物识别与生长监测等主题领域研究优势明显。前沿的科技成果，为农业数字化的转型提供了智慧基础。

应用数字技术，推进研究成果落地。除了重视前沿科技的创新与研究，西班牙更好地将这些新兴数字技术运用于实际农业生产之中。西班牙气候干旱，年平均降水为500～1500毫米，部分地区甚至低于400毫米，比我国的黄土高原还干旱，是欧洲最缺水的国家。如此匮乏的水资源仍然可以满足一个种植农作大国的需求，先进的灌溉技术与高效智能的滴灌系统功不可没，西班牙大部分的农田都采用了前沿的喷灌、滴灌以及渗灌等技术，并且充分运用物联网、数据分析等数字化手段，利用田间安装的传感器，实时监测土壤养分、湿度、光照等信息，再根据气象等信息的分析汇总，对植物生长状态和收获情况进行分析预测，方便生产者及时调节温度、灌溉用水、施肥量，在作物种植、土壤水分监测、气象监测等方面实现自动化、数字化和远程化。其典型代表就是西班牙南部的阿尔梅里亚地区，这里年降水量仅为300毫米左右，曾是西班牙最贫瘠的地区之一，然而，经过几十年的农业数字化改造，这里建立起面积超过3.5万公顷的智能温室大棚系统，成为西班牙的蔬果主产区，每年产出约400万吨蔬果，被称为“欧洲蔬菜之都”。

发挥政府作用，注重技术人才培养。农业数字化转型，离不开政府的大力推动。近年来，西班牙政府推出了一系列政策，用以推进农业数字化的发展。为减少农业生产领域和乡村地区的数字鸿沟，政府提出农林业和乡村数字化战略，并持续投入有关经费，与大学、研究机构等共建培训中心，培训更多农业数字创新人才。在阿尔梅里亚地区，当地政府投入大量资金，免费为农业专业合作社、龙头企业培养技术人员，吸引年轻的、具有专业技术的高素质人才从事农业生产经营活动；阿尔梅里亚大学作为该地区农业研究、示范和推广的科研教育机构，已成为当地农民与农业企业的技术依托，围绕着本地实际情况开展了多方面的农业与数字技术的研究与推广，有力地促进了数字农业的发展。在安达卢西亚地区，政府规定所有40岁以下、经过注册的农民都要进行岗前技术培训，通过培训并获得相关证书后，农民才能获得贷款及其他优惠政策支持。

经验启示

我国农业正经历着设施农业向数字农业的智能化转型，主要表现为物联网、大数据等数字技术在农业生产中的应用，以及新一代人工智能技术和北斗卫星导航在精准农业中的应用。西班牙的经验和做法，对我国农业数字化转型具有一定的启示。

坚持把政策创设和规划引领作为环境保障。我国政府高度重视农业农村数字化转型，专门出台了《数字乡村发展战略纲要》《数字农业农村发展规划（2019—2025年）》等政策文件，为各地各部门如何抓好落实农业数字化转型指明了方向。

坚持把科研创新及应用作为农业数字化转型的原生动力。要准确把握数字农业发展国际前沿，进一步提升数字农业科研创新能力，并积极推进数字农业建设试点，集成应用互联网、大数据、人工智能、5G、北斗导航、卫星遥感等现代信息技术，重点开展大田种植、设施园艺、畜禽养殖、水产养殖等品类数字农业建设。

坚持把示范培训作为基本途径。数字农业建设，要特别注重人才培训，提升农民数字化素养。我国的农业数字化转型，像农村改革一样，都要坚持试点先行，做给农民看，带着农民干，与农民分享信息化发展成果。

（作者单位：农业农村部信息中心。原文刊载于《中国城乡金融报》2022 年 7 月 13 日 B3 版）

以色列：数字科技助沙漠农业创奇迹

■ 贾芫凯

以色列国土面积狭小，逾六成土地为沙漠和旱地，年均降水较少，是全球人均水资源最贫乏的国家之一。在节水理念和科技创新的双重驱动下，以色列不仅实现了淡水资源自给自足，还与邻国约旦达成了出口水资源协议。

科技创新是以色列农业可持续发展的灵魂。面对土地贫瘠、有效耕地少、水资源短缺等不利条件，近年来，以色列通过大力发展数字农业不仅提高了农业单产，增加了农业自给率，而且实现了农产品的大量出口。如今，以色列不仅大片的沙漠变成良田沃野，而且还赢得了欧洲“冬季厨房”的美誉。

发展特点

数字农业投入可观，资本投资细分领域。早在 2018 年，以色列数字农业科技企业就获得 1.03 亿美元股权投资，与澳大利亚和印度等国持平。从宏观数据上看，过去几年，平均每年约有 9000 万美元投入数字农业技术研发，使以色列农业技术研发水平进一步提升。以色列农业和农村发展部统计数据显示，2021 年以色列政府调拨专项资金用于农业数字化建设，3500 万美元农业科技实用性转化投入用于推动数字农业的普及。在开发鲜活农产品电子交易市场方面，为打通供应链渠道、创造公平竞争环境、降低生产交易成本，以色列政府投入 570 万美元打造了数字化农产品交易平台。

投资规模虽小，但撬动了以色列鲜活农产品交易业态的整体变革。预计数字化农产品交易平台交易量将达整个农产品市场交易的15%。以色列数字农业投资不仅停留在软件应用开发和农产品电子交易系统构建层面，还精准覆盖到了传感器、智能农机装备、节水灌溉、土壤健康（智能肥料化合物）等细分市场。以农业传感器市场为例，2.08亿美元资本投入了专攻农业传感器的科技型中小企业，约占农业科技风险投资整体的一半。

涉农初创企业活跃，涉及农业全产业链。根据以色列国民银行报告，作为农业技术推广领域的全球引导者，目前以色列仅参与农业技术创新的初创公司就高达400多家，并拥有280家相关公司和200多家农业技术服务和产品出口商。众多科技创业者将成熟的数字化解决方案引入农业领域，包括6个产业部门12个细分领域，其中应用或涉及数字农业技术的产业部门包括传感器和数字信息、农业自动化、新型农业系统、农业产业链后端技术等。

中以农业科技合作广泛深入。近年来，我国与以色列进行了广泛深入的农业技术合作。中国远大、先正达（中国）化工、和邦股份等大中型涉农企业分别投资、收购了不少以色列智能农场、灌溉、农产品供应链、植物保护、生物农药等领域的初创企业和技术公司。2022年是中以建交30周年，以色列经济与产业部为促进、加强和推动中以两国间的科技交流，开设多场线上技术交流会，介绍以色列农业科技企业最新科技前沿和产品。

以色列数字农业技术获得了国际广泛认可。目前，以色列农业技术部门每年出口农业技术预估在40亿美元。从政府层面来看，以色列政府一直将与发展中国家分享其数字农业技术作为优先发展事项。以政府间国际合作为例，以色列国际发展合作交流中心（MASHAV）为以色列外交部下属负责国际发展合作的机构，负责协调和实施以色列全球发展和合作计划。为更好地服务目标国家，MASHAV开展多语种课程，同时还根据当地实际情况，开展小规模试点、技术咨询和推广服务，并帮助企业精准对接当地农户和大型农场。例如，2019 年开展面向非洲中小型农业企业的集约化蔬菜生产法语的课程。

经验启示

目前，虽然我国数字农业初具规模、产业数字化发展势头迅猛，但与以色列相比，在原创性技术、装备制造、科技成果转化和科研生态构建等方面仍显薄弱。从地区发展层面看，数字农业技术应用水平与地区经济发展水平高度相关，欠发达地区的数字农业技术渗透率不高。以色列的经验做法为我国农业数字智能化转型升级提供了借鉴和参考。下一步，我国农业数字化转型，应从以下两个方面作出努力。

在金融服务层面。政府应加大对农业科技企业科技专项资金的投放力度，引导企业、金融机构和民间资本参与投资；专项扶持“专精特新”型科技型中小企业，鼓励科技型中小企业在资本市场融资，拓宽农业科技企业投融资渠道，优化农业科技企业融资途径，完善农业科技贷款业务，助力科技企业“知产”变资产。

在科研生态层面。鼓励产学研三方共同构建数字农业开源平台，完善数字农业技术产学研闭环，构建多方参与、高度关联的充满活力的生态系统，共同推动数字农业技术发展。另外，我国地域辽阔，农业生产地区差异明显，可根据不同农业生产地区的特点和需求，建设差异化、可持续、有韧性的区域数字农业支持中心。

（作者单位：中国农业科学院农业信息研究所。原文刊载于《中国城乡金融报》2022 年 9 月 28 日 B3 版）

意大利：传统农业装上“数字引擎”

■ 杜绍明　聂凤英

数字农业已成为世界各国农业领域优先发展战略，借助数字技术优化农业生产要素配比，降低投入成本，获得高质量产出，实现农业长期可持续发展。意大利作为欧盟第二大农业国，其农产品质量享誉世界，田园、生态、有机、循环、可持续是意大利农业的代名词。在欧盟共同农业政策框架下，意大利先后出台了《意大利农业创新发展规划》《意大利国家农业林业战略规划（2014—2020 年）》等，明确提出促进数字农业发展。

数字向全产业链延伸

2021 年，意大利数字农业市场价值达 16 亿欧元，与 2020 年相比增长 23%。数字农业市场支出主要由精准农业解决方案驱动，如联网机械（占 47%）和车辆与设备监控系统（占 35%）。

意大利数字农业解决方案主要涉及农用车辆与设备监控系统、管理软件和联网机械，以及作物和农田远程监控系统、用于绘制农田和作物地图并做出决策支持的工具。意大利数字农业解决方案主要应用在果蔬、葡萄酒和谷物等产业的种植、播种和收获阶段。如水果种植领域，有用于辅助和地理参考驱动电子元件的专用拖拉机、用于绘制果园变化的遥感和传感器系统、用于收获或机械除草的无人机和机器人等；灌溉施肥领域，配备滴灌和微灌系统，用于测量和监测土壤和植物水分含量的传感器、用于测量和收集农业气象数据的记录器，这些数据将传达给决策支持系统，以获取灌溉建议；收获前后，水果测量仪连续监测水果直径，根据叶绿素含量评估水果成熟状况，收获后依据水果物理性质（反射率和透射率）进行自动分选。

截至2021年底，意大利60%的农场至少使用一种数字解决方案，与2020年相比增加4%；40%的农场使用两种或两种以上数字解决方案；26%的农场预计未来将在数字农业领域进行投资。总的来看，2021年，意大利数字农业尽管比2020年翻了一番，但仍然只有6%的农业生产用地使用数字科技进行种植，这表明数字农业市场还有很大的发展潜力。

除了农场，意大利农业食品加工企业也对数字农业解决方案的创新与应用持开放态度。这些企业在生产和分销过程中，主要采用数据分析、云计算、物联网、先进自动化和区块链等技术，应用供应商与仓库管理软件、便携式设备等，提高生产效率，拉近与消费者的距离，改善物流管理以及实现可追溯性。

合力促进数字应用

作为意大利数字创新参照点的米兰理工大学管理学院数字创新观察站，由包括教授、研究人员和分析师在内的100多人组成，每年提供各行业权威性的数字创新应用研究报告，如《意大利农业4.0市场趋势》《食品4.0：意大利农业食品行业的数字创新之路》等。数字农业（DIG-IT-AG）是意大利数字农业领域思想与项目分享网站，涉及农业物联网、云计算、无人机等技术交流，以及人工智能获取数据的处理与分析等。借助欧洲农业食品、林业和环境领域数字技术价值链（DIVA）项目，推进技术与数字化加快农业食品、林业和环境领域创新进程。

一些意大利公司也积极为农业开发和实施信息技术解决方案，创建和更新农业数据库，推广数字农业。

如长期根植于意大利农业领域的图像线（Image Line）公司，以其对农业行业的深入了解和农业数字技术演变的持续研究，为农民、技术人员、零售商等用户提供无人机、传感器、智能拖拉机和专业软件等创新工具，提供最新数字技术服务和定制信息，提高农场效益。先正达意大利公司开发的数字农业解决方案和工具组合，帮助农民充分发掘农场潜力。其农场快照产品是一个基于互联网，用于处理卫星照片且易于使用的应用程序。它允许农民、技术人员和零售商更快捷、更准确地检查作物健康状况，帮助操作人员确定需要进行干预的区域，并管理可变量活动，如施肥、灌溉；比较不同年份趋势，预测最终产量，进行正确决策等，该应用广泛用于玉米和谷物种植。智能饲喂项目直接在收割机上使用最先进的近红外线（NIR）成像技术，以获得最高质量的田间切碎物和青贮饲料。

未来属于数字农业

意大利数字农业与我国数字农业所广泛采用的信息技术与手段、实现路径与方法等并无明显差别。但应该看到的是，意大利农业具备了较为完善的规范化、标准化种植与田间管理，农机设备、农产品加工设备广泛适用于不同的地理条件和作物品种，已形成完整的产业链和供应链，从选种、种植、采收到加工成农业食品过程，全程追溯与质量安全保证更是“意大利制造”的典型代表。可以说意大利的现代农业是在已完成机械化（农业 2.0）和自动化（农业 3.0）的基础上，逐步采用物联网、云计算、大数据、传感器、无人机、人工智能等现代信息技术，探索并推进数字农业（农业4.0）应用。

信息和数据技术的应用代表了农业领域最先进的知识体系，它将越来越多地利用物联网、机器人、无人机、3S技术和人工智能等来优化和监控复杂农业系统的生产周期，并进行追溯。数字农业的本质在于从数据中创造价值，数字农业将更多地使用软件和传感器，减少人力和生产要素投资，确保生产过程质量和良好的可持续性。对农场或农业企业来说，数字农业提供了增加产量、节省长期成本、降低风险、简化法规规定义务及提高经济效益的机会。对产业来说，数字农业将提升产业竞争力，以实现农业的可持续发展，未来属于数字农业。

（作者单位：中国农业科学院海外农业研究中心。原文刊载于《中国城乡金融报》2022年7月27日B3版）

第八章

金融实践

乡村振兴是重大战略，也是一项崭新的历史工程，需要参与各方扎根实干，勇于创新，形成合力，不断推动乡村振兴取得新成效。金融服务乡村振兴，需要金融机构结合乡村需求、立足自身实际不断开创新产品、提供新服务、开展新探索。2022年，包括农业银行在内的各家金融机构作出很多有益实践，为农业更强、乡村更美、农民更富提供了积极支持。

农业银行吉林省分行发放“黑土粮仓贷”

■季　萱

农业银行吉林省分行创新研发“黑土粮仓贷”专属信贷产品，以促进黑土地保护利用，有效提升农业生产，特别是粮食生产提质增效，向规模化、专业化、现代化的客户提供全方位金融服务。

2021 年 7 月 12 日，吉林省分行向梨树卢伟合作社发放首笔“黑土粮仓贷”金额 185 万元，成功实现了新产品破题落地，为粮食安全生产贡献了农业银行力量。

卢伟合作社是一家集农业社会化服务、规模经营和新技术推广应用于一体的新型农业经营主体。它是梨树县较早实现土地经营规模化管理的合作社，采取带地入社、土地租赁和土地托管三种模式，经营面积达到 690 公顷，占全村耕地面积的 86%。合作社主要为本社社员提供农业机械作业服务和农业生产资料购买及农产品销售等。

针对合作社融资历来存在抵押难、担保难、贷款准入难等多个痛点，吉林省分行创新推出了“黑土粮仓贷”，以吉林省农业农村厅确定的黑土地保护利用试点县和省内产粮大县为重点，围绕主要从事玉米、水稻、大豆、高粱等农作物的“产、加、销”经营主体提供金融支持，重点促进黑土地保护，推动农业生产实现高质高效发展。

自 2021 年 7 月发放首笔贷款以来，吉林省分行在黑土地分布区域的 35 个支行，累计发放“黑土粮仓贷”18505 笔、金额 35. 85 亿元。

下一步，吉林省分行将继续加大“黑土粮仓贷”投放力度，全面服务乡村振兴，助力吉林省早日实现千亿斤粮食目标。

（原文刊载于《中国城乡金融报》2022 年 12 月 21 日 A3 版）

农业银行内蒙古分行“种植贷”助复合种植新主体

■景　浩

“由于播种及时，肥料充足，2022 年种植的 500 亩玉米大豆带状复合物收成不错，这得感谢农业银行的大力支持。”内蒙古达茂旗西口子农牧业合作社负责人杜双林握着农业银行达茂旗支行负责人的手激动地说。

2022 年 4 月 20 日，内蒙古分行向包头达茂旗西口子农牧业专业合作社发放了 500 万元“玉米大豆带状复合种植贷”，支持其种植 6000 亩玉米大豆带状复合物。

内蒙古分行积极响应“稳玉米、扩大豆”政策号召，围绕内蒙古自治区大豆和油料产能提升工程，创新推出“玉米大豆带状复合种植贷”，为从事玉米大豆带状复合种植的农户（含专业大户和家庭农场）、农民专业合作社、农村集体经济组织等提供资金支持，解决客户购买种苗、购置农业生产资料、缴纳地租或水费、租赁或改装播种机与收割机、支付劳力报酬等资金难题。截至目前，该行已向 1900 多农户发放 2.54 亿元“玉米大豆带状复合种植贷”。

据了解，“玉米大豆带状复合种植贷”主要具有以下两个特点：一是全面整合贷款主体。除农户外，将农民专业合作社、农村集体经济组织等新型经营主体纳入贷款对象，较好地满足了各类农牧业经营主体对玉米大豆带状复合种植春耕备耕资金需求，逐渐形成支持玉米大豆带状复合种植做大做强的合力。二是探索新型服务模式。通过支持农业农村部玉米大豆带状复合种植技术集成示范种植基地，加强与地方政府农业部门和保险机构等沟通，促进建立多方合作机制，探索补贴资金代理、风险补偿、保险赔付等业务。

（原文刊载于《中国城乡金融报》2022 年 12 月 28 日 A3 版）

农业银行新疆分行“新粮通”解抵押担保难

■辛　玉

2021年，农业银行新疆分行通过深入开展市场调查发现辖内年粮食收储贷款需求超过200亿元，主要融资服务由当地其他金融机构提供，特别是伊犁、塔城、昌吉三地区，粮食种植面积大，收储企业多，融资需求旺盛。

作为新疆重要的玉米、小麦粮食生产功能区，伊犁地区粮食种植面积达到576.87万亩，粮食产量305.55万吨，粮食收储企业多，市场潜力大。对此，该行经过多次调研，当年确定以伊犁地区为试点推出具有本地特色的粮食收购贷款产品——“新粮通”，即农业银行针对优质粮食收储企业开展的粮食存货抵押贷款业务。

在此过程中，新疆分行、伊犁分行上下联动，加快推动业务创新进程，两级行“三农”金融部、公司业务部等深入实地参与产品创新，结合企业实际、同业做法，拟定了《“新粮通”业务操作规程（试行）》。

自开办“新粮通”业务以来，新疆分行已累计发放27.77亿元贷款，有效地解决了粮食收购加工企业的融资难问题，取得较好社会反响。一是“新粮通”的落地填补了该行“三农”区域特色产品创新空白，通过对粮食收储及流通领域的信贷支持，提高了金融服务粮食安全水平；二是拓宽粮食收储企业担保选择范围，有效地解决了轻资产企业抵押担保难等问题，为维护当地粮食市场平稳、保障国家粮食安全贡献了农业银行力量；三是增强客户黏性，带动业务综合发展，该行公司类日均存款增加10亿元、个人类日均存款增加5亿元。

（原文刊载于《中国城乡金融报》2022年12月28日A3版）

农业银行推出农村集体经济组织贷款

■ 夏明辉 蒋潺潺

党的十九大以来，农村集体产权制度改革不断深化，登记赋码工作有序开展，农村集体经济组织被赋予了特别法人资格，呈现出规范健康发展的良好态势。近期，农业银行针对其特别法人相关特性，创新推出了专属信贷产品——农村集体经济组织贷款，支持其发展生产经营，盘活集体资产资源，增强自身“造血”能力。截至目前，农业银行已累计发放农村集体经济组织贷款950万元，支持农村集体经济组织4户。

农村集体经济组织是农村集体资产管理的主体，在联农带农、促进农民农村共同富裕方面具有重要作用。

据介绍，农村集体经济组织贷款产品特点显著。该产品贷款对象涵盖各层级农村集体经济组织。无论是乡（镇）级、村级还是组级农村集体经济组织，只要是将农村集体资产以股份或份额的形式量化到本集体成员、完成农村集体产权制度改革并取得县级及以上农业农村管理部门登记赋码证书的，都是该产品支持对象。该产品实行差异化的客户准入政策。考虑到农村集体经济组织在组织架构、决策形式、财务管理等方面明显区别于一般法人，该产品搭建了专属信用评价体系，从管理、信用、经营、财务、担保等维度对其进行综合评价，并实现信用评价结果在信贷业务全流程应用。同时，针对农村集体经济组织区域发展不均衡，设置了区域差异化信用评价政策。该产品担保方式多样。客户可采用抵（质）押担保或保证担保方式。对于一些优质客户，可采用信用方式用信，贷款额度可达1000万元。还鼓励引入政府增信机制。

此外，该产品既可以为农村集体经济组织提供流动资金贷款支持，满足客户发展种养业、休闲农业、乡村旅游等生产经营方面的流动资金需求，也可以为农村集体经济组织提供固定资产贷款支持，满足客户发展设施农业、购置大型农机具、厂房建设等方面的固定资产建设资金需求，贷款品种丰富。

据了解，农业银行积极服务农村集体产权制度改革，研发推广农村集体“三资”（资金、资产、资源）管理平台，为村集体资产核资、产权改革、资金流转和乡村治理提供了有力的科技支撑。截至目前，农业银行“三资”管理平台已在全国1154个县上线，覆盖行政村14万个。农业银行将加大农村集体经济组织贷款的推广力度，为深化农村产权制度改革、助力农村集体经济组织发展提供更多资金支持。

（原文刊载于《中国城乡金融报》2022年5月9日A1版）

“贷”出发展新活力

——民生银行创新金融服务助力乡村振兴侧记

■杜　冰

实施乡村振兴战略是党的十九大作出的重大决策，当前金融服务“三农”重点向全面推进乡村振兴转移。民生银行高度重视乡村振兴工作，全力贯彻落实国家乡村振兴重大战略决策部署和相关要求，以客户为中心加快产品模式创新，不断提升乡村振兴服务能力和质效。

服务农业产业

民生银行依托大数据平台，在粮食种植、棉花生产及乳业牧场三大领域创新探索，将“农贷通”“农牧贷”系列产品送到田间地头。

面临春耕备耕，黑龙江大庆市种植大户吴某急需缴纳包地款、购买种子化肥，通过向民生银行在线申请，不到5分钟就获得了22.5万元贷款。

“多亏民生银行‘农贷通’，我们办贷款足不出村，只需一张身份证就能拿到钱，利息还低，真正解决了我们的困难。”吴某高兴地说。目前，民生银行“农贷通”累计投放7.7亿元，惠及农业种植户2500户，得到了广大农户的高度认可。

为助力龙头企业实现奶业振兴战略，民生银行依托信息系统、远程视频等技术手段，借助核心企业管理能力，推出“农牧贷”产品，

“一揽子”解决牧场建设和饲料采购需求，深受合作牧场欢迎，目前已累计投放 11.3 亿元，覆盖内蒙古、宁夏等地区，并正被其他龙头企业推广复制。

践行绿色发展

为促进国家“双碳”目标实现，民生银行结合户用分布式光伏的特点，经过对市场充分调研，推出全流程线上化的农户“光伏贷”产品，解决了用户融资难、操作复杂等问题，受到市场广泛关注和热烈欢迎。

民生银行温州分行客户周女士通过“民生小微”App，线上发起“光伏贷”申请，仅用时 3 分钟即获批信用额度 15.1 万元，并完成全额线上支用。

与传统模式相比，民生“光伏贷”产品有三大亮点：一是产品创新，零首付最高可享受 25 万元贷款额度，期限最长 15 年；二是操作创新，全程线上化运营简便快捷；三是模式创新，依托核心光伏厂商，实现“一点带全国”，构建多元生态圈。

目前，民生银行已为 500 多位农户发放“光伏贷”，并在陕西省、浙江省、山东省、河北省等地全面线上化推广。在坚持绿色发展、助力乡村振兴的道路上，民生银行的脚步始终铿锵有力。

创新帮扶机制

自 2002 年起，民生银行在河南滑县和封丘县开展定点帮扶工作。20 年来，累计投入无偿帮扶资金 1.8 亿元，走出了独具特色的帮扶之路。

针对两县产业特点，民生银行定制开发“粮融 e”产品，通过对接当地粮食交易监测平台实现数据增信，为粮食作物种植、养护、交易提供全流程金融服务，带动农户稳收增收，并联合多方力量，助力滑县道口烧鸡、封丘县金银花等40余款产品在电商平台上线，促进两县产品变商品、收成变收入、劳务变服务。

截至2021年年末，民生银行在两县支持农业企业、种植合作社等11家，带动就业2180人，积极打造乡村振兴战略样板工程。民生银行定点帮扶成效显著，荣获中央金融单位定点扶贫先进集体称号。

（原文刊载于《中国城乡金融报》2022年7月6日B1版）

“小精灵”发挥大作用

——中银富登村镇银行科技赋能服务乡村振兴侧记

■ 李　君

为破解小微企业和“三农”客户融资难题，中国银行与新加坡淡马锡旗下富登金控合作，自2011年起在全国批量发起设立中银富登村镇银行，探索大型银行发展普惠金融之路。截至2022年6月末，中银富登村镇银行已在全国22个省（自治区、直辖市）设立132家法人机构，189家乡镇支行，成为全国布局范围最广、机构数量最多的村镇银行集团。

解决涉农客户融资难题

村镇银行主要服务当地农户和小微企业，是“老百姓自己的银行”，在助力乡村振兴、支持小微企业发展方面具有不可替代的作用。

2011年3月，第一家中银富登村镇银行在湖北蕲春开业，正式掀开中国银行与淡马锡旗下富登金控的合作大幕。中银富登村镇银行充分发挥村镇银行“小、精、灵”的机制优势，立足县域经济，服务乡村振兴，将金融活水源源不断引入田间地头。

中银富登村镇银行根据“三农”客户需求，优化产品渠道、业务模式和贷款政策，创新开发了中银富登“乐家贷”“宜居贷”“欣农贷”等为广大“三农”客户量身定制的涉农贷款产品，用专项产品满足客户需求。

中银富登村镇银行“欣农贷”按照经营种类和用途，分为家庭农场、种植、家畜、水产、棚菜、实业、普惠等10大类，并在充分考虑各涉农业银行业特点的基础上开发了60余种子产品，同时因地制宜创新抵质押担保方式，让“三农”客户的抵押品更加丰富，全面满足“三农”客户生产过程全流程资金需求。

中银富登村镇银行坚守“扎根县域　支农支小”的战略定位，专注于服务县域小微企业和“三农”客户。截至2021年末，该行存款客户数380余万户、贷款客户数约45万户，户均贷款约为16万元。其中，涉农及小微贷款占全部贷款的90%以上。自成立以来，累计发放贷款约2500亿元，共为70余万客户提供了贷款服务。

科技赋能提高服务效率

近年来，随着金融科技的快速发展，中银富登村镇银行积极探索以场景为核心、数据为基础、技术为驱动的数字普惠模式，建立了“移动业务平台+线上贷款”的立体化智能营销模式，有效扩展客户服务范围，提升客户体验和服务水平。

中银富登村镇银行针对线下业务场景不断探索优化服务方式，搭建起了一套以“中银富登移动业务平台（PAD）”为基础，移动化、智能化、即时化的线下业务模式。移动业务平台是基于平板电脑的便携式工作台，应用人脸识别、电子证书、电子印章、数字地图等技术，客户经理随身携带PAD，通过互联网在田间地头就能实现信息采集、开户、审批、贷后等全流程操作，还可协助客户查看各类状态、录入信息等，帮助客户快速解决问题。

对于现场展业的信贷客户，客户经理可通过PAD实时发起贷款申请并完成现场核查、信贷资料收集，提交申请后则由系统自动审批，平均3分钟即可完成审批，客户可通过PAD或手机银行就可在线签约用款。

在持续优化移动业务平台的基础上，中银富登村镇银行创新推出了首款线上贷款产品——“中富翼贷”。该产品是一款小额经营性纯线上信用贷款产品，将金融服务进一步下沉至县域农村有经营需求的个人客户。“中富翼贷”便捷高效，申请贷款、签订合同以及用还款均通过手机自助完成，受到客户欢迎。

（原文刊载于《中国城乡金融报》2022年10月12日B1版）

产业兴旺促振兴

——广东农信助力现代农业产业园高质高效发展侧记

■ 黄惠敏

推进现代农业产业园建设是实施乡村振兴战略、推动产业兴旺的重要抓手。近年来，广东农信加大对园区重点企业、项目的支持，以信贷服务助力现代农业园区蓬勃发展。截至2022年2月底，广东农信支持省、市级现代农业产业园72个，贷款余额23亿元；支持农业产业化龙头企业605户，贷款余额163亿元。

深化合作对接

广东农信主动对接省市县产业发展规划，与地方政府部门签订战略合作协议，与园区重点企业深化交流合作，政银企多方合力推动现代农业产业园建设。

在台山市，广东农信组成专项工作小组积极对接省级农产品加工示范园区基础设施建设项目，由江门、台山、德庆三家农商行组建银团贷款，为项目提供4.9亿元的授信支持。

在河源市和平县，广东农信组织服务团队走访灯塔盆地国家现代农业示范区内企业，摸清企业融资需求，拓展合作空间，为园区建设项目提供1.6亿元的信贷支持。

在梅州市平远县，广东农信与当地农业农村局签订战略合作协议，向省级南药现代农业产业园龙头企业授信6000万元，以龙头企业带动万亩南药梅片种植项目发展。

创新产品服务

广东农信创新推广以农业龙头企业为核心的供应链金融服务模式，配套专属信贷产品，并加大中长期贷款研发力度，打通产业链融资“瓶颈”。

广东农信推出“清远鸡产业贷”，助力清远鸡产业园内育种孵化、肉鸡饲养、加工销售等产业链上下游企业成长。在翁源县，以知识产权质押贷作为增信手段，通过“抵押+质押+保证担保”的组合贷款方式，支持当地蚕桑产业园企业发展。

在肇庆市预制菜产业园，广东农信为园区内企业量身定制贷款期限最长10年、贷款额度最高可达项目资金需求70%的园区不动产按揭贷、固定资产购建贷等中长期产品，扶持优质预制菜企业发展。

在惠州龙门县，广东农信以“龙头企业+农民合作社+农户”模式，为龙门丝苗米产业园区内6家核心龙头企业累计提供3000万元的信贷支持，助力打造集加工、冷链物流、科研创新、生产示范、休闲旅游等功能于一体的省级现代农业产业园，让更多农民分享产业增值收益。

拓宽融资渠道

广东农信顺应产业集群化趋势，找准行业核心点、需求点和切入点，不断拓宽融资渠道，有效支持产业园集群行业和特色产业发展壮大。

广东农信积极拓宽线上融资渠道，重点聚焦跨县集群产业园建设，打造“聚农通”跨县集群支农品牌。新兴农商行与温氏集团深化合作，推出线上产品“养殖 e 贷”，通过大数据赋能信贷业务，以产业链核心企业辐射带动当地多个特色畜禽养殖产业园的发展。

在梅州丰顺县，广东农信结合茶产业资金季节性需求推出“悦丰茶农贷”特色信贷产品，同步积极运用支农再贷款政策工具，为茶叶产业园核心企业提供 6600 万元信贷支持，带动农民每人年均增收近 2 万元，走出“一村一品”产业致富路。

此外，广东农信采用“政府担保 + 贷款保险 + 银行信贷”的运作模式，推出“政银保”产品。在江门开平家禽现代农业产业园，通过“公司 + 基地 + 农户”的模式，累计投放“政银保”贷款超 3800 万元，为产业园区产业链上下游企业提供有力的金融支持。

（原文刊载于《中国城乡金融报》2022 年 5 月 4 日 B1 版）

江苏银行服务乡村振兴之路

■柯　旻

实施乡村振兴战略是党的十九大作出的重大部署，金融支持是实现乡村振兴的重要保障。随着乡村产业形态更加丰富，新型农业经营主体规模扩大，返乡创业人员增加，农村金融需求特点也随之发生变化。

作为全国系统重要性银行，江苏银行大力推进改革创新，深入实施数字化转型战略，推动金融资源聚集和服务下沉，依托批量化获客、自动化审批、智能化风控等技术手段，开展数字普惠金融服务。通过织密服务网络、创新金融产品、加大信贷投放等方式，将更多资源投向“三农”领域，解决农村资金短缺难题，促进农业产业发展，带动农民增收致富，助力实现乡村振兴。

图 22　江苏银行客户经理走进田间地头，了解农户生产经营和信贷需求情况（江苏银行供图）

推出数字化科技化产品

近年来，江苏银行结合数字乡村建设，通过推动线上银政联动，让数字普惠金融全面触达乡村政府、企业、村民等主体，延伸金融服务覆盖面。以科技为支撑，不断加大产品研发力度，把信贷资金精准配置到关键领域、薄弱环节，持续提供稳定、高效的普惠金融供给。

为农村经济社会提供数字化、智能化的金融服务，不断提升金融服务的均等化、便捷化水平。江苏银行创新推出的“经营随 e 贷”可打破时间、空间限制，为涉农客户提供实时线上申请、审批、提款的便捷资金服务，可实现到期自动续贷，充分缓解涉农客户还款压力。同时，通过升级手机银行金融服务，让理财、保险、基金等金融产品进入乡村，推进城乡金融服务均等化。

发挥总行资源优势，为涉农客户、企业提供敏捷化、个性化的创新产品。江苏银行结合“一镇一业、一村一品”产业发展规划，立足各县（区）资源禀赋，为农企农户量身定制“仓储冷链贷”“苏农贷”等涉农特色信贷产品，并提供批量授信。重点扩大对“专精特新”涉农小微企业及村集体经济组织、新型农业经营主体、致富带头人的服务覆盖面，推动地方产业联合体发展壮大，促进资源共享、成果共享、利益共享，让普通农民更多享受产业增值收益。如创新研发的“仓储冷链贷”接入了农业农村部仓储冷链数据，聚焦鲜活农产品主产区，可通过金融服务支持种植养殖业主建设仓储冷链体系。

通过线上银政联动，推动“融旺乡村”综合金融服务体系的延伸覆盖，丰富客户的金融服务体验。江苏银行积极参与地方政府信息数据平台建设，如丰县大数据平台、常州农村经济主体信息采集平台、淮安阳光扶贫系统、宿迁阳光采购平台等，通过基础数据采集、智能模型搭建、农产品市场走势跟踪、产业分析研判等环节，全力打造江苏银行“掌上三农”智慧服务平台。此平台不仅提供集开户、结算、信贷、消费、财富管理等于一体的无接触金融服务，还进一步拓展农产品代销、农资农技撮合、产业招商等非金融特色增值服务。

打造多元化个性化场景生态

构建金融场景生态是商业银行数字化转型的关键。江苏银行深入研究农村社会现状，将数字普惠金融服务与农业生产生活场景相结合，构建多元化数字金融服务体系，用金融科技赋能乡村振兴。

完善农村线上信用体系。着力推进乡村信用体系建设，以金融方式赋能农村“三资”监管、产权交易、产业信息大数据等重要平台。比如，创新“e 融支付”工具，目前已应用于江苏省 13 个地市 100 余家县级农村产权交易中心和 1000 多个乡镇、街道，借此提高了产权交易透明度。

推广供应链金融服务模式。创新供应链云平台，围绕稳产保供、供应链重点领域、企业客户内部管理等场景，整合物流、信息流和资金流，发挥数字普惠金融降本增效的作用。比如，与国家粮食交易中心合作开展线上粮食金融业务；与全国棉花交易市场直联，为棉花企业提供实时线上融资服务；基于企业订单收款交易场景，推出“订单通”云服务平台，为涉农企业提供用户、订单、财务、物流等综合管理服务。

创新交易银行场景服务。通过供应链金融服务，将上下游客户连接在一起，缩短核心企业应收款账期，满足上下游客户结算需求。强化场景平台建设与服务模式创新，应用创新金融工具，提高交易效率，降低平台类企业的服务成本。例如，对接江苏省阳光食堂平台，实现了学校食堂的采购资金闭环管理；对各类农贸市场、乡村旅游联合体里的商户进行收费资金的归集清算，不仅形成资金闭环确保收付安全，还有利于提升农贸市场整体规范管理水平。

普及基础金融知识。重点选取了100个乡镇，进行乡村振兴金融服务示范试点。推动产业支持、主体对接、服务专员、党建联建四个全覆盖和重点服务、产品创新、机制模式、协同联动四个再优化，拓展农业多重功能和多元价值。江苏银行通过党建协议签订、服务专员公示等形式，积极开展金融知识普及教育活动，通过宣传讲座、上门讲解、在线直播等途径帮助当地农民与社区居民掌握基本金融知识，加强手机银行使用指导，提升用户基本操作能力。

构建高精度广维度风控体系

在农村发展金融科技仍要注意风险防控，并进行实时监管。江苏银行运用大数据、智能风控等技术，构建数据驱动的信用评价、风险评估、营销定价等管理体系，通过综合、高效、稳健的金融配套服务，为乡村振兴重点领域保驾护航。

拓展农业农村大数据应用场景，形成基础信息和数据。与农业农村部新农直报系统进行信息数据直连，实现与省农担公司全流程信息交互。收集整合农企农户生产、经营、销售、利税、征信等信息，多方接入工商、司法、征信、农业农村部、担保公司和保险公司的数据，建立健全涉农小微企业信用信息数据库，并在此基础上对农企农户进行分类评级、精准画像，实时掌握农企农户生产经营、资金需求情况，有效地提高了对广大涉农客户特别是“首贷户”的金融服务效率。

采用全线上或“线上＋线下”的服务模式，对贷前、贷中、贷后各环节进行智能化监控。江苏银行搭建“黄金眼”全流程管理平台，进行信贷政策的制定与部署、模型的搭建与验证、策略的拟合与优化，实现多维度农户信息评估，制定差异化决策，提升贷款审批的客观性与准确性。

运用人脸识别技术、联网核查技术、电子签章技术、授权短信验证等多种技术手段，有效解决传统信贷业务中反欺诈难题。江苏银行通过设置贷后风险预警模型及策略、行为监测管理策略、后续贷款管理策略等，形成信贷全生命周期智能风控管理。

形成更稳健更高效金融推力

实践证明，在农村发展数字普惠金融，可对农村经济社会发展形成强力推动。近年来，江苏银行的乡村振兴金融服务业绩突出。截至2021年年末，江苏银行涉农贷款余额2010亿元，较年初新增272亿元，增速15.65%，对乡村振兴的信贷支持持续提升。2021年，江苏银行在人民银行的金融机构服务乡村振兴考核评估中荣获“优秀”等次。

金融资源配置更加稳健高效。江苏银行力促稳产保供，与国家粮食交易中心合作的线上粮食金融业务累计投放贷款超100亿元。运用供应链云平台产品为涉农核心企业客户提供融资超40亿元。与全国棉花交易市场直联，依托“棉e通”产品为棉花企业提供实时线上融资服务，截至目前融资规模超14亿元。创新“e融支付”服务，依托江苏省农村产权交易信息服务平台进行线上交易超20.5万笔，提供信贷28.5亿元。运用“履约宝”“收付宝”等工具，支持泰州海陵苏中农贸批发市场、宿迁项王故里景区、洪泽湖湿地景区等乡村产业和文旅项目开展智慧化运营。

带动特色产业形成规模效应。依托数字化金融工具，江苏银行有效增强了对特色小微客群的“精准滴灌”，进一步提升农民群众获得感和创业创富活力。成功打造出供应链生猪养殖、山羊特色产业养殖、凌家塘农贸市场等近30个批量化业务样板。带动培育了一批竞争力强、带动力强的新型农业经营主体，助推形成了一批发展空间大、就业容量大的乡村特色优势产业。支持了洋马菊花、灌云豆丹、东海老淮猪、苏州蚕茧等一大批国家地理标志产品，以及天目湖白茶、食在泗阳等地方特色品牌做大做强。创新对甘露青鱼、横溪西瓜等地理标志商标权进行质押，以县域为中心，推动地方特色产业融合发展，丰富乡村经济形态，提升农业质量和效益。

激发农业主体创业创富活力。各类农业主体面广量大，与乡村产业互融互促，成为推动现代农业发展的重要支撑。江苏银行实施“首贷户”扩面行动，累计服务新型农业经营主体近8000户，投放信贷300亿元。通过农业农村部“信贷直通车”系统累计投放贷款近3亿元，投放规模位列江苏省内法人银行第一。创新村支书“创富贷”，短期内支持9个村集体产业创造产值超7400万元。为乡土人才、省市级农业领域科技企业家等提供超3亿元信贷支持。冠名参与各地农村创业创新创意大赛，支持“80后”“90后”人群返乡创业。一系列举措为建设农业强、农村美、农民富的新时代鱼米之乡注入了强大内生动能。

（原文刊载于《金融文化》2022年第5期）

科技赋能跑出“加速度”

——邮政储蓄银行探索农村普惠金融服务新模式侧记

■ 王力恒　方　蕊

近年来，邮政储蓄银行坚守服务“三农”、城乡居民和中小企业定位，坚持改革创新、科技赋能和协同合作，积极探索农村普惠金融服务新模式，开创了高质高效服务乡村振兴的新局面。截至2022年3月末，该行服务县域个人客户超4亿户，涉农贷款余额近1.68万亿元，占全行各项贷款的比重约四分之一。累计发放小额贷款超6万亿元，服务超5000万人次。

推进普遍授信

“感谢邮政储蓄银行帮我解决了资金困难。”看着到账短信，河南省周口市西华县东王营乡黄营村村民宋女士脸上洋溢着喜悦。由于疫情影响，宋女士急需用款，但缺少担保。邮储银行西华县支行了解到情况后，综合考虑信用村、信用户等情况，以纯信用贷款方式，短短20分钟就解决了宋女士的燃眉之急。

邮政储蓄银行秉持“让绝大多数农户都有邮政储蓄银行授信”的理念，依托科技手段，大力推进农村信用体系建设，开展信用村普遍授信服务。一方面，发挥“人工+数字化”优势，积极应用移动设备开展信用村信用户建设，探索大数据建村和政府推荐信用村模式，不断扩大信用体系建设范围。另一方面，建立“小额度、广覆盖”的主动授信机制，创新线上信用户贷款产品，启动农户普遍授信试点。截至 3 月末，该行建成信用村近 25 万个，评定信用户近 400 万户。

创新服务模式

乡村振兴，关键是产业要振兴。邮政储蓄银行围绕“一县一业、一村一品”和“小而美”“美而优”的农业特色产业，搭建“邮 e 链”经营快贷平台，运用信息技术将金融服务嵌入各类农业产业链和涉农商圈场景，创新推出“邮 e 链”经销贷、供应贷、商圈贷等重点产品，利用数字风控技术破解传统融资担保难题，为产业链各环节客户提供高效便捷的线上金融服务。

在黑龙江，邮政储蓄银行与当地涉农公司合作，依托“邮 e 链”平台与公司系统对接，以农户、粮食购销经纪人在公司存储粮食生成的电子仓单作为质押，向借款人提供贷款支持，既解决了农户、粮食购销经纪人在收粮旺季的资金回笼问题，又帮助公司增强了粮食仓储服务能力。截至 3 月末，邮政储蓄银行黑龙江分行为 716 户粮食收购主体提供贷款超 12 亿元。

深化互联合作

邮政储蓄银行秉持开放合作理念，利用金融科技手段，不断深化与政府、企业、协会、担保等平台的合作，推动系统互通、数据互联、信息共享，跑出了服务乡村振兴“加速度”。一方面，推动传统银政、银担合作线上化，为客户提供全流程线上金融服务；另一方面，积极与农村产权交易、农村“三资”管理、农业农村大数据中心等新兴平台合作，创新线上金融产品，助力乡村政务管理和民生服务数字化建设。

在安徽，邮政储蓄银行推出“邮担云通”，创新全国银行系统与全国农担系统合作新模式，建成了首个银行系统与农担系统全流程对接的信息交互平台，实现业务全流程线上化操作，客户通过扫二维码即可申请办理业务。在黑龙江，邮政储蓄银行与省农业农村大数据平台合作，推出“智慧龙江”数字农服极速贷产品，支持省内农户以手机银行在线办理贷款。截至3月末，邮政储蓄银行黑龙江分行累计发放“智慧龙江”系列极速贷超135亿元。

（原文刊载于《中国城乡金融报》2022年6月15日B1版）

科技赋能提升服务质效

——交通银行创新金融产品服务乡村振兴侧记

■ 梁 雨 杜琴庆

近年来，交通银行通过科技赋能，创新打造“交银益农通”品牌，推出普惠型“兴农 e 贷”产品，逐步形成服务乡村振兴产品体系，将金融服务延伸至乡村“最后一公里”。截至 2022 年 3 月末，该行涉农贷款余额 7097.4 亿元，服务 13.1 万客户。

因地制宜推产品

“多亏了交通银行的‘蒜黄贷’，120 万元贷款不需要任何抵押物，利率也不高，在手机上动动手指，就把资金问题解决了。”河北省遵化市朱山庄村村民李少永说道。

2021 年，李少永出资 500 万元建造了三个超大型冷库，帮助农户解决大蒜存储、催芽等难题，而他却遇到了采购大蒜的资金难题。交通银行的“蒜黄贷”解决了他的燃眉之急。

“蒜黄贷”作为“兴农 e 贷”的子产品，是交通银行围绕新型农业经营主体试点推出的数字化产品。朱山庄是华北地区最大的蒜黄生产基地，是农业农村部评定的全国“一村一品”示范村镇。针对该村实际，交通银行在总行层面成立专班，与河北省分行一道推出了“蒜黄贷”新产品。

交通银行“蒜黄贷”采取“整村授信”模式，给予村委总授信额度，并由村委推荐名单，名单中的蒜农有信贷需求时即可申请贷款。交通银行将数字化手段引入贷款流程，农户通过手机操作即可完成业务申请、贷款、还款。自上线以来，交通银行已投放“蒜黄贷”2900 余万元，支持了 46 户新型农业经营主体。

数据共享解难题

江西省吉安市青原区左鹤来是当地的收粮大户。往年每到收粮旺季，资金问题总是让他犯愁，交通银行的“新农直通贷”很好地解决了这个难题。“前后只用了 3 天时间贷款就下来了，不用任何抵押。”左鹤来感慨道。

“新农直通贷”是由农业农村部在全国开展的“新型农业经营主体信贷直通车”活动下，交通银行开发的金融支持“三农”专属产品，旨在助推破解新型农业经营主体融资难、融资贵难题。

具体运行模式是通过农业农村部新型农业经营主体信息直报系统，收集受理全国家庭农场、农民合作社两类主体金融服务需求，由全国农业信贷担保体系提供担保，银行机构发放贷款，打造“主体直报需求、农担公司提供担保、银行信贷支持”的信贷直通车体系，通过数据共享增信，为新主体提供更加便捷的金融服务。

定点帮扶促振兴

为帮助定点帮扶县甘肃省天祝县巩固拓展脱贫攻坚成果，2021 年，交通银行投入 1250 万元无偿捐赠作为“种子”资金孵化菌菇产业园，同时创新“菌菇贷”产品大力支持菌菇种植业发展。

天祝县松山镇达秀村农户郭云山获得了交通银行 20 万元“菌菇贷”。在确认郭云山已招纳 5 名易返贫户就业后，交通银行给予其利率优惠，有效缓解了他的资金压力。利用该笔贷款，郭云山计划新增 4 座种植大棚，吸纳更多的易返贫户在家门口就业。

交通银行“菌菇贷”产品以纯信用方式为菌菇种植农户和合作社线上授信，将授信主体带动易返贫户就业情况作为贷款利率优惠的重要参考，通过利率杠杆作用，引导种植大户或合作社带动更多脱贫户就地就近就业。自 2021 年 11 月上线以来，交通银行首期提供 4000 万元“菌菇贷”授信规模，预计 2022 年全年能够辐射带动 300 ~ 500 户农户增加收入。

（原文刊载于《中国城乡金融报》2022 年 4 月 20 日 B1 版）

描绘乡村振兴新图景

——陕西信合支持三秦大地美丽乡村建设侧记

■ 王　钰

陕西省农村信用社联合社（以下简称陕西信合）始终坚守为农初心，大力支持特色产业发展，推动美丽乡村建设，助力农业高质、农村美丽、农民富裕，与各方一起描绘乡村振兴新图景。截至2022年3月末，陕西信合涉农贷款余额2830亿元。

润泽产业成长

围绕保障粮食安全和重点农产品稳定供给，陕西信合持续加大信贷投放，支持陕西省“米袋子”“菜篮子”等民生工程建设，助力特色产业成长，带动百姓增收。

特色产业涉及种类繁多，信贷需求各不相同。陕西信合因地制宜，先后推出“果业贷”“茶业贷”“羊乳贷”“稻渔贷”等多个信贷产品，全力支持果业、畜牧业、设施农业以及一批以“小木耳，大产业”为典型的区域特色优势产业做优做强，助力特色产业茁壮成长。

为支持新型农业经营主体发展，陕西信合与省供销社、省果业等省级龙头企业合作，积极支持眉县国家级猕猴桃产业园、西乡国动产业园等一批现代化农业产业园区建设，已累计发放9720户、240亿元贷款，支持涉农龙头企业、农民合作社、家庭农场、职业农民、农业社会化服务组织发展，全面满足重点领域和特色产业资金需求，为乡村振兴注入金融动力。

助力宜居宜业

陕西信合坚持以平台建设助力乡村治理，为全省 9 个地市 1.5 万个行政村搭建完成并推广“三资”服务平台，积极开展“两权”抵押试点贷款、农民住房财产权抵押贷款和农村承包土地的经营权抵押贷款等新业务，让农村沉睡的资源变成农民致富和乡村发展的源头活水，目前相关领域贷款余额 4.74 亿元。

陕西信合坚持以绿色金融助力村容提升，联合省林业局就绿色金融支持新型林业经营主体高质量发展推出十条措施，加大对环保节能、清洁能源、农田水利等领域的信贷支持，助力改善农村生产生活环境。陕西信合坚持以信用建设助力乡风文明，依托“党建 + 金融”服务模式，联合乡镇政府及村委，深入开展信用村（镇）创建，在贷款额度、利率、期限、服务等方面给予农户信用优惠，目前已创建信用镇 168 个、信用村 3270 个。

做优普惠金融

“多亏了陕西信合线上贷款的帮助，今年的菌肚菌收成有保证了。”这是来自城固县羊肚菌种植户老胡对陕西信合工作的认可。

2022 年以来，面对复杂的疫情防控形势，陕西信合全面开展“战疫快贷”行动，推出“秦 e 贷・战疫先锋贷”“秦 V 贷・战疫小微贷”“战疫保供贷”三款专属产品，优化办贷流程、简化办贷手续、实行限时办贷，主动对接疫情防控期间民生保供各类市场主体，通过非接触式服务助力疫情防控、服务“六稳”“六保”。

陕西信合依托覆盖全省的2000余个营业网点和1.7万个“助农金融e站”，构建“线上化+数字化+场景化”的数字金融服务新模式，在全省93家行社设立“首贷金融服务中心”，推进数字技术同产业发展深度融合，初步建成个人数字普惠贷款“秦e贷”和小微数字普惠贷款“秦V贷”两大品牌产品体系，上线两年多来，已累计授信2690亿元，发放贷款2322亿元。

（原文刊载于《中国城乡金融报》2022年6月1日B1版）

上海农商银行：乡村振兴一“链”串

■ 上海农商银行

上海农商银行在持续探索农业产业链金融服务的道路上，以助力农民共同富裕为目标，整合金融资源，精准配置到乡村振兴重点领域，促进产业兴旺、农民增收。

2019 年初，上海奉贤区财政局与区内 11 家银行达成战略合作，联合助力小微企业发展，提供普惠金融服务，针对列入奉贤区首批领军型、成长型、科创型“三个一百”企业名单的企业提供便捷融资服务，并可由区财政局提供财政贴息，贴息金额最高可达 50 万元。

上海农乐生物作为奉贤区农业产业龙头企业列入百强名单中，是该行的主要客户之一。农乐生物存在获得短期流动资金贷款和在建工程项目贷款的需求，但困难在于企业名下厂房已全部抵押，股权也有部分质押，并已在多家银行有多笔短期流动资金贷款。在厘清企业存在的关键问题后，该行通过反复研究、内部资源协同，最终决定以“不占用企业授信额度、加速应收账款回款速度、增强贷款还款来源的可靠性和稳定性”为目标，拟向企业提供产业链融资方案，针对其下游种植农户提供授信，以资金受托支付的业务新模式，打通企业资金“堰塞湖”。

另外，该行也以数字化转型为机遇，通过建立农业产业链数字化服务平台，实现农户申请、风险评估，贷款审核、审批、发放、本息回收及其他关键环节的信贷流程线上化管理，通过整合产业链上下游资源形成农资购买、农业增产、销售回笼的产业闭环和信贷资金闭环，为有效赋能农业产业链金融服务发展奠定基础。

农乐生物通过将有机肥料引入陕西洛川苹果园区，与下游种植户建立起了农业产业链。“当苹果种植户下单购买有机肥产品后，上海农商银行就会根据订单金额和种植亩数等信息迅速为农户进行独立授信、发放贷款。农户使用有机肥种植出的苹果还可以直接销售给我们的合作收购方，获得的销售回款将优先偿还贷款，结余后农户可直接获得收益。”上海农商银行工作人员介绍说。这一农业产业链金融服务创新覆盖农户贷款资金使用、农业生产和农产品销售等环节，借助上下游交易，完整“串”起了种植户、化肥技术方、银行和收购商，符合条件的种植户仅需通过手机和身份证即可实现线上“秒批秒贷”。

截至2022年9月末，这种农业产业链模式已帮助洛川果农550户，惠及果农3万余人，应用耕地面积逾9万亩，合计增收近4600万元。该模式同样成功应用于安徽亳州黄淮麦区。“金链”精准赋能，庄稼拔节生长，农户获利增收。截至9月末，上海农商银行已为亳州地区330多户大农户提供近3亿元专项贷款，服务区域覆盖亳州等多个对口交流合作区，有力夯实粮食安全根基。

这一“链”串起的是乡村振兴，是绿色金融，更是共同富裕。目前，上海农商银行正与近十家农业产业链龙头企业深化合作，十多个业务场景正推进落地。“金融活水”将继续积流成川，让民生愿景变成看得见、摸得着的幸福实景。

（原文刊载于《中国城乡金融报》2022年11月25日A2版）

喜看稻菽千重浪

——广东农信金融支持粮食安全侧记

■ 张　明

粮食安全是“国之大者”。近年来，广东省农信社（以下简称广东农信）始终把支持粮食安全摆在重要位置，出台具体举措，加大信贷投入支持保障粮食生产，助力粮食增产增收。截至 2022 年 6 月底，广东农信投向粮食安全生产领域贷款余额 60 亿元，重点满足高标准农田建设、种业振兴、粮食购销等方面金融需求。

支持耕地扩面增量

为了让“零碎地”变标准田、闲置土地变良田，广东农信积极对接高标准农田建设，大力支持农村水田垦造，助力守好耕地红线，促进粮食扩面增量。截至 2022 年 6 月底，广东农信支持高标准农田建设项目 9 个、贷款余额 3.4 亿元，种植面积达 1863 万亩。

在开平市，广东农信授信 1.96 亿元贷款支持塘口镇垦造农田、耕地提质改造、大田整治等项目，预计新增水田面积约 79.29 公顷，助力万余名村民改善生产环境。

在兴宁市，广东农信向辰兴种粮专业合作社提供 370 万元信贷资金，支持其通过租用农田、吸收闲置农田、改造低产田等方式集约连片种植优质水稻，推进现代粮食产业示范区建设。

在韶关市，广东农信大力支持乳源瑶族自治县建设高标准良田，发放纯信用、无抵押贷款750万元，助力完成1000多亩垦造水田建设，目前第一批次370亩农田试种水稻已实现丰产丰收。

金融助力科技兴农

种业振兴是粮食安全的关键。作为地方农村金融主力军，广东农信加大信贷投放，支持种业企业开展关键领域核心技术攻关，助力种业振兴。

江门开平市“种业长廊”以江门市现代农业综合示范基地为龙头，以开平县道X561为轴心，核心面积约6700公顷，共有优质种业企业18家，涵盖水稻、畜牧、玉米、蔬菜、南药、水产品等种业领域。广东农信投入5600余万元贷款支持“种业长廊”建设，助力“小种子”书写农业产业“大文章”，探索现代种业高质量发展的路径，打好种业翻身仗。

在支持种业振兴的同时，广东农信大力推动农业集约化、规模化发展，以农业机械化推动农业现代化。在佛冈县，广东农信以佛冈明阳机械有限公司为核心开展“供应链”金融业务，为下游企业发放“普惠供销”农业机械购置贷2692万元，提升农业机械装备水平，增强农业综合生产能力。

打通粮食产销链

广东农信探索“产购买储加销”一体化联动模式，依托龙头企业加大信贷支持力度，以点带链实现联动发展。截至6月末，广东农信支持粮食龙头企业130家、贷款余额55亿元。

广东农信向龙门县惠兴水稻专业合作社、惠兴生态农业科技有限公司发放贷款640万元，通过“合作社+龙头企业+高校+基地+农户”模式，打造集粮食生产、加工、销售、物流、农业观光为一体的全产业链，打响“龙门大米”品牌，带动当地3000多户农户增产增收。

在汕头市潮阳区，广东农信向顺利农机专业合作社授信450万元，支持该合作社生产的“洁礼”品牌丝苗米成功入选2021年“粤字号”农业品牌，进一步提升农产品知名度。

（原文刊载于《中国城乡金融报》2022年8月10日B1版）

中国银联：金融科技赋能乡村全面振兴

■ 中国银联

为落实人民银行等七部门《关于组织开展金融科技赋能乡村振兴示范工程的通知》精神，中国银联联合商业银行、涉农保险公司、涉农科技公司等机构，推动构建面向农村领域的金融科技合作模式，打造线上线下一体化综合支付及金融科技服务体系。

加强金融科技整体规划，助力乡村振兴战略实施。中国银联凝聚产业各方合力，推进金融科技赋能乡村振兴技术架构建设。在银联技术管理委员会框架下，联合工、农、建、交、邮储、兴业、华夏、浦发八家商业银行，银联商务等非银行支付机构，以及中金金融认证中心、银行卡检测中心等技术检测实验室，成立金融科技赋能乡村振兴专项工作组，实现产业力量联动。同时，构建“行标＋团标＋企标”的技术标准体系，夯实产业合作技术基础。根据央行技术标准工作总体部署，中国银联建立“金融行业标准为准则、金融团体标准为补充、银联企业标准为方法”的多层次、多维度行业技术标准体系，推动农村金融服务体系总体建设落地。

搭建全场景惠农金融服务基础设施平台，加快农村领域“金融＋数据”应用。中国银联依托现有金融机构移动端应用，建设金融惠农综合服务门户。基于“云闪付”及商业银行掌银等金融 App，设立金融惠农服务数字营业厅专区。营业厅后端与商业银行的服务内容进行对接、前端与各涉农服务机构“一对一”对接，实现农村领域各类个性化场景下的金融机构服务需求“共享互通”。联合商业银行推进农村地区各类金融服务点的资源复用，推进各类智能终端设备在农村金融服务点的推广应用。基于自身在大数据建模及数据标准化方面的成熟经验，结合卫星遥感、电子标签等技术，对涉农类生产要素数据进行标准化、规范化，保证数据准确性和完整性，开展多维度数据分析，进一步夯实农村金融服务的信息化基础。

推进金融科技赋能乡村振兴业务实践，丰富农村金融服务与产品供给。在金融科技赋能农村产业方面，通过实践形成了农产品收购“支付+管理”的寿光模式。同时，结合宁夏地区的枸杞购销业务，定制智慧电子秤收购解决方案，实现订单电子化和支付移动化，解决企业枸杞收购支付烦琐问题。在金融产品服务农业主体方面，中国银联联合17家全国性银行推出了小微企业卡、乡村振兴卡，为小微企业、涉农经济主体提供移动支付结算、融资贷款和信息化建设等服务。为进一步提升农村金融服务的可得性，中国银联推出助农取款业务平台，为商业银行开展助农取款、助农转账和现金汇款等夯实服务基础，更好地满足全国各地区的区域化、个性化需求。同时，会同相关地区的商业银行选取经营规范、运营稳定的合作商户建设金融助农综合服务点，不断优化完善助农服务种类，实现农民足不出村即可享受取款、转账、贷款申请等金融服务。

（原文刊载于《中国城乡金融报》2022年10月28日A2版）